东北亚研究丛书

东北亚经济概览

张蕴岭　李冬新◎主编

世界知识出版社

图书在版编目（CIP）数据

东北亚经济概览/张蕴岭，李冬新主编．--北京：世界知识出版社，2019.8

（东北亚研究丛书）

ISBN 978-7-5012-6092-8

Ⅰ.①东… Ⅱ.①张… ②李… Ⅲ.①区域经济合作—国际合作—东亚 Ⅳ.①F114.46

中国版本图书馆 CIP 数据核字（2019）第 176281 号

责任编辑　刘豫徽
责任出版　王勇刚
责任校对　陈可望

书　　名　**东北亚经济概览**
　　　　　Dongbeiya Jingji Gailan
主　　编　张蕴岭　李冬新

出版发行　世界知识出版社
地址邮编　北京市东城区干面胡同 51 号（100010）
网　　址　www.ishizhi.cn
投稿信箱　lyhbbi@163.com
电　　话　010-65265923（发行）　010-85119023（邮购）
经　　销　新华书店
印　　刷　北京虎彩文化传播有限公司
开本印张　720 毫米×1020 毫米　1/16　21 印张
字　　数　251 千字
版次印次　2019 年 9 月第一版　2019 年 9 月第一次印刷
标准书号　ISBN 978-7-5012-6092-8
定　　价　58.00 元

东北亚研究丛书编委会

目　录

总 序

东北亚作为一个地缘区域，包括中国、日本、朝鲜、韩国、俄罗斯、蒙古六个国家。东北亚国家之间有着天然的链接与利益的紧密联系，在长期的历史相处与交往中，形成了独具特色的“东北亚情结”“东北亚文化”与“东北亚认同”。

历史上，中国与朝鲜半岛国家和日本曾书同文，结成了“汉字文化圈”，思想文化交流基础深厚，建立起了以中国为中心的地区秩序。

近代，东北亚经历了综合实力对比的变换、关系和秩序格局的翻转，其中，最重大的转变是，作为中心国家的中国衰落，日本崛起，走向了帝国扩张道路，占领了朝鲜半岛，侵略中国，与俄国争夺地区霸权，原有的地区秩序崩塌。

现代，东北亚地区关系与格局历经了重大的转换。第二次世界大战中，中苏美结成反法西斯同盟，日本战败并被美国占领。战后，苏美反目，发生冷战对抗，中国发生内战，新中国诞生并与苏联为伍，蒙古加入苏联阵营，日本成为美国的盟国，朝鲜半岛一分为二，韩国成为美国的盟国，朝鲜加入到苏联阵营，由此，东北亚陷入以冷战为背景的对抗格局。值得提及的是，二战后，由于美国直接介入东北亚事务，并且在日韩有驻军，在关系与利益界定上，东北亚中的美国因素变得非常重要。因此，论及东北亚，不能不提美国。

这种格局自20世纪60年代初开始发生变化。中苏关系发生裂变，进而成为敌对国家，中美建交并共同对抗苏联，中日实现邦交正常化，而朝鲜半岛的分裂与对抗延续。冷战结束，东北亚地区关系与格局发生了新的变化。中俄实现了关系正常化并进一步确立了战略协作伙伴关系，中韩实现关系正常化，而朝鲜半岛出现新的对抗，特别是朝鲜发展核武器，使得地区安全关系复杂化，中国的迅速崛起，不仅使得中美关系发生转变，也对东北亚地区的综合关系产生影响。引人注目的是，作为冷战产物的朝鲜半岛分裂格局并没有因为冷战结束而发生转变，而2018年开启的美朝对话、南北和解，虽然带来求解的希望，但能否为半岛带来真正的和平，东北亚地区能否构建基于长久和平的新机制，还有待观察。在世界上，像东北亚这样充满大变数的地区为数不多。

在发展上，东北亚是一个创造奇迹的地区。二战以后，日本经济获得快速恢复，在不长时间内跃升为世界第二大经济体，韩国实现经济起飞，进入发达经济行列，中国实施改革开放政策，经济实现腾飞，超越日本成为世界第二大经济体，而被安全同盟体系分割的中、日、韩三国，以开放的市场为平台，发展起了经济的紧密联系，并且建立了三国合作机制。事实上，东北亚地区的联系与合作发展起了多层次、多形式的机制，有官方的，也有民间的；有大区的，也有次区的；有经济的，也有社会文化的；等等。

从教学与研究角度看，东北亚既是国别，也是区域，具有区域与国别的综合性和交叉性。区域与国别教学和研究本应是一个独立的学科，因为任何单一的学科都不能说清楚区域的问题、国别的问题，以及区域与国别交叉的问题。区域与国别教学和研究，一则需要探究作为合体的区域综合性问题，二则需要探究作为单一的国家特殊性问题，因此，区域与国别，二者既相互联系，又各有不同。从本源上说，国别是研究的基础，国别研究内容“包罗万象”，有经济、政治、社会、语言、文化，也有地理、资源、人口、科技等。区域作为国别存在的地缘和利益依托，涉及国家间的关系、区域秩序与治理。在当今时代，区域链接越来越紧密，所涉及的领域也越来越广。尽管东北亚没有建立起像欧盟那样的区域组织，但是发展和提升具有东北亚特色的区域机制与区域治理，具有越来越重要的现实意义，越来越具有紧迫性。

当然，东北亚不是一个封闭的地区，而是一个具有很强开放性与外向性的地区，这显著地表现在各国的对外关系、安全机制、经济关系的构建上，在许多方面，区域内的联系甚至弱于区域外的联系。比如，在安全领域，至今没有一个区域性的机制，比如，在经济领域，自贸区构建的重点在域外，区内贸易、投资比重低于区外比重，在区域观方面，公众与政治家的认同感基础并不牢固。因此，国别性是东北亚地区的凸显特征。

2017年，山东大学决定在威海校区建立东北亚学院。东北亚学院集教学与研究为一体，具备多学科配置，拥有从学士、硕士到博士学位的授权，被确立为新兴交叉学科发展的试点单位。我们编撰这套《东北亚研究丛书》就是为了推动作为新兴交叉学科构建的东北亚教学与研究体系，也是为了让人们能够从不同领域、不同视角更深入地了解东北亚。

张蕴岭
中国社会科学院学部委员
山东大学特聘教授
东北亚学院学术委员会主任

第一章

中国经济概览

王　蕴*

一、概述

新中国成立以来，中国的经济体制主要经历了计划经济体制和建设有中国特色的社会主义市场经济体制两大发展阶段。当前，中国特色社会主义市场经济体制仍然处在不断发展完善的过程中。中国在计划经济阶段取得了工业化的巨大成就，经济社会发展取得了长足的进步，这其中既有丰富的经验，也有失误和教训。中国特色社会主义市场经济体制是脱胎于计划经济的；中国特色的市场经济体制中所有权的融合、政府与市场的融合以及集权与分权融合的特点，正是批判继承了计划经济体制中政府指导经济发展战略方向、密切关注和自觉调节经济运行情况的

---

* 王蕴，中国宏观经济研究院经济研究所研究员，经济学博士。

积极因素，并结合市场经济灵活性和激励约束机制而形成的特点。同时政府与经济活动的紧密结合，对经济运行的指导、扶持和调节，也是落后农业国实现工业化，追赶发达国家所必须选择的途径。中国经济经过多年实践，所形成的中国模式和积累的中国经验日益为众多发展中国家所认可和吸收借鉴，在经济发展理论和实践中产生广泛的影响。

（一）建国初期实行计划经济体制的必然性

就新中国成立以来的历史条件和理论认识来看，中国当时建立计划经济体制是中国选择社会主义道路的必然结果。马克思主义理论对中国革命实践发挥了重要的指导作用。历史唯物主义认为经济基础决定上层建筑，而经济基础的核心是生产资料所有制；社会主义政治制度因此需要公有制作为其经济基础。马克思主义政治经济学认为资本主义的内在矛盾是生产资料私有制和社会化大生产之间不可调和的矛盾，而自由市场自发调节的结果是资本主义周期性的经济危机，因此只有公有制基础上的自觉调节才可以适应生产力发展和社会化大生产的需要。

新中国成立以来，一段时期内，中国外交执行“一边倒”政策，苏联的社会主义实践，是唯一可供中国在新民主主义革命胜利基础上建设社会主义加以借鉴的模式。苏联高度集中的计划经济是当时马克思政治经济学以生产资料公有制基础上的自觉调节促进生产力发展的具体实践，并且这种体制在二战结束后不久即取得了经济社会迅速恢复发展的显著成就，在当时显示出巨大的优势和活力。就诞生不久的新中国而言，亟待从落后的农业国转变成为先进的工业国，国家对产业结构和一般经济活动的战略指导和强力推动是迅速实现这一进程的必要手段，而计划经济体制在当时来看，是在产业和经济活动中落实国家意志的唯一稳妥可行方式。在新中国成立初期，中、苏在经济体制上的对接，也是顺利实施苏联对华援助的重要条件之一。

（二）计划经济体制的主要特点

首先，具有高度集中统一的计划体系。以全国性的、中央层级的计划为核心，逐层分解、细化为各地方、各部门、各厂矿事业等单位的计划，最终落实为班组、处室等基层组织的执行计划。从时间跨度上来看，以中长期计划为指导，以年度计划为重心，按执行进度分解细化为季度、月度计划。经济计划体现了集中的国家意志，对国民经济活动进行了比较全面的覆盖，成为国民经济活动的先导，上级计划对下级计划构成了约束。

其次，经济计划的执行具有行政的特点。经济计划集中体现了推动经济发展和调节经济运行的国家意志。在以公有制为主、全民所有制主导的所有制结构基础上，主要的国民经济活动，尤其是城市工、商、建筑、交通、金融等部门的经济活动都以条块结合的方式组织于各级政府及各部委的直接管理之下。微观经济主体成为各级、各部门的执行机构，与其构成层级关系。经济计划及其执行过程成为实现国家意志的行政手段。

最后，经济计划对国民经济活动进行了比较全面的覆盖。主要的建设、生产、流通、消费活动均置于计划的管理之下。基于公有制的主体地位和经济活动的行政化管理，财政涵盖了国家机关、厂矿企业、科研院所等各类型机构，以及办公、生产、科研、积累、工资福利和社会保障等各方面的资金收支。在集体所有制占优的农业部门，通过粮油等大宗农产品的统购统销制度，使农业与经济计划紧密衔接起来，并通过工农产品价格剪刀差以农业哺育工业，加速工业化进程。在城镇居民家庭消费领域，在户籍和就业的计划化管理基础上，通过票证制度实现对消费的计划管理，并实现消费品生产和需求的平衡。

（三）计划经济发展的成就及存在的问题

计划经济时代，中国的工业化取得了巨大的成就。新中国在近乎空白的基础上，建立了完备的工业基础和工业门类；在先进工业部门如航空、宇航、核能等领域实现了飞跃，“两弹一星”试验的成功，显示了我国相关工业和科研达到世界较高水平，并具备了自我持续发展的能力；与现代工业紧密联系的科技研究和教育体系发展起来并取得了丰硕的成果；兴建了大量铁路、公路、电力、水利、通信等基础设施；形成了东北、三线、沿海比较均衡分布的工业格局。比如，在“一五”计划期间，对我国工业发展具有重要意义的鞍钢（鞍山钢铁公司大型轧钢厂）、一汽（长春第一汽车制造厂）、沈飞（沈阳飞机制造厂）、沈阳一机床（沈阳第一机床厂）等重要项目建成投产；在基础设施方面建成了武汉长江大桥，同时修建了川藏、青藏、新藏公路和我国第一条电气化铁路宝成铁路；形成了以鞍钢为中心的东北工业基地，华北和西北建成了一批新的工业基地，沿海地区的工业基地也得到加强。在计划经济时代，我国第二产业增加值由 1952 年的 141.1 亿元提高到 1978 年的 1755.2 亿元，年均增长 10.18%，超过同期国内生产总值年均增速 3.47 个百分点，第二产业在国民经济中的比重也由 1952 年的 20.8%提高到

1978 年的 47.7%，而成为国民经济的第一大部门。①

计划经济体制在执行国家意志、取得工业化巨大成就的同时，也日益凸显出一些重要问题。首先，计划的主观性带来了一系列问题。在计划不能很好地结合经济现实并反映经济规律的条件下，计划的主观性带来了突出的结构矛盾，比如轻重工业失衡、消费品结构性短缺、生产和建设的低水平重复等，这种情况下的主观性就把自觉调节变成了盲目控制。其次，计划体制积累了官僚作风。经济计划高度集中统一的特征，计划编制的自上而下的关系，以及计划执行体制中行政层级层层节制的特点，令决策层形成本位主义、以我为主的行为方式，缺少眼睛向下的动力，而基层和微观主体则缺少自主的权力，难以发挥主动性和创造性，整个经济缺少弹性和活力。最后，计划对经济现实认识的滞后性带来问题。由于计划手段工具方法、计划人员的专业以及计划工作本位作风的限制，使经济计划难以充分认识或者恰当预测由科技创新、生产和消费方式的多元化及其发展演变所带来的经济活动的质变和量变；相对于经济现实和潜在的变化，一个高度集中、执行严格的计划必然显得僵化，而无法及时有效地发挥反映和指导经济现实的作用。因此，需要一个更具弹性的、分布式而非高度集中的经济调节机制。

二、中国经济模式

中国经济发展实践之所以成为“中国模式”，最核心的是中国实行

① 《国家数据》，国家统计局网站，http://data.stats.gov.cn/easyquery.htm?cn=C01。

了改革开放。改革使中国迅速摆脱了传统计划经济体制束缚，成功建立了具有中国特色的社会主义市场经济体制。对外开放使国外市场、国外要素在短期内迅速组合形成生产力，得以发挥和利用比较优势，是中国获得发展的外部动力基础；以国际规范倒逼改革，更加明确了改革的目标和方向，开辟了改革道路，使中国特色社会主义市场经济更能适应全球化竞争的要求。市场经济体制是具有普适性的经济制度。世界上之所以形成了各种经济发展模式，根本在于市场经济体制因各国国情、历史文化传统和一些具体情况不同而各具特色。中国的经济模式实际上就是市场经济体制与中国国情和发展阶段相结合后所形成的一套具有中国特色的制度安排。

（一）公有制和非公有制有机融合

改革开放后，中国经济构成由之前的国有经济为主的单一公有制经济逐渐转变为各类所有制经济共存共生的混合所有制经济，并且非国有经济在经济结构中逐渐占有更高比重。从宏观层面看，中国目前既有国有、集体等公有制经济，也有个体、私营、外资等非公有制经济。从微观层面看，伴随着改革进程，出现了大量由不同所有制性质的投资主体共同出资组建的混合所有制企业，特别是一些大型国有企业通过股份制改革引入了民营资本和外资成分，成为国有控股或参股的混合所有制企业，既改善了国有企业产权治理结构与运行机制，提高了国有企业整体效率，又避免了全盘私有化带来的严重冲击与问题，有效促进了中国经济结构调整和优化。

确立公有制为主体、多种所有制共同发展的制度。在改革开放初期，生产力水平低、不发达，生产社会化程度还不高、发展不充分的矛盾十分突出，迫切需要在公有制为主体的条件下，发展多种所有制经济。从改革开放到党的“十二大”，中国肯定了“劳动者的个体经济是公有制经济的必要补充”。经过 20 世纪 80 年代的经济实践，党的“十三大”把私营经济、中外合资合作经济、外商独资经济同个体经济一起作为公有制经济必要的和有益的补充。党的“十四大”进一步强调，我国社会主义初级阶段，以公有制为主体，个体经济、私营经济、外资经济为补充，多种经济成分长期共同发展。邓小平同志在 1992 年提出：“要害是姓‘资’”还是姓‘社’的问题。判断的标准，应该主要看是否有利于发展社会主义社会的生产力，是否有利于增强社会主义国家的综合国力，是否有利于提高人民的生活水平。”① 在此基础上，党的“十五大”确立了以公有制为主体、多种所有制经济共同发展的基本经济制度，适应了中国处于社会主义初期阶段的基本国情，推动了生产力的极大发展。

（二）有为政府和有效市场相结合

中国经济发展成功的经验之一在于，在经济发展和转型中既发挥了“有效市场”的作用，也发挥了“有为政府”的作用，同时用好“看不见的手”和“看得见的手”，形成了市场作用和政府作用有机统一、相互补充、相互促进的格局。党的十八届三中全会公报指出，经济体制改革是全面深化改革的重点，核心问题是处理好政府和市场的关系，使市

① 邓小平：《邓小平文选》第 3 卷，北京：人民出版社 2001 年版，第 372 页。

场在资源配置中起决定性作用和更好发挥政府作用。简单来说，就是要坚持“有效市场”与“有为政府”的有机统一。

1. 不断深化对政府与市场关系的认识，确定市场机制决定性作用

处理好政府与市场关系是中国经济体制改革的主线。党的十一届三中全会之后，我国开始探索把计划和市场有机结合起来的体制机制。十一届六中全会通过的《关于建国以来党的若干历史问题的决议》在总结新中国成立以来经济建设正反两方面经验的基础上提出，“必须在公有制基础上实行计划经济，同时发挥市场调节的辅助作用”。党的十二大又进一步指出，“正确贯彻计划经济为主，市场调节为辅的原则，是经济体制改革的一个根本性问题”，这进一步明确肯定了市场的作用，表明政府抛弃了完全排斥市场的偏见，开始“接纳”市场。1984 年党的十二届三中全会通过了《中共中央关于经济体制改革的决定》，明确指出“社会主义计划经济必须自觉依据和运用价值规律，是在公有制基础上的有计划的商品经济”，打破了所谓社会主义经济只能依靠指令性计划来配置生产数据和生活数据的刻板教条，承认“市场也可以为社会主义服务”① 进一步打破了中国在经济体制改革过程中的意识形态禁锢，认为政府调控为主的计划经济并不是社会主义的唯一资源配置方式，市场也可以成为社会主义国家的一种资源配置方式，与以往的认识相比，这显然是一个重大的理论突破。此后，在经济领域，逐步把市场手段引入传统的计划经济模式中，各类生产要素逐渐与市场机制结合起来，这主要体现在农村改革和双轨制的实行。在农村实行家庭联产承包责任制，农民成为基本的市场活动主体，农民可以自由安排生产经营活

---

① 邓小平：《邓小平文选》第 3 卷，北京：人民出版社 2001 年版，第 373 页。

动，产品除向国家缴纳农业税、向集体缴纳公共提留外，其余完全归农户所有，通过“分权让利”的方式进一步盘活农村市场。

在市场经济的基本确立和完善阶段，即从党的十四大到十八大，中国对政府与市场之间的关系逐步形成了更深化的认识。在邓小平南行讲话以及中国决策层、理论界的多次研讨的基础上，党的十四大形成了一系列重要的政策文献，其中关于社会主义和市场经济的关系则是这次会议的核心议题。党的十四大指出，“中国经济体制改革确定什么样的目标模式，是关系整个社会主义现代化建设全局的一个重大问题，这个问题的核心，是正确认识和处理计划与市场的关系”。这次大会明确提出，“社会主义市场经济体制，就是要使市场在社会主义国家宏观调控下对资源配置起基础性作用”，将市场的地位从十二大以来的“辅助性作用”提升为“基础性作用”；同时明确了经济体制改革的目标是建立社会主义市场经济体制。1997 年党的十五大又提出，“充分发挥市场机制作用，健全宏观调控体系。要加快国民经济市场化进程……进一步发挥市场对资源配置的基础性作用。”2002 年党的十六大提出，“在更大程度上发挥市场在资源配置中的基础性作用，健全统一、开放、竞争、有序的现代市场体系”，同时对政府职能进行了新的界定。2007 年党的十七大提出，“要深化对社会主义市场经济规律的认识，从制度上更好发挥市场在资源配置中的基础性作用，形成有利于科学发展的宏观调控体系”。

党的十八大以来，我国对政府与市场关系的认识又上升到一个新高度。党的十八大报告明确提出，“更大程度更广范围发挥市场在资源配置中的基础性作用，完善宏观调控体系，完善开放型经济，推动经济更有效率、更加公平、更可持续发展”，强调“经济体制改革的核心问题是处理好政府和市场的关系，必须更加尊重市场规律，更好发挥政府作用”。党的十八届三中全会明确提出“使市场在资源配置中起决定性作用和更好发挥政府作用”的发展目标。从市场在资源配置中发挥“基础性作用”到“决定性作用”，虽然只有两个字的区别，但确实体现了对市场经济规律性认识的又一次突破和升华。

2. 有效增强政府宏观统筹协调能力

中国从传统社会进行现代化建设，同时还要完成由计划经济向市场经济的体制转轨，因而政府作用远远超出了成熟市场经济体制下“守夜人”的角色。作为追赶型后发国家，由于市场体系不健全和微观市场主体发育程度不高，中国政府必须扮演现代化发动者和推动者的角色，承担各个领域培育市场乃至一定程度、一定阶段上替代市场的任务。而作为转轨国家，由于市场机制本身的不健全和微观主体市场化程度不高，微观主体的行为不完全是基于市场理性的，政府还需要进行一定程度的直接干预。中国由传统社会向工业社会、由计划经济向市场经济双重转轨的历史背景决定了强势政府的必要性与合理性。总体来看，改革开放后，中国各级政府的积极作为基本适应了经济社会发展的需要，对经济崛起和社会发展起到巨大促进作用。

中长期发展规划是中国政府发挥强势作用的重要抓手。以定期制定的五年发展规划为主体的中长期发展规划，对未来一段时期中国经济社会发展的基本方向、需要解决的重大和全局性问题等做出战略性、宏观性的判断和部署，明确政府组织资源配置的重点领域和主要措施，有助于凝聚社会共识，引导社会预期和市场主体行为，有助于促进关系经济社会发展全局的重大问题的解决。制定五年发展规划的过程，实际上是各层次政府统一认识的过程，基于中央政府对经济社会发展趋势、预测目标和战略选择的总体判断，地方政府结合当地实际提出本地区发展的规划，有助于各级政府行动保持基本一致性，同时允许地方政府因地制宜积极作为。

基础设施建设是体现中国强势政府模式必要性和合理性的主要领域。通常情况下，不发达国家因长期资本投入的能力较弱，基础设施普遍落后。而中国则在中央和地方政府积极介入下，通过政府直接投资并动员社会资源投资的方式，建设了大量一流的交通、能源、通信、市政等基础设施，为经济的持续增长提供了重要的基础条件。对中国经济过去 40 年增长动力的实证分析，证明了基础设施在促进经济增长方面发挥了重要作用。比如 1985—1992 年，全要素生产率 90% 的变化源于经济体制改革和基础设施建设推动，尤其是 1989—1992 年，基础设施建设对经济增长的促进作用甚至超过了体制改革。进入 21 世纪以来，新一轮的基础设施建设投资，使基础设施再次成为提升全要素生产率的主要因素。

（三）中央集权与地方分权相结合

经济发展的所谓“政府主导”，在中国，本质上是地方政府的主导。在以经济规模和经济增长速度为政绩核心指标及“分灶吃饭”和“分税制”财政体制共同作用下，地方政府发展经济的积极性被极大调动起来。具有中国特色的中央与地方关系普遍被视为中国经济腾飞的关键要素。总体来看，改革开放以来，中国先后经历了改革开放初期以放权让利为主的地方分权阶段（1978—1992）、市场化改革以来集权和分权交织进行的阶段（1992 年以来），呈现出复杂、灵活、动态调整的特点，适应了不同发展阶段经济快速发展的中央、地方关系诉求。

1. 放权让利为主的地方分权激发经济活力

从 1978 年实行改革开放到 1992 年确立市场经济目标前，在经济体制改革的推动下，中央与地方关系逐步打破了高度集权的模式，向地方分权型转变。这一时期中央地方关系调整的主要方针就是放权让利，呈现出权力向地方倾斜的特征。一个标志就是财权的下放，开始在中央和地方之间实行分灶吃饭的财政包干制。从 1980 年起，中国对新中国成立以来一直实行的“统收统支”这一中央高度集权的财政体制进行了改革，开始实行“划分收支、分级包干”的新财政体制。中央针对不同地区的财政和经济发展状况，分别实施了收入定额上缴、收入上缴递增包干、总额分成加增长分成等多种形式的包干办法，试图针对不同地区的财政状况因地制宜，以此来激发地方政府通过发展经济来增加财政收入的积极性。在扩大地方财权的同时，中央还大范围地将经济管理上的事权下放给地方，主要包括固定资产投资项目和经济建设计划的审批权、外资审批权、对外贸易和外汇管理权、物价管理权、物资分配权等。从 20 世纪 80 年代开始，中国在沿海地区先后设立了 5 个经济特区并通过国家社会与经济发展计划单列市的形式赋予一些中心城市相当于省一级的经济管理权限，让它们拥有更多的发展经济的主动权。

2. 集权分权交织进行提高经济发展的适应性

1992 年邓小平南行讲话后，中国把大力发展市场经济、建立社会主义市场经济体制确立为经济体制改革的主要目标。此后，随着市场化改革的不断推进，中国的中央与地方关系也进入了一个新的调整时期，不再是简单地在“集权—分权”之间交替进行，而呈现出更为复杂、灵活与动态的局面。

为了提升中央政府的财政汲取和分配能力，国务院决定自 1994 年起开始实行分税制财政管理体制，当年，中央财政收入占总财政的收入比重就提高到了 55%，极大地增强了中央政府的宏观调控能力。为了确保中央政府在财政上的集权并拥有充足的财力作为转移支付的资金基础，此后二十余年，围绕完善分税制，多次对税种或分成比例进行调整。2002 年，我国开始实行所得税收入分享改革，中央地方按照各 50%的比例分享企业所得税和个人所得税收入，2004 年开始按中央 60%、地方 40%的比例分享。2012 年，中国首先在上海市部分行业试点营业税改增值税，此后随着试点的不断深入和范围扩大，自 2016 年 5 月 1 日起，在全国范围全面推开营业税改增值税试点。为了基本维持中央与地方之间原有财力分配结构，将原本按照 75：25 在中央和地方分配的增值税收入的分享比例调整为五五分成。应该说，以分税制为核心的财税体制改革较好地保障了财力分配格局中中央政府的相对集权地位，1994 年以来，中央财政收入占全国财政收入比重始终保持在 50%左右。

近二十年来中央与地方在事权上的调整则要相对滞后于收入划分改革。近年来，中国中央与地方之间的事权则经历了从下放到上收的转变。分税制改革后，随着中央财权的不断集中，中央与地方之间事权模糊不清的弊端逐步暴露出来，财权与事权之间的不匹配愈演愈烈。在实行分税制后，中央收入占总收入比重显著增加，但由中央执行的支出任务并没有增加。新增的政府支出责任尤其是社会保障支出责任几乎完全由地方政府来承担，地方财政支出占公共财政总支出的比重从 20 世纪 90 年代中期的 70%逐步增至超过 80%，在地方财政收入比重没有增加的情况下，地方政府却要承担越来越多的财政支出任务。但由于转移支付尤其是专项转移支付制度的非规范性和非均等化等问题又使其难以发挥好应有的作用，因而进一步加剧了地方政府事权与财权不匹配的冲突。2006年“十一五”经济社会发展规划中明确提出建立健全与事权相匹配的财税体制，党的十七大报告也提出要健全中央和地方财力与事权相匹配的体制。十八届三中全会再次明确了“部分社会保障、跨区域重大项目建设维护等作为中央和地方共同事权”，意味着中央要在社会保障、跨区域重大项目建设维护等部分领域中承担更多的支出责任。

近年来，按照基本公共服务受益范围、兼顾政府职能和行政效率、实现权责利相统一、激励地方政府主动作为，以及支出责任与财政事权相适应等基本原则，推进了中央与地方事权和支出责任划分改革。2016年，国务院印发了《国务院关于推进中央与地方财政事权和支出责任划分改革的指导意见》，按照适度加强中央财政事权、保障地方履行财政事权和减少并规范中央与地方共同财政事权的基本方向，逐步将国防、外交、国家安全、国防公路、全国性重大传染病防治、全国性大通道、全国性战略性自然资源使用和保护等基本公共服务确定或上划为中央财政事权，将社会治安、市政交通、农村公路、城乡社区事务等受益范围地域性强、信息较为复杂且主要与当地居民密切相关的基本公共服务确定为地方财政事权。

此外，在中央与地方之间立法权的配置上，中国延续了改革开放以来不断下放的趋势。在2015年对《立法法》进行的修订中，中国有权制定政府规章的地方政府由“省级人民政府所在地的市和经国务院批准的较大的市”进一步扩大到“设区的市”，并明确了设区的市可以“在不同宪法、法律、行政法规和本省、自治区的地方性法规相抵触的前提下，可以对城乡建设与管理、环境保护、历史文化保护等方面的事项”制定地方性法规。中央对地方的考核中经济指标逐渐被淡化，开始尝试以包括经济、社会、环保等在内的更加综合的绩效标准对地方进行考核。

3. 形成了渐进式、差异化、有选择的集分权特色模式

从世界范围看，如何平衡中央与地方关系是各国普遍面临的挑战。事实上，不断调整是各国中央与地方关系的常态。新中国成立以来中国的央地关系始终处于复杂且灵活的动态调整之中，基本形成了颇具中国特色的渐进式、差异化和有选择的集分权模式。

从纵向上看，中国的中央与地方关系演变是一个带有鲜明实验主义特点的渐进调试的过程。具有高度权威的中央政府可以根据经济社会发展的需要相机决策，随时在几乎所有领域对中央与地方之间的权力和资源配置进行调整：当需要强化宏观调控打破地方主义时就进行中央集权，当需要调动地方积极性发挥其信息优势时就进行地方分权。这种政策调整的适应性是中国共产党人“实践是检验真理唯一标准”精神的集中体现。从横向上看，中央与地方关系表现为在不同维度上或集权，或分权，或集权分权并行的多元组合，形成了一个多维的权力和资源配置的混合结构。中央政府在立法权、财权、事权和人事权等不同维度乃至同一维度不同政策领域，寻求分权和集权的最优组合，进而在中央与地方之间达成一种有效的相互制衡。

随着经济社会发展水平的不断提升和治理目标的多元化，中国调整中央与地方关系的政策工具也越来越丰富。既可以通过下放立法权限增加地方根据当地实际需要进行立法的权力，也可以通过明确拥有立法权限的内容以规范地方的立法乱象问题；既可以通过财税分成影响地方的财权，也可以通过转移支付改变地方的财政事权；既可以通过垂直管理加强中央对地方政府的管理，也可以通过半垂直管理（省以下垂直管理）赋予省一级政府更大的权力；既可以通过绩效考核标准调整地方官员竞争的目标，也可以通过干部交流打破地方干部的保护主义。正是这些丰富的政策工具为央地关系的动态调整提供了更多选择，始终确保中央对地方的集中统一领导。

（四）具有中国特色的发展路径

改革开放以来，中国走的是一条“摸着石头过河”的道路，在特有的内部条件和特定的外部环境下，按照先易后难、边实践边总结的原则稳步推进改革开放，有意或无意地选择了具有一定中国特色、比较合适的发展路径，包括非均衡发展战略、渐进与增量改革模式和外向型发展模式。

1. 非均衡发展战略

中国的非均衡发展战略实际上就是在经济起飞阶段以效率优先来带动整体发展的战略，突出表现为以经济建设为中心和部分地区先富战略。

以经济建设为中心。优先发展经济，保证了有限资源利用在经济发展方面，突破了资金短缺等的限制，在一定程度上有利于避免低水平均衡陷阱。但也在一定程度上造成了经济建设与社会事业发展的不平衡和不协调，造成公共服务和社会事业发展滞后。虽然总体来看，中国的各项社会事业不少发展指标相对领先于同样发展阶段的其他国家。

部分地区和部分群体先富。改革开放以来，我国遵循非均衡发展理论和实践，按照“让一部分人、一部分地区先富起来，先富带后富，逐步实现共同富裕”的思路推动发展。经济特区、开放城市以及后来遍布全国的开发区。早期的经济特区和沿海开放战略，有效地推动了沿海地区的经济起飞，为全国发展构筑了新的发展极，并为中西部地区发展树立了榜样和示范。此后遍布全国的开发区，则成为当地经济发展的重要新增长点，为全国各地的加速发展提供了强劲的动力。随着我国经济发展进入新常态，协调发展日益成为发展的主要特征。一方面，随着劳动力供求关系的转变，劳动力成本上升驱动的产业省际转移，将有助于区域发展的平衡。另一方面，扩大内需战略的实施特别是消费主导型经济结构的形成，将导致产业发展集聚从传统的沿海和临港型发展布局，转变为向人口中心等地聚集。

2. 渐进式改革模式和梯次开放路径

与苏联及东欧国家的休克疗法不同，中国的经济体制改革选择了渐进式改革路径，以存量调整和增量提升推进改革开放。存量调整和增量提升表现在两个方面，一是经济活动主体体制外部门成长和体制内改革并行，并以体制外部门发展促进和倒逼体制内的改革。二是在资源配置方式上，实行计划配置和市场配置的双轨制，并逐步扩大市场配置的范围，最终过渡到以市场配置为主的单一体制。渐进式改革虽然也有不少的缺点和问题，但总体上看，渐进式改革实现了从原有体制向新体制的平稳过渡，在这一过程中经济体系的运行和循环没有被打乱，减少了社会震荡，降低了改革成本。同时，渐进式改革见效快、收益高，又激发了改革内在的动力，使改革进程可以持续。

在开放方面，中国也遵循了渐进有序开放的战略。中国的对外开放首先是从沿海经济特区、开放城市开始，探索经验取得成效以后再逐步扩展到全国，这样既有利于集中资源取得突破，也由于试错成本低、风险小而避免了大的震荡。在贸易开放领域，我国依据产业竞争力，从具有比较优势的产业开始有序开放，在贸易自由化过程中，基本没有对国内产业造成严重冲击，一些原本弱势的产业反而在开放中增强了竞争力。在资本开放方面，中国先开放直接投资再开放间接投资、先开放资本流入再开放资本流出，这种开放战略在全球资本高度流动的条件下有效抵御了两次国际金融危机的冲击，保持了宏观经济的稳定。

3. 依托劳动力优势外向型发展模式

利用对外开放尤其是全球化的有利时机，我国非国有经济依托低成本劳动力优势迅速起步，替代低效率的国有企业，形成新的经济增长点和新的比较优势，并构成了所谓的体制外增量改革特点。此外，利用外资发展出口导向模式或外向型经济发展模式，我国劳动力优势与国外资本、技术和管理、品牌等结合，形成优势互补的综合性竞争新优势，使贸易部门迅速发展，这是我国参与国际竞争分享全球化红利的重要途径。

2008 年国际金融危机后，随着全球化进入收入效应与替代效应并存阶段，全球化繁荣递减，国际市场空间扩张放缓，加之我国低成本优势正在弱化，出口竞争压力日益增大。同时，随着发展阶段的转变，高水平引进来、大规模走出去正在同步发生，人民币国际化程度明显提高。对外开放与国内发展需要紧密结合，需要逐步建立以我为主的分工体系，统筹布局要素以实现收益最大化。这些都决定了未来我国的出口和国际收支将逐渐从快速增长和双顺差，转向稳步增长和收支基本平衡，为我国确立经济大国地位提供支撑。

三、中国经济结构及演变

（一）产业结构发生深刻变化

改革开放以来我国三次产业结构发生了深刻变化，由主要依靠第二产业带动转向依靠三次产业共同带动。从三次产业增加值占 GDP 比重来看，第一产业比重持续下降，由改革开放初期的30%左右下降到不足10%，第三产业比重不断上升，而第二产业比重在 2012 年以前基本保持稳定有升态势，此后则稳步下降。改革开放初期，我国农业基础薄弱，工业结构失衡，服务业发展滞后。随着工业化进程不断推进，逐步形成了门类齐全、结构均衡的现代化工业体系，成为全球制造业第一大国。

21 世纪以来，我国三次产业结构呈现“一低两高”的特点，具有典型的二、三产业“双轮”驱动特征，如图 1 所示。第一产业增加值占 GDP 比重持续下降，从 2000 年的 14. 7%缓慢下降到 2016 年的 8. 6%，累计下降 6. 1 个百分点。第二产业比重总体下降，下降速度具有加快趋势。第二产业增加值所占比重虽然经历了波动，但总体仍处于高位，保持在 40%—50%，占比从 2000 年的 45. 5%上升至 2006 年峰值的 47. 6%，之后波动下降至 2016 年的 39. 8%，2000—2016 年，二产占比平均达 45. 1%。二产比重下降幅度的 5 年移动平均值从 2010 年的 0. 1%逐渐扩大至 2016 年 1. 3%，2017 年为 1. 0%。第三产业比重总体上升，上升速度逐渐加快。第三产业增加值所占比重大致呈现对数曲线上升趋势，年均上升 0.7 个百分点。三产比重上升幅度的 5 年移动平均值从 2006 年的 0.1%逐渐加快至 2017 年的 1.3%，其中 2013—2016 年年均上升 1.3 个百分点。

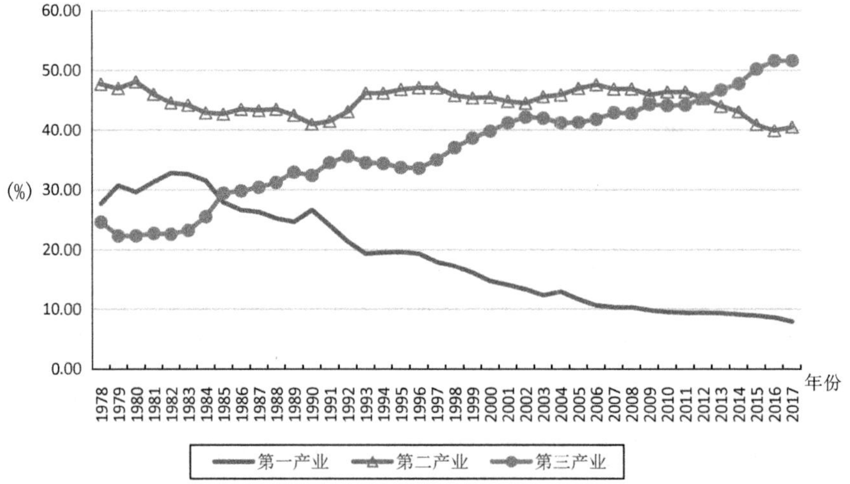

图 1　我国产业结构的演变（1978—2017）

资料来源：《中国统计年鉴》。

从贡献率看，1990 年之前，三次产业对经济增长的贡献率波动较大。2000 年以来，三次产业对经济增长的贡献呈现“一低两高”特征。2000—2010 年，二产对经济增长的贡献率持续快于三产，如图 2 所示。前者从 2000 年的 59.6%持续波动，至 2010 年贡献率为 57.4%，之后贡献率出现明显降低，至 2017 年为 35.8%；相反，三产对经济增长的贡献持续上升。在 2014 年，二者贡献率基本相同后，三产贡献率超过二产并继续上升，2017 年三产贡献率达到 59.8%。总体来看，2000—2017 年，三产贡献率平均为 46.4%，二产贡献率平均为 49.2%，二者成为推动经济增长的主要动力。第一产业对经济增长的贡献率显著低于二、三产业，每年基本稳定在 4.4%左右。

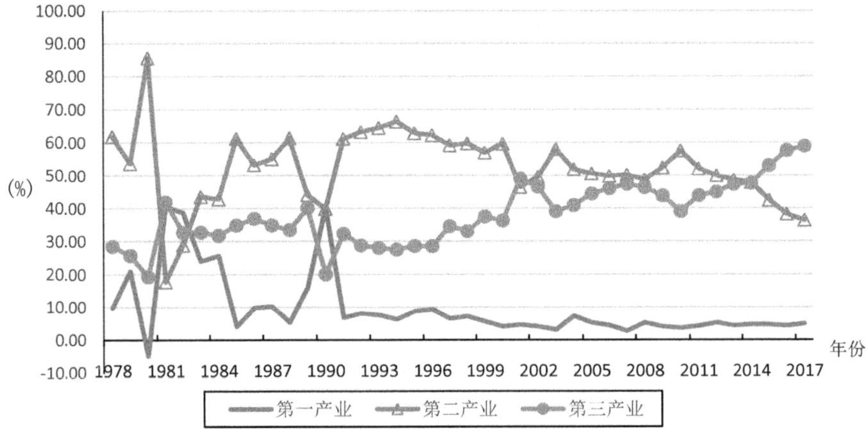

图 2　我国三次产业对经济增长的贡献率（1978—2017）

资料来源：《中国统计年鉴》。

1. 第二产业内部结构不断优化

第二产业由数量扩张逐步转向结构优化与质量提升。21 世纪以来，作为第二产业主体的工业，先是经历了重工业的快速增长，随后形成以重工业为主导的发展格局，轻工业比重逐步回落，轻重工业比例差距明显拉大。此后，随着结构调整与产业转型升级的加快，制造业增加值所占比重不断上升，工业发展逐步从数量扩张型向质量效率型转换。特别是党的十八大以来，供给侧结构性改革深入推进，经济结构不断优化，数字经济等新兴产业蓬勃发展，以高技术产业和战略性新兴产业为代表的高端产业快速发展，带动了产业结构加速升级，如图 3 所示。2011—2016 年，高技术制造业主营业务收入占工业比重从 10. 4%持续上升至 13. 3%，使中国产业体系整体不断向着中高端水平迈进。但与发达国家相比，2000—2016 年中国高技术制造业占工业比重平均为 12. 3%，总体仍偏低。按照国际经济发展转型的经验规律，中国第二产业中高技术产业和战略性新兴产业还有很大上升空间，但这种上升不再仅依靠无序竞争和重复建设，而是需要以质量效益的提升为引领，以创新驱动为主要动力，推动“中国制造”转变为“中国创造”。未来，随着中国创新驱动发展战略、战略性新兴产业“十三五”规划、“中国制造2025”的落实和深入推进，产业链高端化、价值链高附加值、创新链的原始创新将成为中国产业结构调整的重点方向。

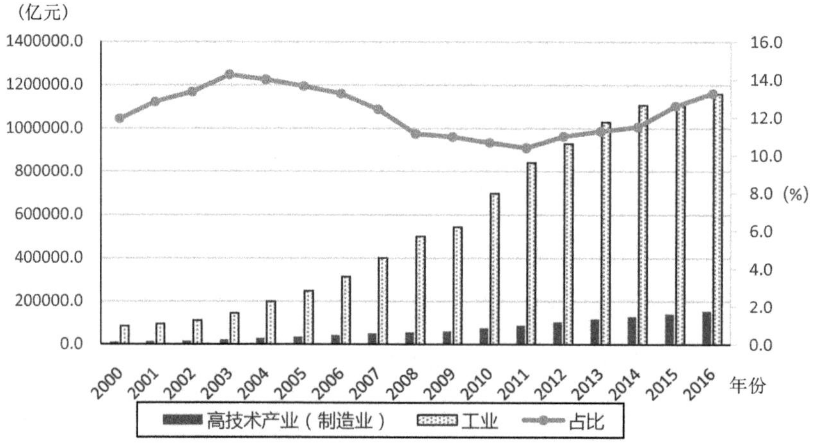

图3　中国高技术制造业主营业务收入占工业比重（2000—2016）

资料来源：《中国统计年鉴》。

2. 第三产业内部多元化发展且比重提高

三产比重相对较低，变动趋势与中高等收入国家一致。如图4所示，通过对2000—2017年中国与中高等收入国家，以及发展阶段和区位相近韩国和日本进行跨国数据比较分析，可以发现第三产业增加值占GDP比重的特点：一是中国三产比重仍较低，不但低于韩国、日本等发达国家，而且低于同处于中高等收入国家水平，2000—2017年中国三产比例平均低于中高等收入国家9.4%。按照产业结构变化的一般规律，三产比重将不断上升。根据跨国比较分析，中国三产比重仍有较大上升空间。二是中国三产比例与中高等收入国家变动趋势基本一致，

2000—2017 年二者比例均同步缓慢上升。

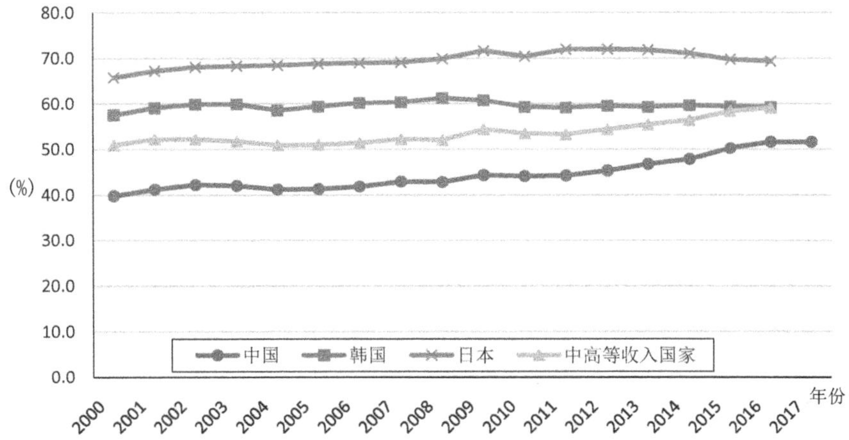

图 4　第三产业增加值占 GDP 比重的国际比较（2000—2017）

资料来源：《中国统计年鉴》和世界银行世界发展指标数据库。

服务业发展多元化趋势明显。2000 年以来，服务业在国民经济中的比重不断上升，随着与二产差距的不断缩小，逐渐成为经济发展的主导产业。如图 5 所示，进一步考查各行业增加值占比，可以得到以下特征：一是商贸、物流等传统服务业仍是主体。批发和零售业是服务业第一大行业。2004—2015 年，批发和零售业比重在 19. 5%左右。此外，交通运输、仓储及邮政业比重在 11. 3%左右，交通运输、仓储及邮政业等在服务业中的占比仍较大。二是金融业和房地产业发展较快。金融业占服务业比重从 2004 年的 10. 0%升至 2015 年的 16. 8%，累计上升了 6. 8 个百分点，成为服务业中第二大行业。房地产业占服务业比重维持在 12%左右，是服务业的第三大行业。三是高技术服务业与新兴生活服务业占比仍然较小。科学研究、技术服务和地质勘查业占服务业比重从 2004 年的 2. 7%上升至 2016 年的 3. 9%。信息传输、计算机服务和软件业占服务业比重在5.6%左右徘徊。可以看出，中国高技术服务业规模仍然不大，这会在一定程度上制约产业整体发展质量的提升，影响内生性经济增长动力的形成。此外，与文化、体育和娱乐业相关的升级类生活性服务业比重较小，与其他服务业较快发展的对比下，这部分服务业占比从2000年的1.6%小幅下降到2015年的1.4%。

服务业具有可塑性强等特点，借助新一代网络信息技术，能够实现跨界融合，并且更多带动数字经济与创业创新的快速发展。未来，要按照党的十九大精神，进一步放宽服务业准入限制，扩大服务业对外开放，现代服务业将得到较快发展，随着服务经济的不断壮大并向其他领域深入渗透，新业态和新模式将以更加活跃的方式涌现，并以此推进商业模式的创新性变革。

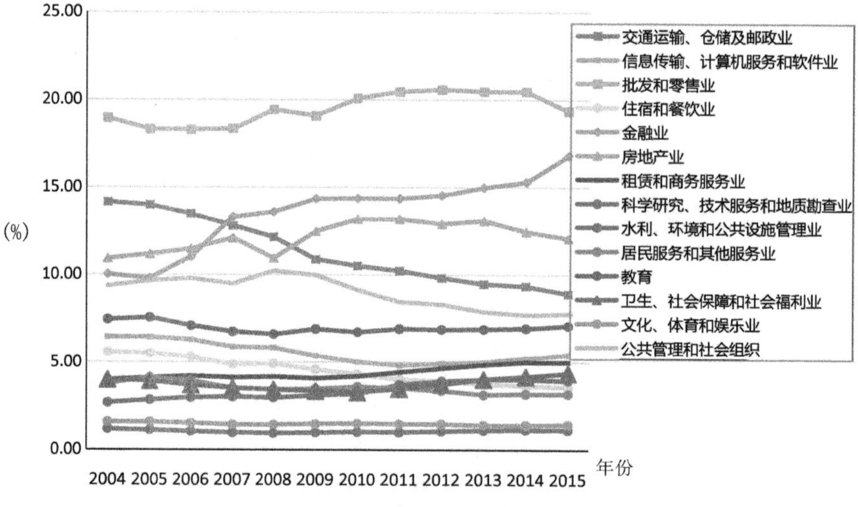

图5　中国服务业增加值结构（2004—2015）

资料来源：《中国统计年鉴》。

（二）需求结构

1. 需求结构总体呈现“两高一低”特征

改革开放以来，我国需求结构总体呈现由主要依靠投资出口拉动向依靠消费、投资、出口协同拉动的特点。投资率和最终消费率（消费率）较高，净出口率较低。我国消费率大体经历了由升至降，而后又再次回升的变化过程；投资率则经历了波动上升然后平稳下降的过程。

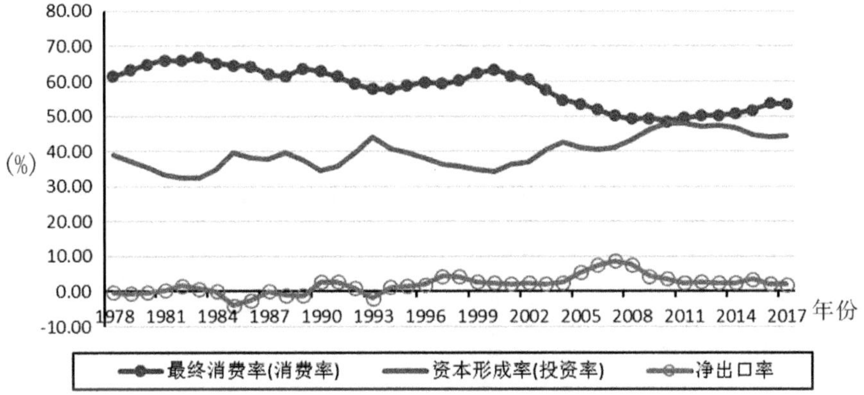

图 6　我国需求结构的变化（1978—2017）

资料来源：《中国统计年鉴》。

2000 年以来，我国资本形成率（投资率）和净出口率呈倒“U”形、消费率呈“U”形趋势性变化。中国需求结构的变化总体符合工业化国家的一般变化趋势。投资率和消费率均保持在较高水平，净出口率在 9%以下（见图 7）。最终消费率（消费率）呈“U”形变化：2010 年以前，消费率从 63. 3%持续下降到 48. 5%的历史低值，此后稳步回升至 53. 6%，较最低值回升了 5. 1 个百分点，年均回升 0. 7 个百分点。近年，最终消费率（消费率）回升速度有所加快，3 年移动平均升幅 2017 年达到 0.96%，较 2015 年提高约 0.4 个百分点。资本形成率（投资率）则呈倒“U”形变化：2011 年，资本形成率（投资率）从 2000 年的 34.3%持续上升到 48%的历史峰值，此后逐步回落到 2017 年的 44.4%，较峰值回落了近 4 个百分点，年均下降 0.6 个百分点。近年资本形成率（投资率）下降速度有所放缓，3 年移动平均降幅由 2015 年的 1%降至 2017 年的 0.8%。净出口率基本也呈倒“U”形变化，2000—2007 年，波动上升至 8.7%的历史峰值，随后波动回落至 2017 年的 2%，2008—2017 年年均回落 0.67 个百分点。

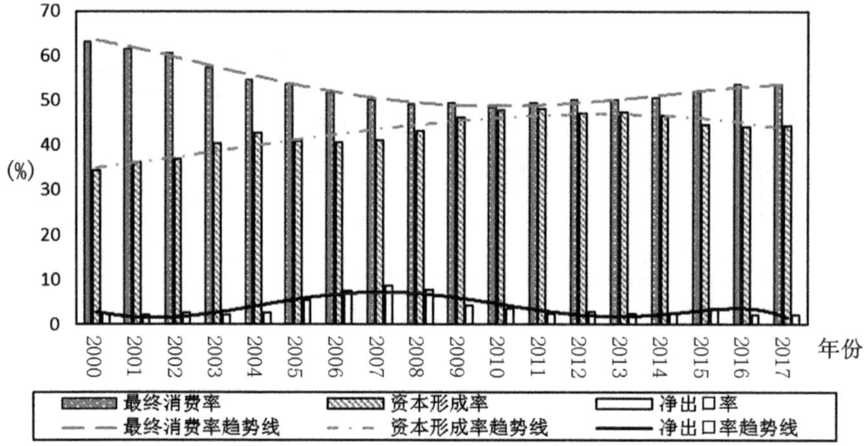

图 7　我国资本形成率（投资率）和最终消费率（消费率）的倒 U 形和 U 形变化趋势（2000—2017）

资料来源：《中国统计年鉴》。

三大需求对经济增长的贡献率“两高一低”，消费和投资的贡献率也分别呈“U”形和倒“U”形的趋势性变化。如图 8 所示，消费和投资是拉动经济增长的主要力量，2000—2016 年，净出口贡献率有 9 年为负。2000 年以来，最终消费率（消费率）呈“U”形趋势变化，

2000—2006年呈下降态势，2007年之后转为趋势性上升。投资贡献率倒“U”形趋势变化的转折点发生在2009年左右，此后转为趋势性下降。2011年以来，最终消费率（消费率）的贡献率总体高于资本形成总额贡献率。2011—2017年最终消费率（消费率）贡献率年均达到55.8%，高出资本形成总额贡献率9.6个百分点；三大需求贡献率的波动幅度均明显收窄，这表明消费对经济增长的基础性作用在不断增强，经济增长主要动力从投资转向消费，三大需求拉动经济增长的协同性更强。

目前，以内需为主渐趋优化的需求结构有助于降低经济增长的波动幅度，对保持持续的中高速增长形成了较有力的支撑；在顺应需求结构变化趋势的前提下，三大需求内部结构的优化和增长质量的提升将是促进经济增长提质增效的关键。

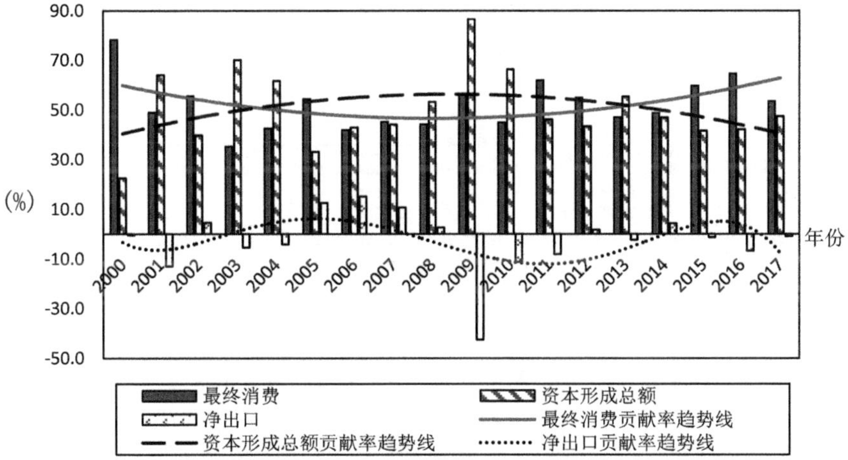

图8　三大需求贡献率（2000—2017）

资料来源：《中国统计年鉴》。

2. 变化趋势与东亚发展中国家基本相同且水平更接近

全球化和国际产业分工是2000年以来中国需求结构变化的基本背景。国际比较表明，中国的变化趋势与具有同样发展阶段、比较优势和分工地位的东亚发展中国家有很强相似性。如图9所示，从最终消费率变化趋势看，中国与东亚太平洋发展中国家、中等收入国家均经历了先下降后回升的变化过程；从绝对水平看，中国最终消费率低于世界平均、高收入国家、中等收入国家和东亚太平洋发展中国家的水平，也低于日韩经济高速发展时期的消费率，但与东亚太平洋发展中国家的平均水平差距最小，平均低4.2个百分点。

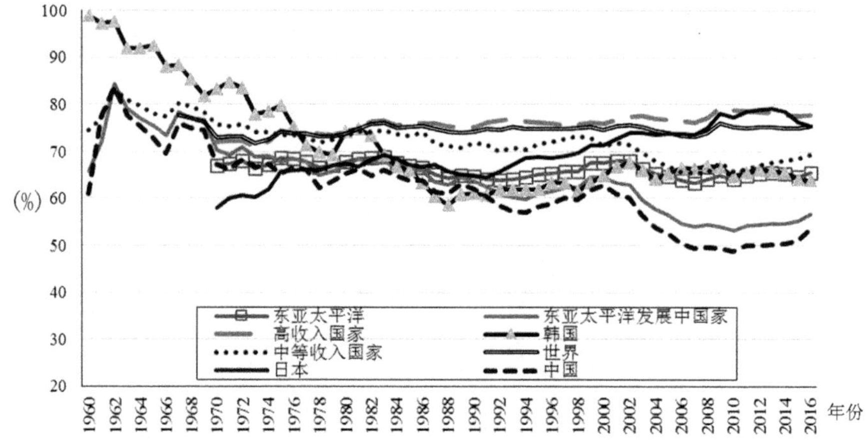

图9 最终消费率的国际比较（1960—2016）

资料来源：《中国统计年鉴》和世界银行世界发展指数数据库。

如图10所示，从资本形成率（投资率）变化趋势看，21世纪以来，中国与东亚太平洋发展中国家、中等收入国家均经历了持续上升而后回落的过程；从绝对水平看，中国投资率高于世界平均、高收入国家、中等收入国家和东亚太平洋发展中国家的水平，峰值分别比日韩的峰值水平高 6. 8 个和 6. 3 个百分点，但与东亚太平洋发展国家的平均水平差距最小，平均高 3. 7 个百分点。

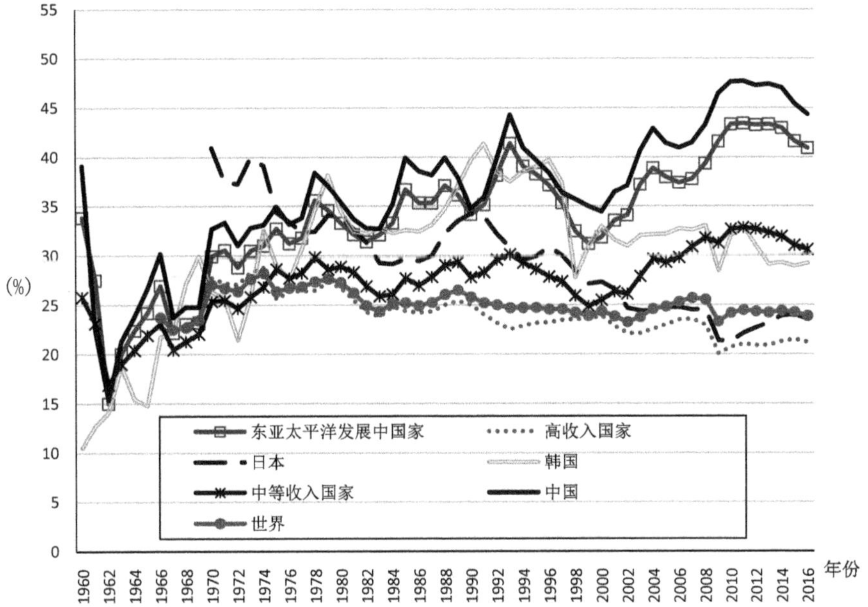

图 10　资本形成率（投资率）的国际比较

资料来源：《中国统计年鉴》和世界银行世界发展指标数据库。

从净出口率变化趋势看（见图 11），中国与东亚太平洋发展中国家基本相同，2000—2007 年均为波动上升，2008—2016 年均为波动下降。中国净出口率的均值与东亚太平洋发展中国家基本相同，均高于世界平均、中等收入国家和高收入国家水平。

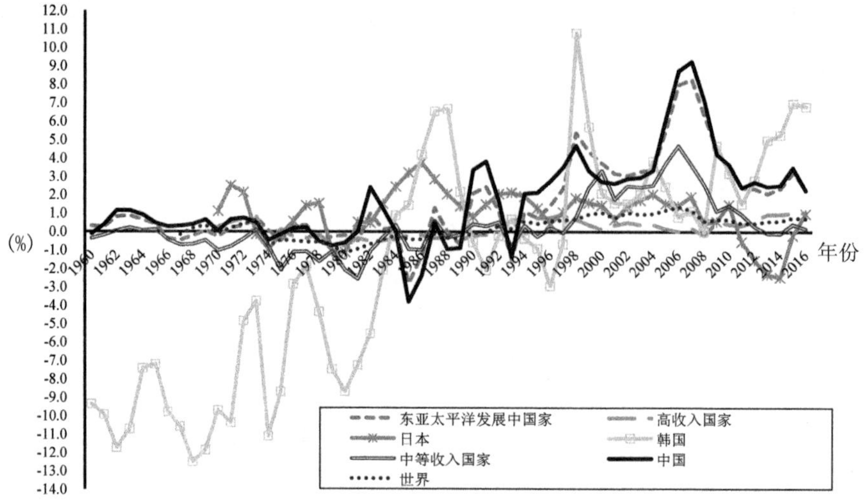

图 11　净出口率的国际比较

资料来源：《中国统计年鉴》和世界银行世界发展指标数据库。

（三）区域结构

四大板块的区域变化特征及趋势如下。

第一，东部、中部、西部板块增速差距收窄，东北地区加速下滑。如图 12 所示，总体来看，21 世纪以来，2011 年以前东中西和东北地区增长呈上升态势，尽管受 2008 年全球金融危机的影响出现过暂时回落，但在 4 万亿元投资等应对危机政策的刺激下，四大区域 GDP 增速基本保持在 10%以上。2011 年之后，四大区域增速一直下降，东北地区下降最快，由 2011 年的 12.56%下降到 2016 年的 2.1%，年均下降超过 2 个百分点，东北地区与东中西地区的经济增长出现严重分化。近年，东中西地区的经济增速在下降过程中趋于收敛和稳定，2016 年在 8%左右；西部地区经济增长明显快于东中部；东部地区经济增速已呈现出企稳回升态势。

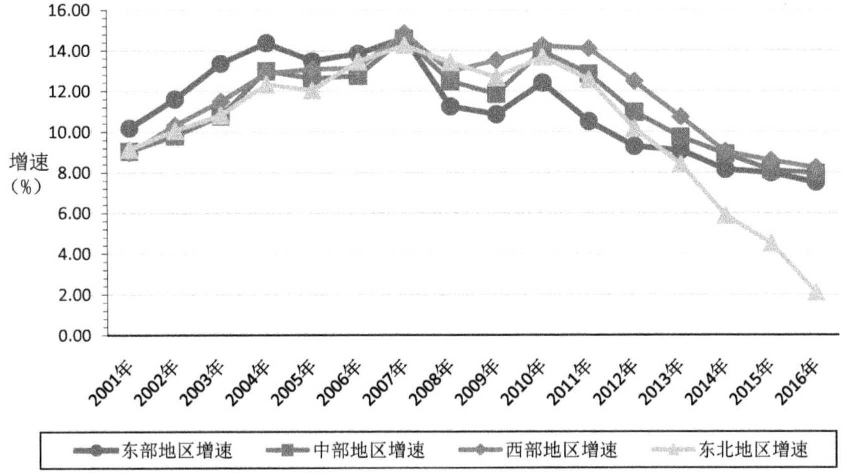

图 12　中国四大区域板块经济增速比较（2001—2016）

资料来源：根据《中国统计年鉴》相关数据计算。

第二，西部地区 GDP 占全国的比重上升较快，东北地区比重下降较快。如图 13 所示，21 世纪以来，由于东北地区增长乏力，增速下降较快，占全国的 GDP 比重下降幅度较大，由 2000 年的 9.76%下降到 2016 年的 8.57%，降幅较大。西部地区增速明显快于其他地区，占全国 GDP 比重上升幅度较大，由 2000 年的 17.74%上升到 2016 年的 19.27%。东部和中部地区比重有小幅波动，但相对稳定，东部地区稳定在 53%左右，中部地区稳定在 19.2%左右。东中西地区的经济总量差距在缩小。

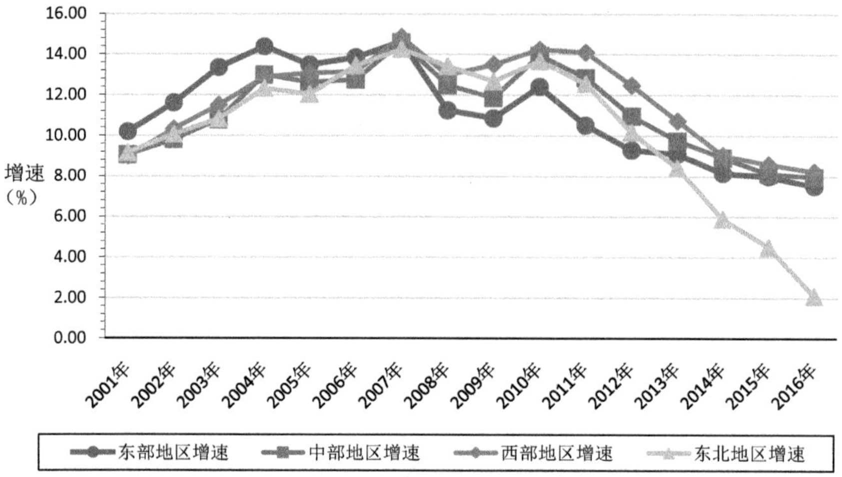

图 13　中国四大区域板块占全国 GDP 比重比较（2000—2016）

资料来源：根据《中国统计年鉴》相关数据计算。

第三，未来东中西增长将企稳回升，东北地区继续低位徘徊。新旧动能的转换仍是影响区域经济发展的重要原因。转型早、基础好的地区有望实现经济较快增长，转型迟缓、基础差、抗风险能力弱的地区经济增长可能会进一步放慢。东部地区，由于经济发展基础好、较早大力发展先进制造业、民间投资活跃、创新驱动政策支持等因素，经济发展新旧动能转换较快，更高效率、更高质量的新动能将支撑经济增长进入新一轮较快发展通道。中西部地区，生产要素成本具有比较优势和一定的后发优势，固定资产投资基本保持两位数以上的增长速度。在国家倾斜性基础设施投资和转移支付支持下，未来五年经济有望企稳并保持快于东部地区势头。东北地区，以重工业为主，在经济景气时期，特别是2008 年年底“4 万亿”刺激政策以后，重工业过剩产能不仅没有及时调整，反而进行新一轮扩张，导致在本轮下行调整中，出现产能利用率低、债务费用高企、营运资金紧张等困难局面，产业结构较为单

一、国有企业占主导地位、市场高度垄断，经济发展难以在短期内回升，需要较长的时间进行转型和复苏，近中期经济增长仍将持续在低位徘徊。

（四）城乡结构

中国的城乡结构变化集中体现为城镇化进程。城镇化是集人口转变、产业结构升级、现代文明进步于一体的综合性过程。完整意义的城镇化由三个要素组成：人口向城镇集中、生产方式非农化、生活方式逐步现代化，人口向城镇集中的过程是外在表现，生产方式和生活方式的转变才是其内核。根据世界范围内城镇化的发展实践，研究者总结出反映城镇化过程的城镇化曲线——S 曲线（见图 14）。依据该曲线，城镇化过程大体可以分为三个阶段：第一阶段为城镇化初期，城镇化发展速度比较缓慢，城镇人口比重较低，大多低于 25%，整个社会仍然保留着传统的小农经济和大量散居的农村人口。第二阶段为城市发展的加速阶段，大量农村人口涌向城市，城镇人口比重增至 60%—70%，城市经济有了很大发展，城市规模日趋扩大，城市数量日益增多。第三阶段则为城镇化的后期，也称为城市发展的成熟期，城镇口增长速度与总人口增长速度相当，城市经济在相当一段时间内发展平稳，城镇人口比重超过 70%。

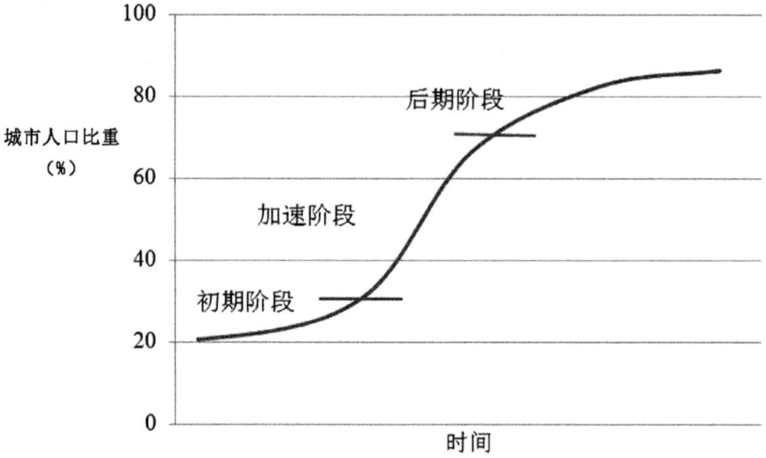

图 14　世界城镇化发展的 S 形曲线

从中国城镇化的发展过程看，新中国成立以来到 20 世纪 90 年代，城镇化发展速度一直比较缓慢；90 年代中期城镇化率（城镇常住人口占总人口的比重）达到 30%左右，此后城镇化开始加速发展，基本符合 S 形曲线所揭示的规律，2017 年中国城镇化率达到 58.5%，较 1995 年提高了近 29.5 个百分点（见图 15）。1978—2017 年，城镇常住人口从 1.7 亿人增加到 8.1 亿人；城市数量从 193 个增加到 661 个，建制镇数量从 2173 个增加到 21116 个。城市规模显著扩大，按户籍人口规模划分，2017 年年末，500 万人口以上的城市达到 16 个，1978 年只有上海市一个。城镇化获得了迅速发展，但也带来了一系列问题，比如，较长一段时期内，中国城镇化存在明显的“重物轻人”倾向，过于重视城市空间拓展，忽视了提高人口城镇化水平。统计的城镇人口中包括超过 2.5 亿名农民工，而其中绝大部分人并没能享受到与城镇户籍人口一样的公共服务，没有转变成完整的城镇人口。

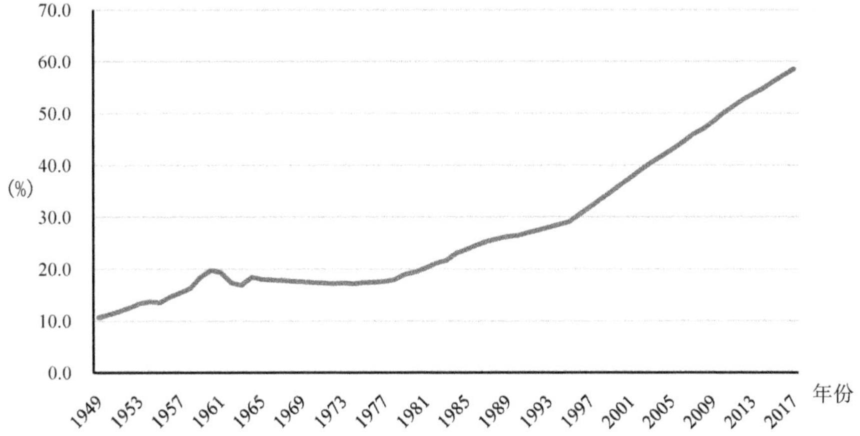

图 15　中国城镇化率变化情况（1949—2017）

注：这里的城镇化率是按照城镇常住人口口径统计的。

资料来源：《2018 中国统计年鉴》。

从城镇化的长周期演进规律看，虽然 30%—70%是城镇化的快速发展阶段，但 30%—50%处于加速发展阶段，50%—70%处于减速发展阶段。中国正处于向城镇化后期迈进的关键阶段，不仅在数量上要使更多人口进入城市生活，进一步提高城镇化率；更为重要的是在质量上提升城镇人口生活水平，真正实现生活方式的现代化，也就是要突出“人的城镇化”的要求。2012 年，党的十八大提出要走中国特色新型城镇化道路，城镇化进程开始进入坚持以人为本、注重质量提升的新阶段。2014 年，政府工作报告提出实现“三个一亿人”的目标，即促进一亿农业转移人口落户城镇，改造约一亿人居住的城镇棚户区和城中村，引导约一亿人在中西部地区就近城镇化。《国家新型城镇化发展规划（2014—2020）》和促进农业转移人口市民化的一系列文件出台，标志着新型城镇化上升为国家战略，树立了以人口城镇化为核心的发展思路。随着农村剩余劳动力规模不断缩减，中国城镇化的潜在群体将会发生明显变化，农业转移人口市民化带动家庭迁徙预计会成为未来推动城镇化率提升的重要因素。户籍城镇化率在一定程度上被认为代表了更真实的城镇化发展水平。2014 年以来，新型城镇化战略实施推动户籍城镇化需求得以较快释放（见图 16），户籍城镇化率从 2011 年的 34.7% 提高到 2017 年的 42.4%，提高了 7.7 个百分点。

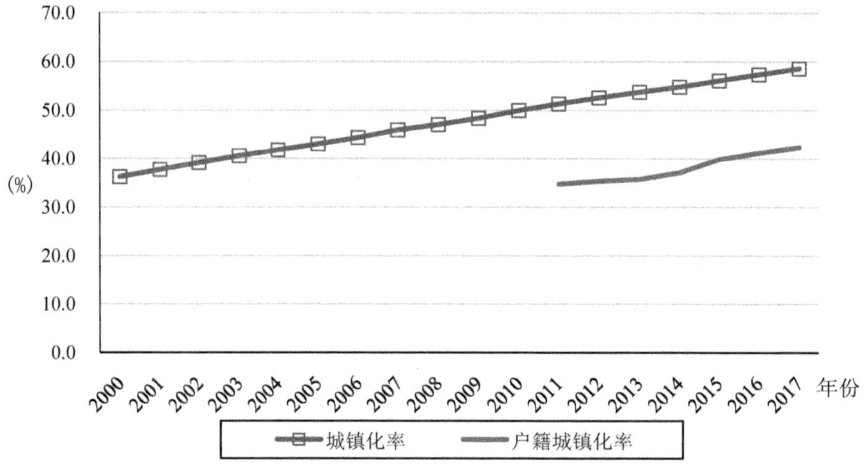

图 16　常住人口城镇化率和户籍城镇化率

资料来源：万得（WIND）数据库。

四、对外经济联系

1978 年我国开启改革开放的伟大历程，以此为划分节点，我国与世界的经济联系发生了重要转折性变化。总体来看，根据我国市场经济改革的阶段划分，我国对外经济联系的发展可以分为四个重要阶段：1978—1992 年起步阶段，对外开放由点到面推进；1992—2001 年拓展阶段，初步构建全方位对外开放格局；2002—2013不断完善阶段，以加入世界贸易组织（WTO）为主要标志，全面对外开放深入发展；2013年以来提升阶段，以“一带一路”倡议为重点，构建全方位对外开放新格局。40年来，我国坚持不断扩大对外开放，以开放促发展，以发展来带动进一步开放。我国已经成为世界第二大经济体、世界最大商品贸易国，吸引和利用外资规模居世界前列，区域开放布局不断优化，对外投资合作深入推进，我国成功实现了从封闭半封闭到全方位开放的伟大转折。中国经济深度融入全球经济。

（一）我国对外经济联系相关制度改革的阶段性特征

1. 起步阶段（1978—1992）：由点到面推进对外开放

从十一届三中全会提出积极发展同世界各国平等互利的经济合作，到十三大继续巩固和发展已初步形成“经济特区——沿海开放城市——沿海经济开放区——内地”的开放格局，对外开放区域逐步实现由点到面的覆盖。

这一时期我国对外经济联系是以外贸管理体制改革为重点。1980年深圳、珠海、汕头、厦门建立经济特区，拉开了我国对外开放的序幕。此后又相继开放了14个沿海开放城市。1988年开始逐步在全行业实行承包经营责任制，实行外贸减亏增盈分成和差别性外汇分成制度，1991年统一全国外汇留成比例，1985年4月起对出口产品实行退税政策；1981年开始实行人民币官方汇率和贸易外汇内部结算汇率，为消除双重汇率带来的负面影响，1985年1月1日起重新实行单一固定汇率。以提供“超国民待遇”为手段吸引外国投资，对外资企业实行所得税“免二减三”政策，在进口机器设备、原材料以及出口产品时，享受免税待遇，给予外资企业外贸进出口自营、报关等权利。

2. 拓展阶段（1992—2001）：初步构建全方位对外开放格局

1992 年春邓小平同志南行谈话再一次解放了人民思想，把对外开放推向新一轮高潮。党的十四大提出“对外开放地域要扩大，形成多层次、多渠道、全方位开放的格局”，党的十五大提出“完善全方位、多层次、宽领域的对外开放格局，发展开放型经济”，我国对外开放领域改革不断拓展，初步构建起全方位对外开放格局。

这一时期我国重点推进外贸外汇管理体制改革，包括：取消进出口指令性计划，推进外经贸经营权由审批制向登记制过渡；1994 年建立以新的增值税、消费税制为基础的出口货物退（免）税制度；1994 年实行银行结售汇，实行“以市场供求为基础的、单一的、有管理的浮动汇率制度”。以改变“超国民待遇”和拓展投资领域为主改革外资管理体制，包括：1995 年年底逐步取消对外资的普适性优惠政策，1997 年制定了《外商投资产业指导目录》引导外资投向；先后修改了《中华人民共和国外资企业法》《中华人民共和国中外合作经营企业法》《中华人民共和国中外合资经营企业法》等法律法规，完善利用外资法律体系。1999 年明确提出“走出去”战略，大力发展境外投资办厂加工装配、境外资源开发、对外工程承包与劳务合作等。

3. 完善阶段（2001—2013）：对外开放全面深入发展

2001 年 12 月 11 日我国正式加入世界贸易组织，以此为标志我国积极参与经济全球化进程，抓住国际产业加快转移的历史性机遇，从区域性推进的对外开放转变为全方位对外开放，对外开放进入新一轮高速发展时期。这一时期改革的总体特点是不断提高市场化程度，建立与国际通行规则接轨的涉外经济体制，为我国经济较快增长创造良好的条件，促进更好分享经济全球化红利。

这一时期，我国全面放开外贸经营权，统一各类企业外贸准入标准，外贸经营权由审批制改为备案登记制；降低进口关税总水平，完善了配额、许可证、关税配额、质量安全卫生标准等，建立健全反倾销、反补贴和保障措施等公平贸易管理体制；2005 年开始实行以市场供求为基础、参考一篮子货币进行调节、有管理的浮动汇率制度。放宽外资准入领域，开放了包括金融、电信、建筑、分销、法律、旅游、交通等服务领域，2007 年统一内外资企业所得税率。逐步放宽了对外投资项目审批和外汇管理限制，赋予企业对外投资自主决策权，鼓励企业“走出去”。成功加入世界贸易组织是我国开创对外合作新局面的重要开端，我国还与多个国家或地区签署了自由贸易协定，包括东盟、巴基斯坦、智利、新西兰、新加坡、秘鲁、哥斯达黎加等。

4. **提升阶段**（2013 **年至今**）：**以构建全方位开放新格局为目标深化对外开放**

按照十八届三中全会提出的建立开放型经济新体制的总体要求，我国进一步深化对外开放领域改革，着力构建全方位对外开放新格局，对外开放的深度和广度获得显著提升。

2013 年我国提出共建“一带一路”（丝绸之路经济带和 21 世纪海上丝绸之路）倡议，获得了国际社会的广泛认同，影响力和吸引力日益增加，推动经济全球化健康发展。截至 2019 年 4 月 18 日，中国已与 125 个国家和 29 个国际组织签署 173 份“一带一路”合作文件；联合国安理会通过的第 2344 号决议，呼吁国际社会通过“一带一路”建设加强区域经济合作。“共商、共建、共享”的合作理念获得沿线国家高度认同和支持。2013—2018 年，共建“一带一路”大幅提升了中国贸易投资自由化、便利化水平，推动中国开放空间从沿海、沿江向内陆、沿边延伸。中国同“一带一路”相关国家的货物贸易额累计超过 5 万亿美元，对外直接投资超过 700 亿美元，为当地创造 20 多万个就业岗位①。2017 年 5 月，首届“一带一路”国际高峰论坛在北京成功举办，2019 年 4 月 27 日，第二届“一带一路”国际合作高峰论坛在北京成功举办。

2013 年以来，我国在对外开放平台和机制方面进行了更加创新性的探索，其中一个重要标志就是先后在多个地区建立了自由贸易试验区。自由贸易试验区是指在贸易和投资等方面比世界贸易组织有关规定更加优惠的贸易安排，在主权国家或地区的关境以外，划出特定的区域，准许外国商品豁免关税自由进出。2013 年 8 月，中国（上海）自由贸易试验区成立，开展外商投资管理、贸易监管、金融创新、政府监管等方面的制度创新试验，探索对外开放的新路径和新模式。2015 年，增设了天津、福建和广东 3 个自贸试验区。2017 年，增设了辽宁、浙江、河南、湖北、重庆、四川和陕西等 7 个自贸试验区。2018 年 10 月，海南岛全岛设立自由贸易试验区。2019 年，将推进自贸试验区建设和探索自由贸易港，扩大全方位开放，推动商品和要素流动型开放向规则等制度型开放转变。

---

① 《中国与一带一路沿线国家货物贸易累计超 5 万亿美元》，CRI，国际在线，2018 年 5 月 17 日，http://baijiahao.baidu.com/s?id=1600679479130616453&wfr=spider&for=pc。

表 1　1978 年以来我国对外开放领域改革主要进展

改革领域	1978—1991 年	1992—2000 年	2001—2013 年	2013 年至今
外贸管理体制	增设对外贸易口岸，下放外贸经营权，增加外贸主体	进一步放开外贸管理权：外贸经营权由审批制向登记制过渡	全面放开外贸经营权：统一各类企业外贸准入标准，由对外贸易经营权由审批制改为备案登记制	加大贸易便利化程度
	逐步赋予外贸经营企业自主经营权：1988 年开始实行承包经营责任制，1991 年开始外贸企业自负盈亏，统一外汇留成	改革汇率制度：1994 年建立有管理的浮动汇率制度	实行有管理的浮动汇率制度：2005 年开始实行以市场供求为基础、参考一篮子货币进行调节、有管理的浮动汇率制度	加快自由贸易试验区建设
	实行出口退税政策：1985 年实行出口退税（产品税、增值税等）	完善出口退税政策：建立以新的增值税、消费税制为基础的出口退（免）税制度	降低贸易壁垒，完善进口管理制度：降低进口关税总水平，建立健全反倾销、反补贴和保障措施等公平贸易管理体制	
	改革汇率制度：1981 年实行官方汇率和内部结算汇率并存，1985 年实行单一固定汇率，1985—1990 年多次大幅调整官方汇率，人民币贬值幅度较大			

续表

改革领域	1978—1991 年	1992—2000 年	2001—2013 年	2013 年至今
外资管理体制	给予外资“超国民待遇”：对外资实行企业所得税“免二减三”，在进口机器设备和原材料，以及出口产品时享受免税待遇；给予外资企业外贸进出口自营权、报关权	逐步改变给予外资“超国民待遇”：1995 年开始逐步取消一些普适性优惠政策	扩大外资投资领域和范围：按入世承诺放开包括金融、电信、建筑、分销、法律、旅游、交通等服务领域	放宽外商投资准入：试点将逐案审批和产业指导目录式外资管理方式，逐步改革为准入前国民待遇加负面清单管理模式
	1979 年颁布《中华人民共和国中外合资经营企业法》	修改相关法律：修改《中华人民共和国外资企业法》《中华人民共和国中外合作经营企业法》《中华人民共和国中外合资经营企业法》	健全利用外资法律体系，完善相关政策：多次修改《外商投资产业指导目录》，制定《外商投资商业领域管理办法》《外商投资项目核准暂行管理办法》《关于外国投资者并购境内企业的规定》	
	逐步扩大地方外商投资审批权限	引导外资投资领域：1997 年制定《外商投资产业指导目录》，从单纯引进资金向技术引进和促进产业升级倾斜	公平内外资企业待遇：2007 年颁布新《企业所得税法》，统一内外资企业税率	

续表

改革领域	1978—1991 年	1992—2000 年	2001—2013 年	2013 年至今
对外投资体制	没有明显进展	逐步明确并加大对对外投资支持力度：1997 年出台《关于鼓励企业开展境外带料加工装配业务的意见》，1999 年提出“走出去”战略	放宽对外投资外汇管理限制：2009 年出台《境内机构境外直接投资外汇管理规定》	创新对外投资管理方式：2014 年，实行以备案为主、核准为辅的管理方式，缩小核准范围，确立企业和个人对外投资主体地位。2014 年出台《境外投资项目核准和备案管理办法》
			放宽对外投资项目审批限制：2004 年发布《境外投资项目核准暂行管理办法》，2006 年出台《境外投资产业指导政策》和《境外投资产业指导目录》，2009 年发布《境外投资管理办法》，赋予对外投资主体自主决策权	

资料来源：改革开放以来我国对外开放领域改革的相关文件。

我国进一步优化外商投资管理体制和对外投资管理方式。2014 年以前，我国对外商投资项目全部实行核准制。2014 年《外商投资项目核准和备案管理办法》出台，外商投资项目管理由全面核准向普遍备案和有限核准转变，目前96%以上的外商投资实行属地备案。作为指导管理外商投资项目依据的《外商投资产业指导目录》，自1995年首次颁布以来，已先后修订7次，外商投资准入大幅放宽，限制性措施削减至63条，服务业、制造业、采矿业等领域开放水平大幅提高。2014年《境外投资项目核准和备案管理办法》，明确为中国企业“走出去”进行松绑，规定：境外投资项目不再区分资源类和非资源类，除涉及敏感国家或地区、敏感行业的项目外，中方投资10亿美元以下项目一律实行备案。2018年，我国进一步修订外商投资负面清单，全面落实准入前国民待遇加负面清单管理制度。实行以备案为主、核准为辅的管理方式，缩小核准范围，确立企业和个人对外投资主体地位。

（二）我国对外贸易快速发展

改革开放40年来，我国紧紧抓住经济全球化快速发展的历史机遇，积极发展同世界各国贸易联系，快速发展成为世界贸易大国，并逐步向贸易强国迈进。

1. 货物贸易实现快速发展

货物贸易规模跨越式发展。1978—2017年，按人民币计价，我国进出口总额从355亿元提高到27.8万亿元，增长782倍，年均增速达18.6%。其中，出口总额从168亿元提高到15.3万亿元，增长914倍，年均增速为19.1%；进口总额从187亿元提高到12.5万亿元，增加664倍，年均增速为18.1%。按美元计价，我国进出口总额从206亿美元提高到4.1万亿美元，增长198倍，年均增速达14.5%。我国货物贸易占世界比重大幅提升。改革开放初期，我国货物进出口占国际市场份额仅为0.8%，在全球货物贸易中列第29位。加入世界贸易组织后，我国货物贸易规模相继超越英国、法国、德国和日本。2009年起，我国连续9年保持货物贸易第一大出口国和第二大进口国地位，2013年起我国成为全球货物贸易第一大国。2017年我国货物进出口占全球份额达到11.5%。图17与图18可以看到这一时期的整个发展趋势。

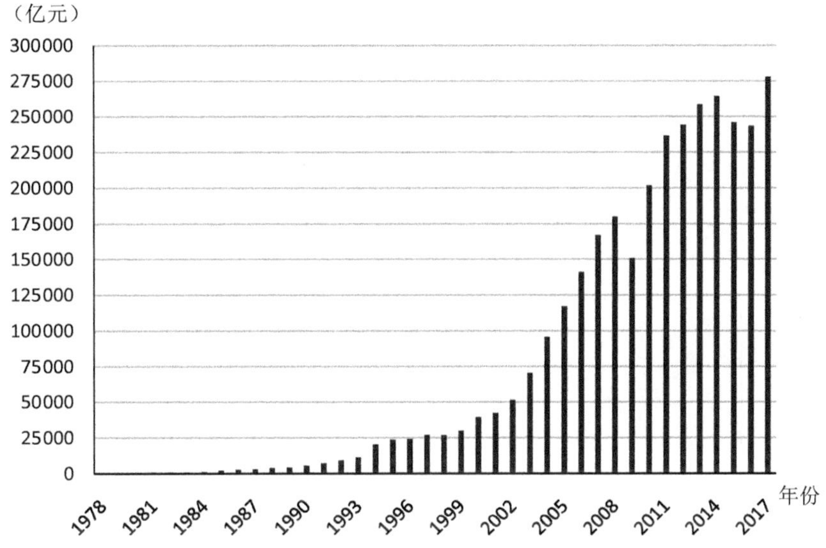

图17　我国货物进出口总额（1978—2017）

资料来源：《中国统计年鉴》。

货物贸易结构不断优化。随着对外开放不断扩大，贸易方式更趋合理。改革开放初期，我国在开展一般贸易基础上，以来料加工、进料加工等贸易方式，重点发展加工贸易，并由此带动较快融入国际分工体系。加工贸易占进出口总值比重从1981年的6%逐步增长到1998年的53.4%。此后，随着经济结构调整和转型升级，加工贸易占比逐步下降。2013年以来，我国着眼于调结构转方式，不断培育外贸竞争新优势，2017 年加工贸易占比降至 29%，一般贸易占比上升至 56.3%。贸易产品结构不断优化。改革开放初期，我国出口商品以初级产品为主，20 世纪 80 年代实现了向工业制成品为主的转变，90 年代实现了由轻纺产品为主向机电产品为主的转变。进入 21 世纪以来，以电子和信息技术为代表的高新技术产品出口占比不断提高，出口商品结构不断优化升级。1978 年初级产品出口占 53.5%，工业制成品出口占 46.5%；到 1986 年，工业制成品出口比重开始超过初级产品，达到 63.6%；2017 年，工业制成品和初级产品占出口比重分别为 94.8%和 5.2%。1985 年至 2017 年，我国机电产品出口从 16.8 亿美元增加到 1.3 万亿美元，增长 785 倍，年均增速达到 23.2%，占全球市场的份额升至 17%以上。同期，高新技术产品占我国出口比重从 2%左右提高到 28.8%。

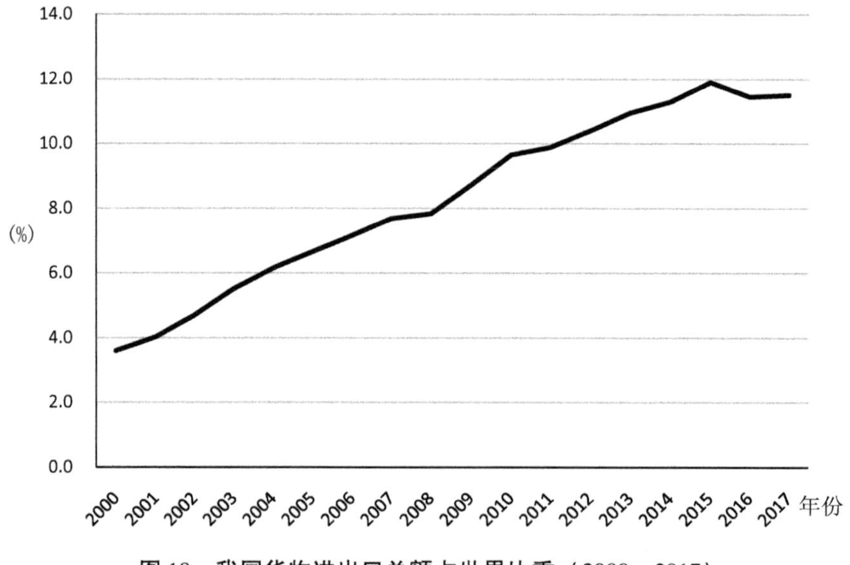

图 18　我国货物进出口总额占世界比重（2000—2017）

资料来源：世界贸易组织。

我国贸易市场日趋多元化。1978—2017 年我国贸易伙伴由 40 多个发展到 231 个国家和地区，其中欧盟、美国、东盟、日本等为我国主要贸易伙伴。自 2004 年起，欧盟和美国已连续 14 年位列我国第一和第二大贸易伙伴，2017 年中欧、中美贸易额占进出口总额的比重分别为 15%和 14.2%。我国与新兴市场和发展中国家的贸易持续较快增长，2011 年起，东盟超越日本成为我国第三大贸易伙伴，在我国出口市场中的占比从 2000 年的 7%提高到 2017 年的 12.5%。2013—2017 年，我国与“一带一路”沿线国家货物进出口总值 33.2 万亿元，年均增长 4%，高于同期我国货物进出口年均增速 1.4 个百分点。

2. 服务贸易迅速发展

我国已经形成了比较完整的服务贸易体系。近年来，随着服务业特别是生产性服务业发展水平提高，我国专业服务领域国际竞争力不断增强。2014 年起，我国已连续四年保持服务进出口全球第二大国地位。

服务贸易规模持续扩大。1982—2017 年，我国服务进出口总额从 46.9 亿美元增长到 6957 亿美元，增长 147 倍，年均增长 15.4%。其中服务出口增长 84.4 倍，年均增长 13.5%；服务尽快增长 230 倍，年均增长 16.8%。根据世界贸易组织统计，1982—2017 年，我国服务出口世界排名由第 28 位上升至第 5 位；进口由第 40 位提升至第 2 位。值得注意的是，我国服务贸易长期维持逆差状态。特别是 2010 年以来，服务贸易逆差额扩大速度有所加快，由 151 亿美元扩大到 2017 年 2395 亿美元。在发达国家力推服务贸易自由化和世界贸易进入服务贸易快速增长阶段的背景下，我国服务贸易发展面临一定挑战。

服务贸易结构呈现升级态势。改革开放初期，我国服务贸易以旅游、运输和建筑等传统服务为主，1982 年，三大传统服务占比超过 70%。随着服务业较快发展和对外开放不断深入，以技术、品牌、质量和服务为核心的新兴服务发展加快，保险服务、金融服务、电信计算机和信息服务、知识产权使用费、个人文化和娱乐服务等迅速发展。1982—2017年，我国新兴服务出口年均增长15.9%，2017年新兴服务进出口2161亿美元，其中出口占47.6%。

（三）我国利用外资质量不断提升

积极有效利用外资是我国对外开放基本国策的重要内容。改革开放40年来，我国不断促进投资便利化，改善投资环境，成为全球跨国投资主要目的地之一。

利用外资规模不断扩大。改革开放初期，我国利用外资以对外借款为主，并且规模小。20世纪90年代以来，随着利用外资方式的优化，外商直接投资成为利用外资的主体。改革开放以来，我国利用外资从1984年的12.6亿美元扩大到2017年的1363亿美元，累计使用外商直接投资超过2万亿美元。截至2017年年底，实有注册的外商投资企业近54万家。2017年我国是全球第二大外资流入国，自1993年起利用外资规模稳居发展中国家首位。

利用外资结构日趋改善。改革开放以来，我国利用外资经历了第二产业规模增加、比重上升，到第二产业和第三产业规模增加、第三产业比重上升的过程。这与我国经济结构由以第二产业为主，转向以第三产业为主的过程是一致的。2013—2017年，服务业累计使用外商直接投资4174亿美元。2017年，高技术产业利用外资占总额的比重为27.4%，比2012年提高13.6个百分点。从区域布局来看，我国利用外资经历了由经济特区逐步扩大到沿海、沿江、沿边地区，再向内陆推进的过程。随着开放的深入，外商投资企业逐步覆盖全国所有省区市。图 19 可以看到这一发展趋势。

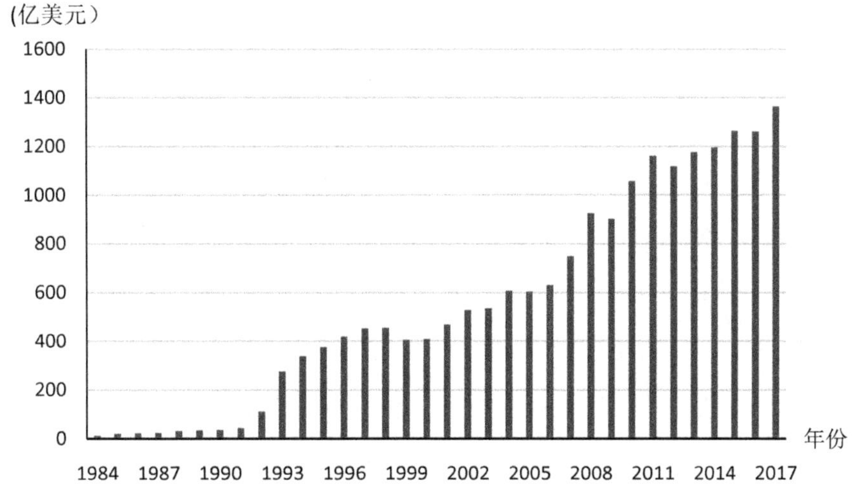

图 19　我国利用外商直接投资规模（1984—2017）

资料来源：《2018 中国统计年鉴》。

（四）我国对外投资从无到有蓬勃发展

随着我国对外经济联系进一步加深，我国对外投资从无到有，逐渐跻身资本输出大国行列。我国已经由引进外资为主逐步转向引进外资和对外投资并重。

改革开放初期，我国只有少数国有企业走出国门，对外直接投资开始尝试性发展。据联合国贸易和发展会议统计，1982—2000 年，我国累计实现对外直接投资 278 亿美元，年均投资额仅 14.6 亿美元。1999 年我国提出“走出去”战略，对外直接投资进入快速发展时期。2002 年以来我国对外直接投资额由不足 30 亿美元扩大到 2017 年 1246 亿美元，增长46倍，成为全球第三大对外投资国。截至2017年年末，我国对外直接投资存量1.48万亿美元，境外企业资产总额超过5万亿美元。同时，我国对外投资方式逐步优化，由单一的绿地投资向兼并、收购、参股等多种方式扩展，特别是近几年，跨国并购日趋活跃。

对外投资结构持续优化。我国对外直接投资的行业分布从初期主要集中在采矿业、制造业，到目前已覆盖全部国民经济行业门类，投资结构由资源获取型向技术引领和构建全球价值链转变。2016年年末，我国对外直接投资存量中超过70%分布在第三产业。自“一带一路”倡议提出以来，国际产能合作成为我国与各国共建“一带一路”的重要抓手。我国企业在基础设施建设、传统劳动密集型产业、优势产能富余产业以及高端装备制造业等领域开展广泛的国际产能合作。2015—2017年，我国装备制造业的对外投资达351亿美元，占制造业对外投资的51.6%。

对外投资区域布局更加广泛。2016年年末，我国对外直接投资分布在全球190个国家（地区），占全球国家（地区）总数的比重达到81%。其中，对亚洲投资占比最高，达到67%。我国与“一带一路”沿线国家的投资合作发展迅速，2015—2017年，对沿线国家累计投资超过486亿美元，占同期对外投资累计金额的比重超过10%。

（五）我国多双边经贸关系和区域经济合作全面发展

我国参与经济全球化能力大幅提升。随着我国经济实力增强和对外经济联系广泛发展，我国成为经济全球化的重要参与者、引领者和贡献者。改革开放以来，我国不断发展与世界各国或地区在贸易、投资等领域的交流与合作，全方位融入世界经济。2001年加入世界贸易组织后，我国切实履行加入世贸组织承诺，坚定支持多边贸易体制，积极推进贸易投资自由化便利化，全力支持发展中国家融入多边贸易体制，坚定反对单边主义和保护主义。我国坚定不移奉行互利共赢的开放战略，通过二十国集团、金砖国家等机制，建设性参与全球经济治理。首个由我国倡议成立的多边金融机构——亚洲基础设施投资银行于2015年年底宣告成立，截至2018年12月19日，已拥有遍及全球的93个成员。

我国加快实施自由贸易区战略，不断深化区域经济合作。20世纪90年代以来，我国积极参与亚太经合组织、上海合作组织和亚欧会议等区域性合作，在推进多边经济合作中发挥了重要作用。作为新一轮对外开放的重要内容，我国加快实施自由贸易区战略，先后与冰岛、瑞士、韩国、澳大利亚等24个国家和地区签署了16个自贸协定，遍及亚洲、拉丁美洲、大洋洲、欧洲等。已签署的自贸协定中，零关税覆盖的产品范围超过90%。2017年，我国与自贸区伙伴的贸易额（不含港澳台）占货物贸易总额的25.8%。我国还在推进多个自贸协定谈判，推进多边机制的改革，谈判签署高水平的自贸区，将会进一步推动我国改革开放的水平，为中国经济提供更为广阔与高端的平台。

五、结语

自1949年中华人民共和国成立的70年来，特别是实施改革开放以来，中国经济发展取得了令世界瞩目的成就。我国国内生产总值从新中国成立初期的679亿元增长到2017年的82.7万亿元，2018年突破90

万亿元，增长了1325倍。特别是1978年改革开放以来，我国国内生产总值年均实际增长9.5%，远高于同期世界经济2.9%左右的年均增速；国内生产总值占世界的比重由1.8%上升到15.2%，多年来对世界经济增长贡献率超过30%。我国从低收入国家快速迈入中高收入国家行列，并继续向高收入国家迈进，实现从站起来、富起来到强起来的伟大飞跃。

中国作为世界第二大经济体，对世界经济的发展贡献越来越大，截至2018年，每年的经济增长对世界贡献率达到30%以上，成为世界发展的重要引擎。当然，中国还是一个发展中国家，由于人口基数大，人均财富在世界的排名并不靠前，在高端技术领域，与世界发达国家的差距还存在，还有伴随高增长带来的许多问题，如环境问题、结构不合理问题、收入分配差距问题等，需要得到很好的解决。同时，世界经济形势正在发生深刻的变化，既有机遇也有挑战，中国将会抓住新一轮科技革命带来的新机遇，实现新时代经济的新发展，为实现中华民族伟大复兴的目标提供坚实的基础。

推荐阅读：

1. 刘伟：《经济学教程：中国经济分析——北京大学经济学教材系列》，北京：北京大学出版社2005年版。

2. 吴敬琏：《中国经济改革进程》，北京：中国大百科全书出版社2018年版。

3. 林毅夫、蔡昉、李周：《中国的奇迹：发展战略与经济改革（增订版）》，上海：格致出版社2014年版。

第二章

日本经济概览

徐　梅*

日本是一个资源贫乏、市场狭小的国家。第二次世界大战后，作为战败国，日本在一片废墟上重建经济，并从 20 世纪 50 年代中期到 70 年代初实现了经济高速增长，创造了日本经济“奇迹”，一度成为众多国家和地区纷纷研究和效仿的成功典范。以 20 世纪 70 年代初第一次石油危机爆发为转折点，日本经济减速，并出现一些现象和问题；到 80 年代中后期，在后发效应趋于终结、国内市场日益饱和、日元大幅升值、货币政策宽松的形势下，日本出现严重的“泡沫经济”。是泡沫，终归要破灭。

随着 20 世纪 90 年代初“泡沫经济”崩溃，日本经济陷入长期低迷。尽管各届政府都采取了刺激经济增长措施，但由于经济体制改革滞

* 徐梅，中国社会科学院日本研究所研究员。

后、政权更换频繁、金融财政等宏观调控空间有限、老龄化加剧以及劳动力市场相对封闭、外需作用减弱等原因，日本经济长时间未能走出低迷。

2012年年底，安倍晋三二度就任日本首相后，推出“安倍经济学”及“日本复兴战略”，将重点放在促进国内结构改革。目前，在开放劳动力市场、降低企业经营负担、提高农产品竞争力等方面，日本已显现出一些积极动向。在人口少子老龄化形势日趋严峻、财政赤字居高不下、外部环境复杂多变、宏观调控空间有限的情况下，中长期日本经济将呈低增长、低通胀、低失业状态。

一、战后日本经济的高速增长

二战后伊始，日本经济在战争中遭受严重破坏，生产急剧下降，农业歉收，对外贸易中断，物资极度匮乏，通货膨胀严重。在美国占领军的授意下，日本推行解散财阀、农地改革、劳动立法三大民主改革，清除了封建残余，调动了广大农民积极性，促进了社会稳定和生产力发展，为经济体制转变提供了前提，也为日本经济高速增长创造了条件。为尽快恢复生产，满足基本生活需求，1947年日本实行“倾斜生产方式”。在保障物资统一调配、集中使用的基础上，优先发展煤炭和钢铁工业，以此带动其他产业发展。1950年朝鲜战争爆发，美国向日本大量采购军需用品，推动了日本经济的恢复和发展，对改善日本国际收支状况也发挥了一定作用。20世纪50年代初，日本经济基本恢复到战前水平。

20 世纪 50 年代中期以后，日本进入经济高速增长时期并持续近 20 年，这期间先后经历了神武景气、岩户景气、奥运景气、伊奘诺景气等几个大的景气扩张期。1956—1970 年，日本实际 GDP 年均增长率为 9.7%（参见图 1），自 1968 起列居资本主义世界第二经济大国，也成为东亚地区经济发展的“领头雁”。各国和地区纷纷从宏观经济管理、金融财政体制、产业政策、企业经营、中小企业、科技教育、对外贸易投资以及国际环境、民主改革、美国扶植、政局政党等诸多视角，探寻日本经济高速增长的“奥秘”。综合经济增长理论及各国和地区经济发展实践来看，资金、劳动力、技术、制度环境、资源、市场等是影响经济增长的重要因素。日本经济高速增长的原因，归结起来主要有几个方面。

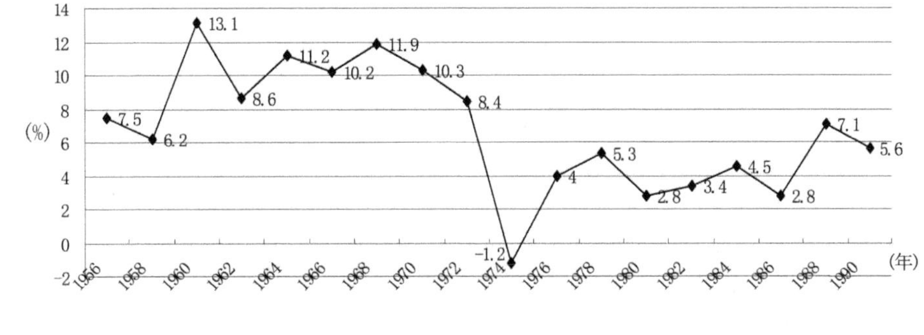

图 1　1956—1990 年日本实际 GDP 增长率的变化

资料来源：日本内閣府『平成 29 年度年次経済財政報告』、2017 年 7 月、261 頁。

（一）资本积累持续增加，不同层次高素质劳动力供应充足

发展经济需要大量的资金投入。在高速增长时期，日本家庭储蓄率直线上升，1975 年达到 22.8%，比 1955 年提高近 11 个百分点（参见图 2）。20 世纪 60 年代中期以后，日本对外贸易收支转向顺差，外汇储

备不断增加，1975 年为 128.2 亿美元，比 1956 年增长 26.3 倍。[①] 另外，日本的股东分红率低于欧美国家，其国防投入因受“和平宪法”制约而处于低水平，这些因素也为企业扩大生产提供了资金上的支持。

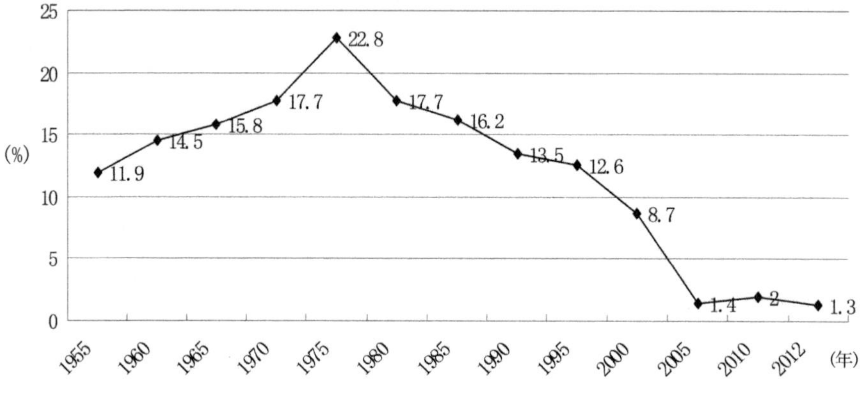

图 2　战后日本家庭储蓄率的变化

资料来源：日本内閣府『平成 26 年度年次経済財政報告』、2014 年 7 月、324 頁。

这期间，日本国内劳动力供应充足。1973 年，日本劳动力人口 5326 万人，比 1955 年增长 27%，明显高于总人口增幅。[②] 尤其 60 年代是日本工业现代化和农业现代化的大发展时期，也是城市工业吸收农村劳动力最多的时期。1970 年，日本兼业农户占全国农户总数的比重为 84.4%，比 1960 年增加 15.4 个百分点，其中以他业为主、农业为辅的“二兼”农户超过六成。[③] 农村释放的大量劳动力，不仅支撑了日本工业现代化的发展，也促进了农民收入增加以及城乡居民收入均等化目标的实现。1961—1970 年，日本农户年均收入增长 2.4 倍，之后甚至超过

① 日本内閣府『平成 26 年度年次経済財政報告』、2014 年 7 月、332 頁。
② 日本内閣府『平成 26 年度年次経済財政報告』、2014 年 7 月、327 頁。
③ 平木龍雄編『農産物の世界市場と貿易』、白桃書房、1994 年、59 頁。

城市职工家庭年收入。①

除享受人口红利、劳动力数量供应充裕外，日本劳动力素质普遍较高，对新技术、新模式的适应力较强，这主要得益于其重视教育的传统。早在德川幕府时期，日本即已成立先进的文化教育机构。明治时期，日本一直将获取西方先进技术、建立现代教育制度作为长远战略。二战后，日本更是把发展教育作为经济恢复和增长的一个重要着力点，先是实行九年制义务教育，而后重点普及高中教育。1970 年，日本高中升学率为 82.1%，大学升学率为 24%，仅次于美国，明显高于英国、法国和联邦德国，成为全民族受教育水平最高的国家之一。②

不仅如此，日本政府和企业还注重对劳动者进行生产技能、协作精神、相互协作能力等方面的培训。从小学开始，日本设有手工课，普通中学都设有工农商等职业课程，而真正担负职业教育的是职业高中和高等专科学校。企业内教育则是日本职业教育中极具特色的部分，大企业结合生产和经营状况，普遍实行全员培训和职务层次教育。日本重视素质教育和不同层次知识传授的做法，可满足经济发展对各类高素质人才的需求。

（二）引进和改良国外先进技术，缩短追赶欧美国家的进程

技术进步是经济增长的原动力。明治维新以后，日本大量引进欧美

---

① 《简明日本百科全书》编委会：《简明日本百科全书》，北京：中国社会科学出版社 1994 年版，第 250 页。

② 中日经济专家合作编辑：《现代日本经济事典》，北京：中国社会科学出版社、日本总研出版股份公司 1982 年版，第 883—884 页。

先进技术，并结合本国国情加以改良和吸收。二战后，日本在立法、外汇、技术队伍培训等方面为引进技术做好各种准备，如1950年《外资法》规定，对引进外国技术的企业给予奖励。以甲种技术（合同期限超过一年、费用以外汇支付并需经外资审议会和大藏省批准）为例，1954—1960年度，日本共引进984件，1961—1970年度引进6968件，1971—1975年度的五年间共引进8368件，相当于五六十年代的总和，其中一半以上的技术来自美国。①

由于大量引进技术，日本技术贸易收支在20世纪80年代以前一直处于赤字状态，美国则保持世界技术出口大国地位，法国也是技术出口国。在广泛吸收世界先进技术的基础上，日本在较短时间内实现了经济高速增长，继而向赶超欧美的目标迈进。据筱原三代平等日本著名经济学家测算，1952—1961年和1960—1971年间，日本经济增长中分别有70.2%和51.5%是依靠引进和应用新技术得以实现的。② 另据经济合作与发展组织（OECD）分析，1960—1973年日本与美国经济增长速度差距的78%、1980—1986年经济增速差距的100%，是技术进步对经济增长贡献的差距所导致。③ 可见，日本通过引进技术，节省了研发时间和资金，有效地促进了经济增长，在较短时期内缩小了与欧美国家之间的经济差距。反过来，经济快速发展，又为日本引进和研发新技术提供了基础条件。

---

① 中日经济专家合作编辑：《现代日本经济事典》，北京：中国社会科学出版社、日本总研出版股份公司1982年版，第680—682页。

② 篠原三代平等「技術進歩の産業別計測」、「経済分析」、1994年4月号。

③ 韩国科技处：《1992年研究开发活动调查结果》，《中央日报》1994年1月26日。

（三）政府专注于发展经济，为企业打造竞争有序的制度环境

政治稳定是一国经济发展、国力壮大的重要前提。在经济高速增长时期，日本处于“55 年体制”下，自民党长期执政，各届政府都将发展经济、追赶欧美国家作为第一要务，经济政策具有连续性。在政局稳定的同时，日本政府注重践行依法治国理念，各部门和各类经济活动都有相应的法规对其进行规范和制约。

战后初期，日本对《商法》《保险业法》《日本银行法》等原有法律做了重大修改，并制定和实施《经济力量过度集中排除法》《禁止垄断法》《劳动标准法》《劳动关系调整法》《临时利率调整法》《地方财政法》《国土综合开发法》《工业标准化法》等。随着经济的恢复和发展，日本不断完善法规体系，如 1961 年颁布《农业基本法》、1963 年制定《中小企业基本法》等。日本政府不仅重视制定和实施法规，也十分注重宣扬法治观念，强化执法监督，以使法规真正落到实处，确保政策稳定和行之有效。

在处理与市场的关系上，日本政府着眼于为企业营造良好的市场经济环境。战后日本实施了一系列改革，逐步建立起市场经济体制。与欧美国家自然发育的市场经济有所不同的是，日本的市场经济体制受历史、文化等因素影响而带有浓厚的政府色彩。政府通过产业政策等来引导企业经营行为，比如，在外汇、物资紧缺的情况下，吉田内阁于 1946 年年底推行“倾斜生产方式”，将有限的物资进行统一调配和集中使用，通过金融支持、补贴等措施优先发展钢铁、煤炭等产业，以此带动其他产业发展。到五六十年代，随着经济的恢复和增长，日本开始实

行“重化工业化”政策，对企业引进外国先进技术、重要机械设备等减免征税，并成立日本进出口银行、日本开发银行等政策性金融机构，向电力、造船、钢铁、煤炭、化肥等产业提供优惠贷款。“重化工业化”政策对促进日本企业规模化、确立其制造业强国地位发挥了重要作用。

（四）工业现代化与对外贸易相互支撑，解决资源和市场问题

明治维新以后，在欧美国家工业化取得进展的情况下，工业基础薄弱、产业结构畸形的日本，通过学习西方近代工业化的经营思想、组织形式、制度安排以及引进先进技术装备等，加快了本国工业化进程。到二战前，日本的钢铁、兵器、机械、汽车、飞机等工业已具备较强实力，在技术和人才方面为战后制造业发展奠定了基础。

日本战败以后，国内工业生产几乎陷入停滞状态，能源资源极度匮乏。1949 年，日本制定规范贸易活动的基本法律——《外汇及外贸管理法》（简称《外汇法》），对贸易活动实行严格管制，以便将有限的外汇用于进口国内发展工业急需的资源。在本国产品竞争力较弱、国际收支连年逆差的情况下，50 年代日本实行“奖出限入”政策，如采取出口收入提成、振兴出口外汇资金等措施，旨在保护国内产业，鼓励扩大出口来赚取外汇。随着国内产业竞争力不断提高，日本制成品出口逐渐扩大。

20 世纪 70 年代以后，尽管日元几次大幅升值，但产业结构的升级和制造业产品出口竞争力的提升，使日本出口增速快于经济增长，贸易收支基本保持顺差。可见，日本工业现代化的发展、产业结构的升级与

对外贸易的发展相互依托和促进，保障了国内经济发展所需的资源、技术设备等进口，有效培育了国内主要产业力量，扩大了制成品出口，进而弥补自身资源贫乏、市场狭小的先天不足。

（五）企业内部形成命运共同体，外部建成稳定的合作关系

终身雇佣制、年功序列制等构成了战后日本企业经营体制的重要支柱。企业经营者、员工的个人利益与企业命运息息相关，形成独具日本特色的“会社本位”制。在特定的环境下，这一体制促进了日本企业茁壮成长，造就了像索尼、松下、丰田等一批世界知名大企业，为战后日本科技、产业及经济高速增长奠定了微观基础。当然，在“会社本位”制下，企业员工容易产生排外心理，不利于外部资金、技术、人才等进入，难以适应后来日益发展的经济国际化、自由化趋势。

在外部，企业努力构建稳定的关系网。大企业与银行之间形成主银行制，企业与企业之间相互持股，中小企业与大企业之间形成企业系列集团，相互建立起长期稳定的关系。在二战后很长一段时期内，日本企业自有资金比率较低，1/3 以上的融资依靠银行贷款，主银行长期向与其保持合作关系的企业提供服务。1960—1974 年，在日本主要企业的筹资中，银行贷款所占比重不断提高，为日本企业发展和经济高速增长提供融资上的支持。70 年代中期以后，企业融资结构发生显著变化，内部资金和公司债券所占比重提高，而对银行贷款的依存度明显减弱，到 80 年代中期以后降至 10%以下（参见表 1）。

表1 主要企业的资金筹措结构 单位:%

每5年平均数	内部资金	借款	短期借款	长期借款	公司债券	增资
1960—1964	22.9	33.8	20.3	13.4	6.8	10.8
1965—1969	37.5	36.9	17.2	19.7	5.2	3.8
1970—1974	35.1	41.6	19.3	22.4	5.1	3.2
1975—1979	45.8	26.5	16.9	9.6	10.6	8.0
1980—1984	55.3	16.4	9.9	6.5	8.5	10.4
1985—1989	45.2	6.4	5.3	1.1	17.4	15.8
1990—1994	87.3	5.2	-2.8	8.0	11.1	4.6

资料来源：渡辺慎一編『金融危機と金融規制』、アジア経済研究所、1998年、51頁。

二、70年代初以后日本经济增长减速

1973年第一次"石油危机"爆发，世界经济陷入低迷，原油几乎全部依赖进口的日本遭受很大冲击，制造业成本大幅上涨。1974年，日本实际GDP增长率从上一年的8%骤降至-1.2%。在这种情况下，日本开始调整能源结构，推动可再生能源及新能源开发，并促进产业结构从资本密集型向知识密集型转变，以提升制造业竞争力。经过一段调整之后，日本率先走出危机，但经济增长减速，1975—1990年，日本实际GDP年均增长率为4.5%（参见本章第55页图1），并出现一些现象和问题。

（一）经贸摩擦频现并升级

自1955年日本与美国之间首次出现纺织品贸易摩擦后，日本对外经贸摩擦逐渐增多，并以日美摩擦最为频繁而激烈。20世纪70年代以前，双方摩擦主要围绕纺织品等轻工业品、杂品及钢铁等领域展开。尽管日本对美出口不断扩大，但日美间贸易总体是垂直关系，日本对美贸易收支在60年代中期以前处于逆差状态，摩擦影响有限。

70年代以后，全球贸易自由化快速发展，日本作为世界第二经济大国的地位得以巩固，其产品竞争力进一步增强，对美出口继续扩大。除个别年份外，日本对美贸易收支基本保持顺差，1980年顺差额扩大到69.59亿美元，1985年则增至394.85亿美元（参见表2）。日美摩擦的领域逐渐扩大到家电、录像机、船舶、汽车、半导体、通信设备等技术密集型产品。进入80年代，日美经贸摩擦全面升级，摩擦领域进一步扩展到建筑、金融等服务业以及投资、企业系列制、商业惯例等制度方面，以至于日本四大经济团体——经团联、日经联、同友会、商工会均表示，解决贸易摩擦是日本最大的课题。①

在这种背景下，美国开始将汇率作为缓解贸易收支不平衡的工具，1985年，美国、日本、联邦德国、法国和英国西方五国达成“广场协议”②，日元兑美元大幅升值。日美摩擦不断升级演化，直接诱因是日本对美集中大量出口，贸易顺差持续扩大。日本的经历表明，出口导向

① 佐藤定幸編『日米経済摩擦の構図』、有斐閣、1988年、6頁。

② 1985年9月22日，美国、日本、联邦德国、英国、法国五个发达国家的财政部长和央行行长在纽约广场饭店举行会议，并达成有关干预外汇市场的协议，诱导美元对主要货币有序贬值，以改善美国国际收支不平衡的状况，该协议被称为“广场协议”。

型政策在一定程度上会弱化自身经济发展的主动性和可持续性。积极扩大内需，促进内需与外需协调发展，有利于维持贸易收支平衡、汇率稳定及经济增长。

表 2　日本对美进出口贸易的变化

年份	对美出口		对美进口		对美贸易收支（亿美元）
	金额（亿美元）	占总出口比重（%）	金额（亿美元）	占总进口比重（%）	
1950	1.79	21.9	4.18	44.0	-2.39
1960	11.02	26.5	15.54	34.5	-4.52
1970	59.40	30.7	55.60	29.4	3.80
1975	111.49	20.0	116.08	20.1	-4.59
1980	313.67	24.2	244.08	17.4	69.59
1985	652.78	37.1	257.93	19.9	394.85
1990	911.21	31.7	528.42	22.5	382.79
1995	1220.34	27.5	758.80	22.4	461.54
2000	1429.11	29.7	724.32	19.0	704.79
2005	1348.89	22.6	644.97	12.4	703.92
2010	1181.99	15.4	671.71	9.7	510.28

资料来源：1985 年以前的数据：佐藤定幸編『日米経済摩擦の構図』、有斐閣、1988 年、6 頁。1990 年和 1995 年的数据：日本銀行国際局『国際比較統計』、1997 年、153 頁、155 頁。2000 年以后的数据：日本貿易振興機構「ドル建て貿易概況」、http://www.jetro.go.jp/world/japan/stats/trade。（2014 年 1 月 7 日登录）。

（二）日元升值

1949—1971 年，日元汇率一直固定在 360 日元兑 1 美元水平上。以

1971 年 12 月达成的“史密森协定”[①] 为契机，西方发达国家汇率政策开始从固定汇率制向浮动汇率制转变，日元兑美元汇率调整为 308 日元兑 1 美元，升幅达 16.9%，这是二战后日元兑美元的首次大幅度升值。

此后一直到 20 世纪 90 年代中期，日元兑美元汇率在波动震荡中呈升值基调。这期间，日元几度出现升值高潮。1978 年度，日元平均汇率升至 201.4 日元兑 1 美元，比 1976 年度升值 45.2%。此轮日元大幅升值，其原因主要如下：日本经济率先走出“石油危机”；产业竞争力进一步增强；此前日元汇率长期被低估；日本对美贸易收支顺差扩大，双方贸易摩擦频发。此次日元升值对日本出口及经济增长的负面影响，在产业结构调整和升级中被化解。

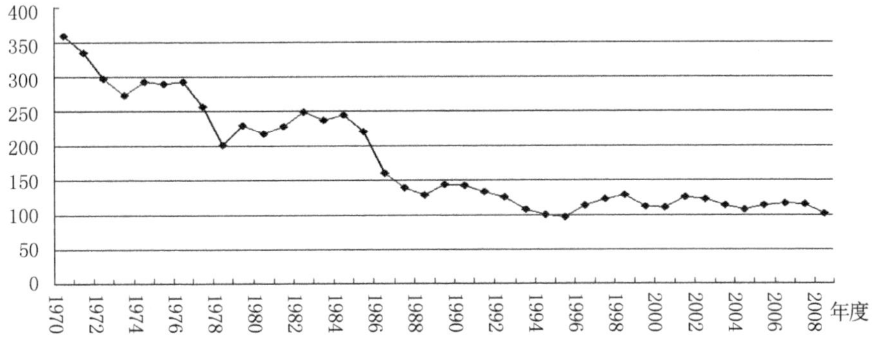

图 3　日元兑美元汇率的变化（1970—2008）

注：数据为各年度银行间美元现货中心的平均汇率。

资料来源：1970—1992 年度数据参见：日本経済企画庁編『経済白書』、大蔵省印刷局、1993 年、参考資料 57 頁；1993—2008 年度数据参见：財務省財務総合政策研究所編『財政金融統計月報』2009 年 10 月、207 頁。

---

① 1971 年 8 月，尼克松宣布实行“新经济政策”，美元对黄金贬值，其他欧美主要货币升值，扩大非储备货币对美元的波动幅度，引发了布雷顿森林体系瓦解。在这种背景下，西方十国在史密森尼学会召开会议，达成一个新的有关国际货币制度的协定，被称为“史密森协定”。

进入80年代，经历了两次“石油危机”后，日本节能省油的汽车大量进入美国市场，加剧了日美间贸易收支不平衡。1985年9月，为减少贸易收支逆差，美国召集西方五国财长和央行行长会议，达成“广场协议”，日本成为美国施压的主要对象。从图3中可见，之后日元兑美元汇率直线上升，其幅度之大、对日本经济影响之深，至今仍为各界所议论。

（三）人口日益老龄化

20世纪五六十年代，日本处于人口红利期，劳动力人口持续增长。1970年，65岁以上的老龄人口在总人口中所占比重为7.1%，日本开始步入老龄化社会，此后老龄化程度持续上升，到1990年达到12.1%（参见图4）。人口结构的变化，导致日本劳动力人口数量增长减缓，技术创新能力减弱，家庭储蓄率持续下降。

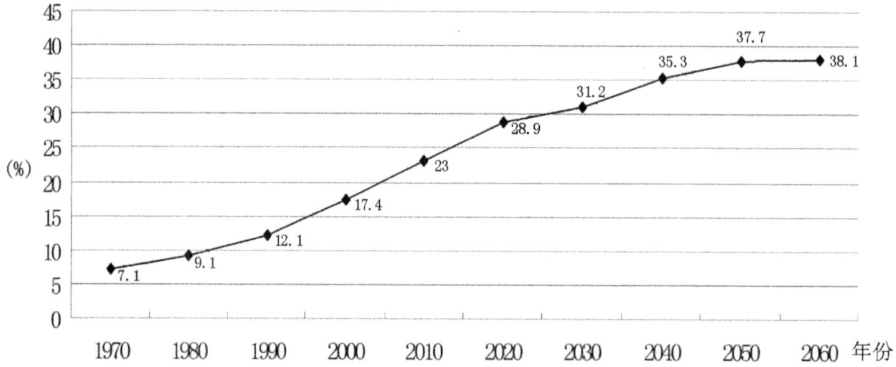

图4　日本人口老龄化的变化趋势

资料来源：日本厚生劳働省『厚生劳働白書』、2017年、20頁。

1980 年，日本家庭储蓄率为 17.7%，1990 年下降到 13.5%，比最高时的 22.8%减少 9.3 个百分点（参见本章第 56 页图 2）。当时经济正处于兴盛时期并排斥外来人口的日本，并没有真正意识到人口红利的消失、老龄化的进展会给经济增长带来严重后果，也没有像德国、新加坡那样通过放宽移民政策等来引进劳动力，这也是导致日本经济增速放缓及长期低迷的原因之一。

（四）环境问题日益突显

战后日本政府一直将发展生产、促进经济增长作为核心任务。伴随经济恢复和高速增长，水质污染、大气污染、蔬菜等残留农药污染、噪声等公害事件日益增多。1953 年年底，熊本县出现首例因吸入工厂排出的甲基水银化合物而中毒的水俣病患者；1955 年，神通川流域发现因三井金属神冈矿山排出的镉而导致中毒的疼痛病患者；1959 年，三重县四日市出现因石油化学联合公司开工而引发的哮喘病事件。

由于治理公害会影响企业利润及经济增长，应对环境问题被一拖再拖，导致受害者人数增加。直到 1967 年，日本政府颁布《公害对策基本法》，开始将环境问题纳入法律框架。同年，厚生省正式确认水俣病，到 1982 年日本被确诊的水俣病患者达到 13567 人。[①] 破坏环境带来的公害问题，不仅使日本国民付出了健康上的代价，也付出了经济上的代价。据统计，1974 年，日本企业用于防止公害的投资占国民生产总

① ［日］生野重夫：《现代日本经济历程》（朱绍文等校译），北京：中国金融出版社 1993 年版，第 82 页。

值（GNP）的比重为1%，高于美国（0.4%）、联邦德国（0.3%）等国家。[①]

（五）技术引进效应逐渐消失

20世纪80年代以前，日本一直是技术进口大国。随着经济实力增强、经济大国地位巩固，日本与欧美国家之间的技术差距不断缩小。进入80年代后，日本在机器人、集成电路、光纤通信、激光、陶瓷材料等方面的技术已处于世界领先水平。1994年以后，日本技术贸易出现盈余并呈扩大态势，随之技术引进效应减弱。[②]

与此同时，引进和模仿技术的风险增大。日本十分擅长改良和吸收，引进技术后往往能开发出更实用、更优良的产品，将之投入商业竞争后会超越对手。在日本引进的技术中，一半以上来自美国。随着日美经贸摩擦升级，两国间的技术摩擦频现，美国企业因日本产品中留有美国专利痕迹而状告日本企业的纠纷不断增多。譬如，美国IBM公司在1982年与日本富士通公司、1983年与日立公司出现专利纠纷，新日铁、松下、夏普、东芝、美能达等大企业也都曾遭到美国企业的起诉，结果大多以日方企业败诉并向美方赔偿高额专利费而告终。这表明，引进和模仿技术存在弊端，强化知识产权意识、自主研发创新十分重要。

---

① 日本環境庁編『環境白書』、大蔵省印刷局、1992年、168頁。

② 日本総務省統計局『日本長期統計総覧』第3巻、日本統計協会、2006年、470—471頁。

表 3　战后日本经济计划中的计划增长率和实际增长率

计划名称	计划期间（年份）	目标和课题	国民生产总值（GNP）实际增长率（%）	
			计划目标	实际完成
经济自立五年计划	1956—1960	经济自立和充分就业	5.0	9.1
新长期经济计划	1958—1962	生活水平的提高和充分就业	6.5	10.1
国民收入倍增计划	1960—1965	生活水平的提高和充分就业	7.2	10.9
中期经济计划	1964—1968	对经济高速增长的适度调整	8.1	10.8
经济社会发展计划	1967—1971	构建均衡发展的经济社会	8.2	10.9
新经济社会发展计划	1970—1975	通过均衡发展创造生活舒适的日本	10.6	6.0
经济社会基本计划	1973—1977	国民福利的充实和国际协调	9.4	3.8

资料来源：日本经济企划厅统计，引自［日］生野重夫：《现代日本经济历程》（朱绍文等校译），北京：中国金融出版社 1993 年版，第 41 页。

综上可见，70 年代以后日本经济发展中出现的问题，再现于现今的中国。进入 21 世纪以来，随着日美经贸摩擦淡出人们的视线，中国取代日本成为美国最大贸易逆差来源国，中美贸易摩擦日益增多；人民币兑美元汇率自 2005 年 7 月实施汇改后十年累计升值超过 30%；中国“未富先老”，人口红利逐渐消失，劳动力人口绝对数量趋于减少；环境问题已到刻不容缓的地步；外资增长减速。

有所不同的是，当时的日本没有充分意识到支撑经济增长的条件已发生变化，对高速增长中累积的问题和矛盾没有给予足够重视，认为日本经济仍会像以往一样惯性增长。这一点在 1970—1975 年和 1973—1977 年的日本经济计划中可以得到印证，政府所设定的计划增长率目标远高于实际增长率，与之前实际增长率高于计划增长率的情况恰好相反（参见表 3）。当前，中国政府已清楚地认识到，中国经济经过八九十年代的高速增长后已进入“新常态”，原有的经济发展模式需要深度调整，要素驱动将向创新驱动转变，以解决经济增长新动力不足与旧动力减弱的矛盾。

三、80 年代中后期日本“泡沫经济”

进入 20 世纪 80 年代中期以后，日本不仅是世界经济强国、贸易大国，也成为对外投资大国、援助大国和债权大国，后发效应趋于消失，市场日益饱和。在这种情况下，本应致力于体制改革的日本，却陶醉于战后巨大的成功之中。

（一）“泡沫经济”的产生

1985 年“广场协议”后日元大幅升值，给日本对外出口及经济增长带来负面影响。为消除“日元升值萧条”，日本政府开始放松银根，于 1986 年 1 月、3 月、4 月、11 月和 1987 年 2 月先后五次降低基准利率，从 5%下调至 2.5%，并持续到 1989 年 4 月。[①] 这期间，由于日元升值、原油等商品进口价格下降，货币供应量增加并没有引发通胀率上升，物价依然稳定。

于是，日本央行继续实施扩张性货币政策。在日本，控制 M_2+CD（可转让存单）是货币政策的重要目标。1987—1990 年，日本 M_2+CD

① 日本経済企画庁編『経済白書』、大蔵省印刷局、1993 年、558 頁。

连续以超过10%的速度增加，释放出的大量资金流向股市和房地产，推高了股价和地价。到1989年，日经平均股指比1985年上涨1.7倍，全国地价上涨近七成，东京地价市值一度升至相当于整个美国地价，日本的资产价格飙升到近乎荒唐的地步。

当日本政府意识到资产价格过度膨胀后，1989年5月到1990年8月，先后五次上调基准利率，从2.5%提高到6.0%，[①] 并且1990年3月27日，大藏省发布“金融机构房地产融资总量限制”通知，对房地产融资开始进行限制，这通常被认为是日本房地产泡沫破灭的“起爆剂”，刺破了日本的经济泡沫。

在政策引导下，日本各大银行纷纷提高贷款利率，减少有关房地产贷款，对抑制股价、房价上涨产生了效果。1990年6月，日本房价出现拐点，但制造业设备投资、对外出口及国内销售依然活跃，无论是政府还是国民都没有意识到经济泡沫即将破灭，更没有想到的是，日本经济从此会陷入长期低迷。1991第二季度以后，日本实体经济转入萧条，国内失业人数增加。1992年，M_2+CD仅增长0.1%，日经平均股指比1989年下跌近五成，几大城市圈地价均下跌，“泡沫经济”走向崩溃（参见表4）。

“泡沫经济”留下的最大后遗症是银行不良资产问题。战后，日本的银行业务一直以存款、贷款为主，很多贷款项目又以房地产作为担保物。随着股票、房屋价值缩水，银行出现大量不良资产。政府对银行不良资产规模迟迟没有进行认真清查，也未能提出切实的解决方案，问题越拖越严重。1994年3月末，官方公布的数据显示，日本的城市银行、

① 日本経済企画庁編『経済白書』、大蔵省印刷局、1993年、558頁。

长期信用银行、信托银行的不良资产额合计 13 万亿日元以上，加上其他金融机构实际上超过 50 万亿日元，① 而国外机构的估算普遍高于日本政府。

表 4　日本“泡沫经济”时期的主要经济指标

年份	1985	1986	1987	1988	1989	1990	1991	1992
M_2+CD（可转让存单）货币增长率（%）	8.7	8.6	11.2	10.8	10.3	10.2	2.6	0.1
消费者物价指数（%）	1.9	0.0	0.5	0.8	2.9	3.3	2.8	1.6
日经平均股指（日元）	12556.6	16386.1	23176.0	27011.3	34042.8	29474.8	24298.2	18179.4
全国地价指数	100	108	131	142	166	184	176	161

注：M_2+CD 货币增长率、消费者物价指数为年度值，日经平均股指、全国地价指数为年值。

资料来源：日本経済企画庁編『経済白書』、大蔵省印刷局、1993 年、参考資料 59、55 頁、564 頁。日本銀行国際局『国際比較統計』、日本銀行、1997 年、22 頁。

巨额不良资产，不仅导致金融机构破产案接连发生，打破了日本“银行不倒”的神话，尤其是北海道拓殖银行、拥有百年历史的山一证券公司倒闭，使日本金融机构的信誉等级大为跌落，也导致银行出现“惜贷”现象，严重制约日本经济复苏。为解决不良资产问题，日本政府采取了一系列措施，如注入大量公共资金、建立专业机构、促进银行业重组、完善信息公开制度等。直到 2002 年日本的银行不良资产达到顶峰后逐渐减少，到 2005 年 3 月日本城市银行、长期信用银行、信托银行的不良资产额降至 10 万亿日元以下。②

① 矢部洋三等編著『現代日本経済史年表 1868—2006』、日本経済評論社、2008 年、386 頁。

② 矢部洋三等編著『現代日本経済史年表 1868—2006』、日本経済評論社、2008 年、501 頁。

（二）“泡沫经济”的教训与启示

日本“泡沫经济”崩溃后，海内外各界就其成因展开广泛讨论。有观点认为，日元大幅升值是“泡沫经济”产生的主要原因。然而，“广场协议”后，除日元升值外，德国马克、法国法郎、英国英镑相对于美元的实际有效汇率都明显上升，有的升幅不亚于日元。这说明，日本“泡沫经济”及大量不良资产的产生，有其自身的特殊性。

1. 缺少监测预警机制，资金过多流向虚拟经济

20 世纪 80 年代以前，日本没有经历过“泡沫经济”，缺乏感知和警惕性。实际上，在经济高速增长时期，日本地价增速一直快于经济实际增长速度，出现了资产价格脱离基本面的情况。在“泡沫经济”时期，政策当局侧重于观测物价变化，而忽视资产价格的总体变化情况。看到土地价格异常上涨，就通过加征土地交易税等抑制土地投机；看到股价上涨过快，就加征股票收益税，结果在物价比较稳定的情况下，发生严重的“泡沫经济”。

日本的经历提出警示：有必要建立一套科学的宏观经济监测机制，一旦发现经济中含有泡沫成分，需要及时预警并挤出泡沫。当后发效应趋于终结、国内市场趋于饱和时，需及时引导过剩资金流向实体经济，使之转化为产业资本，通过技术创新促进产业结构升级，以从源头上防止泡沫的形成和膨胀，并为经济进一步发展培育新的增长点。

2. 政府过于保护金融业，金融监管存在疏漏

国内外金融环境的变化、自身监管不力及特殊的制度、商业习俗等，也是日本“泡沫经济”形成的一个重要因素。战后，日本政府一直将金融业视为特殊行业加以保护，很多情况下对金融机构的监察流于形式，加之信息公开制度不健全，经营中出现的问题被隐蔽和积累下来。政府的家长式保护，弱化了银行等金融机构的生存能力和风险意识，“银行不倒”神话也正是诞生于这种背景之下。

随着金融自由化的发展，一些新型金融商品应运而生，大企业对银行贷款的需求减少，银行等机构的危机感增强。为提高利润和扩大贷款市场份额，银行等竞相争夺贷款客户，放松对贷款对象的资信审查，甚至违规发放贷款。

另外，战后日本的银行与大企业之间形成主银行制，在每一家主银行周围都有一批企业。由于银行持有企业股票，希望股票升值以增加其资产和账面收益。当企业出现问题时，主银行会尽力维护企业利益、掩盖实情。“泡沫经济”崩溃、股价暴跌后，银行不仅资产缩水，发放的很多贷款成为不良资产。

3. 过度追求经济高增长，宏观调控政策失误

在80年代中期后日元大幅升值的背景下，日本将克服“日元升值萧条”、维持经济增长作为首要的政策课题。除连续降低基准利率外，政府采取的对策就是扩大公共投资。1988年度日本财政预算公布“第十个道路建设五年计划”，第二年又出台总额430万亿日元的“公共投资基本计划”，比1985年度中央和地方财政支出总额增加三倍多。① 每一次扩大公共投资，都带动土地需求的增长，进而推高了地价。银行、企业和国民都将房地产视为无风险、高回报的投资，大量资金涌向房地产，拥有较多土地的公司股价也随之上涨。

① 参见张舒英：《日本泡沫经济探源》，《求是》2008年第7期，第61页。

在资产泡沫不断膨胀期间，政府和媒体一直没有人公开表示过对泡沫破灭的担忧，民众更多看到和听到的是“土地升值”“银行不倒”“三菱并购美国洛克菲勒中心”等振奋人心的消息，误以为“一个崭新时代的到来”，正如美联储前主席格林斯潘所言，“泡沫不破灭就没法知道那是泡沫”。①当日本政府意识到国内资产价格异常上涨时，没有渐进式地挤出泡沫，而是紧急收紧银根，将泡沫刺破。

当然，政府宏观经济政策失误也存在客观因素。随着金融自由化、国际化程度的提高以及新型金融商品的出现，各国受外部市场的影响越来越大，货币供应量的计量界限变得模糊，制定调控政策的难度和不确定性增大，政策效果减弱。

4. 过多涉足泡沫相关产业，银行不良资产风险积聚

20 世纪 80 年代中期以后，银行业存贷差不断扩大。在对房地产等行业发放贷款受限的情况下，为消化过剩资金和增加收益，银行通过诸如“住宅金融公司”“金融顾问公司”“投资基金”等非银行金融机构进行“间接贷款”，资金流入股市和房地产市场。

由于银行业将房地产视为最具担保价值的资产，只要客户能提供这类担保物，银行通常会发放贷款。在土地升值预期心理的作用下，银行贷款额甚至超过担保物的价格。这一时期，日本全国的银行贷款增长率每年都在 10%上下，而对房地产的贷款增幅高于总贷款，“泡沫经济”时期甚至高达 30%以上。② 尽管银行的每一笔贷款都有担保，但在资产膨胀时期，所有的担保都含有泡沫成分。事实表明，依靠担保放贷的办

---

① 《吴晓波：“泡沫”的中国式解读》，东方财富网，2012 年 3 月 10 日，http://finance.eastmoney.com/news/1370, 20120310195654563. html。(2018 年 8 月 18 日登录)

② 日本経済企画庁編『経済白書』、大蔵省印刷局、1993 年、142 頁。

法并不能真正防止不良资产的产生。另外，为防止变相逃税，日本允许银行提留呆账准备金的额度较低，不利于银行及时、足额核销呆账。在经济形势趋紧的情况下，这些薄弱环节极易演化成系统性经济风险。

四、90 年代后日本经济长期低迷及原因

"泡沫经济"崩溃后，日本经济陷入萧条，政府采取了诸多对策，制定有关扩大内需、简政放权、结构改革等方案和计划，特别是 20 世纪 90 年代中期以后加快了改革步伐，每三年推出一个放松规制计划，所涉领域不断扩大，意欲"寻求日本经济社会彻底的结构改革"，给日本经济注入新的活力。

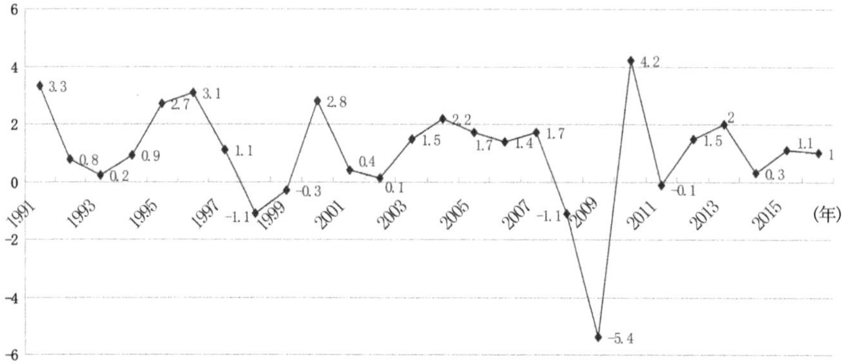

图 5 "泡沫经济"崩溃后日本实际 GDP 增长率的变化

资料来源：日本内閣府『平成 29 年度年次経済財政報告』、2017 年、261 頁。

然而，日本经济依然低迷，1992—2012 年，20 年间除个别年份外，实际 GDP 增长率都在 3%以下，年平均增长率约为 0.9%（参见图 5）。90 年代末，日本经济陷入通缩并持续至今。同时，日本制造业竞争力

趋于下降，一些大型制造业企业经营业绩欠佳。日本经济持续不景气，主要有以下原因。

（一）经济体制改革滞后，难以适应不断变化的环境

70年代中期以后，美、英等国在减少政府干预、开放市场方面积极推动改革，并取得一些进展。1986年，中曾根内阁发布“前川报告”，该报告被认为是日本正式启动经济体制改革的重要标志，此后日本政府不断朝着这一改革方向努力。

由于日本是一个官僚体制国家，改革计划由官僚制定，同时官僚本身又是实施改革的主体。减少政府干预，意味着官僚权力会受到削弱，“对某些团体来说，在政治上维持现状不变，是十分重要的事，因为他们可以由某些特定的计划得到巨大利益”。① 官僚们很难真正热衷于改革，反而会抵制和设置阻力，加之日本经济业已成熟，在改革方面每向前迈出一步，不可避免地会触及制度中的深层问题，很多情况下形式上实施了改革措施，而实际上仍以其他方式进行变相管制。因此，日本的体制改革进展缓慢，缺乏彻底性，与其成熟经济体制的要求存在较大差距，无法适应时代的发展变化。

90年代以后，日本制造业竞争力减弱，特别是在信息网络技术开发和应用普及等高新科技领域，落后于美国等发达国家。劳动生产率的变化在很大程度上反映了产业竞争力的变化。从表5中可见，80年代日本劳动生产率提高的幅度为2.6%，明显高于美国、联邦德国、法国

---

① ［美］加里·贝克、吉蒂·贝克：《生活中的经济学》（薛迪安译），北京：华夏出版社2000年版，第19—20页。

和英国。而90年代以后，无论纵向比较还是与其他发达国家进行横向比较，日本劳动生产率的提高幅度均呈下降之势，明显低于美、德、英等国家。

表5　发达国家劳动生产率提高幅度的变化　　单位:%

年份	1980—1990	1990—1998	1995—1998
日本	2.6	1.3	1.1
美国	1.1	1.7	1.9
英国	2.2	1.9	1.6
联邦德国	1.6	1.9	1.9
法国	1.9	1.4	1.4

资料来源：日本経済産業省『通商白書』、2001年、117頁。

（二）政局动荡导致政策缺乏连续性，执政党不再专注于发展经济

政治稳定是经济发展的重要前提，经济发展反过来有利于维持政治稳定。二战后，日本正是在这种政治、经济的良性互动中实现了经济高速增长。进入20世纪90年代，日本政界走向分化组合。1993年，宫泽喜一下台，从日本自民党分裂出来的新生党、新党、先驱新党，联合社会党、民社党和公明党推举日本新党党首细川护熙组成多党联合政府，结束了自民党执政38年的历史。1994—2000年，细川护熙、羽田孜、村山富市、桥本龙太郎、小渊惠三、森喜朗先后担任日本首相，几乎平均一年换一相。直到2001年4月，高举改革旗帜的小泉纯一郎就任首相并执政五年有余。其后至2012年期间，安倍晋三、福田康夫、麻生

太郎、鸠山由纪夫、菅直人、野田佳彦等先后继任首相。政权更迭如此频繁，不利于保持经济政策的连续性。

同时，伴随经济实力、国际影响力的提高，日本对政治大国地位的诉求不断增强。早在1983年，中曾根康弘曾提出日本要做“政治大国”。1992年，日本在《外交蓝皮书》中首次明确提出，要发挥与其国力相称的领导力。次年，政治家小泽一郎撰文指出，日本应努力成为一个“正常国家”，改变“经济一流、政治三流”的状况。在这种情况下，日本不再像60年代、70年代那样优先发展经济，而是将很多精力放在追逐“政治大国”的梦想上。可以说，安倍政府试图修改和平宪法、在安保外交方面走到今天的地步，是90年代以来一个量变过程，只不过安倍迈出的步伐更大。

（三）传统的刺激经济政策难以奏效，反而压缩了宏观调控余地

“泡沫经济”崩溃后，在应对经济不景气问题上，日本政府制定政策的总体思路陈旧，主要通过降息、扩大公共投资来刺激经济增长。1991年7月到1995年9月，日本政府将基准利率从6.0%一直下调到0.5%，并屡次出台综合性经济对策。这些措施非但没有达到预期效果，反而加重了政府债务负担，使通过利率、财政等手段进行宏观调控的余地越来越小。

以财政为例。1990年，日本政府债务余额与GDP之比为62.6%，尚低于意大利和加拿大。然而，为刺激经济增长，日本政府不断扩大公共投资，投入大量财政资金。1995年，日本政府债务余额与GDP之比

升至78.4%，到2000年则上升到136.7%，超过财政状况恶劣的意大利，大大高于经合组织成员国的平均值。随着日本经济长期低迷，政府债务状况持续恶化（参见表6）。

表6　主要发达国家政府债务余额与GDP之比　　单位:%

年份	1990	1995	2000	2005	2008
日本	62.6	78.4	136.7	177.3	181.6
美国	55.5	63.1	55.2	62.4	63.8
英国	39.3	59.7	45.6	46.5	48.8
德国	45.5	62.2	60.4	71.1	64.6
法国	40.2	60.1	65.2	75.4	73.0
意大利	104.5	124.3	121.6	120.5	116.1
加拿大	72.5	100.5	82.1	70.3	62.2

资料来源：张季风主编：《日本经济概论》，北京：中国社会科学出版社2009年，第137页。

（四）人口老龄化形势日趋严峻，劳动力市场相对封闭

1990—2000年，日本65岁以上的老龄人口在总人口中所占比重从12.1%上升到17.4%，2010年进一步升至23.0%，2013年开始超过1/4（参见第66页图4）。

伴随老龄化的进展，日本医疗养老方面的需求持续扩大。20世纪90年代末以后，日本劳动力人口数量呈下降趋势，2012年6555万人，比1998年减少238万人。①

① 日本内閣府『平成26年度年次経済財政報告』、2014年、327頁。

在这种形势下，日本在劳动力市场开放政策上出现松动。2006 年 9 月，日本与菲律宾签署经济伙伴关系协定（EPA）[①]，首次涉及劳务市场开放问题，日本对来自菲律宾的短期商务访问、工作调动、护理等人员放宽入境和在日居留限制。在与泰国签署的经济伙伴关系协定中也涉及类似内容，但这一时期，日本在开放劳动力市场问题上的态度依然谨慎保守，进展比较缓慢。国内劳动力萎缩，影响家庭收入、消费支出及金融、科技创新能力，进而弱化经济增长潜力，成为日本经济社会进一步发展的一大挑战。

（五）外部市场复杂多变，外需拉动经济的作用减弱

90 年代上半期，在日本经济萧条的情况下，日本对外贸易规模仍不断扩大。除 1992 年贸易增速因景气跌落而略有下降外，1993 年日本对外贸易额超过 6000 亿美元，1994 年和 1995 年贸易额明显增长。同时，日本贸易顺差居高不下，1994 年创下 1208.6 亿美元的纪录。[②] 90 年代中期以后，日元汇率频繁波动，1997 年亚洲出现金融危机，2001 年美国 IT 泡沫破灭，2008 年国际金融危机爆发，外部环境变化导致日本对外贸易发展呈现不稳定状态。

---

① 日本追求高质量、内容更广泛的自由贸易协定（Free Trade Agreement，FTA），将之称为 EPA。根据日本外务省的定义，“经济伙伴关系协定”（Economic Partnership Agreement，EPA）是指“在特定的两个或两个以上的国家之间，以促进贸易投资自由化和便利化、取消国内限制及协调各种经济制度、加强广泛的经济关系为目的的协定。”自由贸易协定作为世界贸易组织最惠国和非歧视性原则的最大例外而存在。具体是指在两个或两个以上的主权国家或单独关税区之间签署的以取消货物关税等壁垒为目的的协定。由自由贸易协定的缔约方所形成的特定区域被称为自由贸易区，它涵盖所有成员的全部关税领土。

② 日本貿易振興機構「ドル建て貿易概況」、https://www.jetro.go.jp/world/japan/stats/trade。（2018 年 8 月 20 日登录）

日本经济长期低迷、对外贸易起伏变化表明，在经济日益国际化的形势下，各国经济受外部市场的影响日益增大，并且随着跨国公司经营趋于本地化，直接投资带动出口的作用弱化，依靠出口拉动经济增长的方式越来越难以奏效。欲实现贸易、经济的稳定协调发展，需要扩大内需，建立适应新形势的较为科学合理的新型贸易体制和经济增长方式。

五、“安倍经济学”的实施

2012 年 12 月，安倍晋三二度出任日本首相，并推出“安倍经济学”，旨在刺激日本经济增长，摆脱长期通货紧缩。

（一）宽松的货币政策与积极的财政政策

“安倍经济学”包括“三支箭”。安倍上台后，接连射出两支“箭”：一支是大胆的量化宽松货币政策，将基础货币供应量从 2012 年末的 138 万亿日元扩大到 2014 年末的 270 万亿日元，[①] 增加购买风险资产和长期国债，并设定两年内达到 2%通胀率的目标；另一支“箭”是积极的财政政策，如修订和通过 2012 财年预算，追加 10.2 万亿日元财政投资；追加约 5.5 万亿日元的补充预算等，[②] 以提升人们对日本经济未来的预期。

---

① 「量的・質的金融緩和」の導入について」、日本銀行、https://www.boj.or.jp/announcements/release_2013/k130404a.pdf。（2018 年 8 月 20 日登录）

② 张淑英：《安倍经济学“第二支箭”：政策内涵与风险》，载《日本经济蓝皮书》，北京：社会科学文献出版社 2014 年版，第 67、69 页。

量化宽松货币政策和积极的财政政策，对促进日本经济复苏产生了短期效果。2013 年，日本实际 GDP 增长 2.0%，明显好于上一年；日经股指从不到 1 万点上涨了约 50%；消费者物价指数由负转正，通缩状况有所缓解。以 2014 年 4 月将消费税率从 5%提高到 8%为转折点，日本国内消费转弱，企业生产受到影响，第二季度和第三季度实际 GDP 连续出现负增长。

在这种情况下，2014 年 10 月末，日本央行决定将基础货币供应量进一步扩大到每年 80 万亿日元。2016 年 1 月末，日本央行宣布实行负利率政策，将金融机构存放在央行的超额准备金存款利率从 0.1%降至 -0.1%，负利率政策致使房地产贷款增加。据日本央行统计，2016 年 4—9 月，国内房地产新增贷款增至 5.9 万亿日元，同比增长 16%，超过 20 世纪 80 年代末房地产泡沫破裂前的水平。[①] 当然，影响房地产市场的因素很多，如赴日外国游客大量增长，带动了东京、大阪等地新建或改建旅游商业设施；东京申办 2020 年奥运会成功，利好房地产市场。

宽松货币政策下的很多资金没有进入实体经济，表明企业对设备投资依然持谨慎态度，而负利率政策使银行等金融机构的获利空间受到挤压，债券市场收益率下降，通缩状况未见明显改善，日本出现反对央行继续购买国债和实施量化宽松货币政策的声音。2016 年 9 月，日本银行重新审视货币政策，在维持量化宽松规模和负利率政策的基础之上，对政策框架进行调整，调控的重点从货币供应量进一步转向利率，将长期利率目标控制在零水平，以降低企业融资成本。

在财政方面，日本政府也采取了一些措施。2014 年 11 月，日本宣

---

① 《上半财年新增贷款创纪录　日本房地产泡沫风险隐现》，《中国证券报》2016 年 11 月 18 日。

布原本定于2015年10月将消费税率从8%进一步提高到10%的计划推迟至2017年4月。2016年6月，再次决定将提高消费税计划延迟到2019年10月。同年8月，内阁会议通过了28.1万亿日元的经济刺激计划，其规模在国际金融危机后的刺激方案中仅次于2008年和2009年。该计划拟将13.5万亿日元的财政资金用于完善基础设施、支援育儿和中小企业、补贴低收入者、灾后重建等。据日本官方测算，它将拉动日本经济实际增长1.3%。① 宏观经济政策虽然在一定时期内对日本经济产生了刺激效果，但解决不了结构性和经济可持续增长问题。

（二）结构改革的主要内容

结构改革是“安倍经济学”的“第三支箭”，也是最被寄予厚望的一支“箭”。2014年6月，日本政府公布修订后的《日本复兴战略》报告，描述了未来改革方向，出台了一系列政策措施，涉及劳动力市场准入、企业法人税、公司治理、国家战略特区、《跨太平洋伙伴关系协定》（TPP）② 以及农业、养老、医疗福利、研发等广泛内容。

2015年9月，在安倍强行通过新安保法案导致内阁支持率下降、“安倍经济学”未见成效的压力下，日本政府又推出新“三支箭”，表示“安倍经济学”将进入“第二阶段”。“新三支箭”的内容主要包

① 「未来への投資を実現する経済対策」、内閣府、2016年8月2日、https://www5.cao.go.jp/keizai1/keizaitaisaku/2016/20160802_taisaku_gaiyo.pdf。（2016年12月28日登录）

② 《跨太平洋伙伴关系协定》（Trans-Pacific Partnership Agreement，TPP）的雏形是2001年生效的新西兰与新加坡缔结的自由贸易协定。2006年5月，新加坡、新西兰、智利、文莱四国缔结的自由贸易协定生效，简称P4。美国在2008年9月宣布加入《跨太平洋伙伴关系协定》谈判，并于2010年3月成为正式成员。2016年2月，12个成员正式签署协定。2017年1月，特朗普上台后宣布退出《跨太平洋伙伴关系协定》。

括：（1）优先发展经济，争取在2020年度使名义GDP达到600万亿日元的目标，国民过上更富裕的生活；（2）支援育儿，提高幼儿教育的免费程度，让所有儿童能够顺利入托，重点帮助多子家庭，力争使日本的生育率从2013年的1.43提高到1.8左右；（3）完善社会保障，改善和增加护理设施，培育相关人员，以减轻居家护理负担，杜绝因照顾老人而辞职的现象。可见，“新三支箭”进一步转向通过制度性改革来解决结构性问题，尤其强调育儿、社保等内容，展现出日本应对人口少子老龄化的政策意图。

2016年6月，安倍政府宣布进入复兴战略的第二阶段，实施《日本复兴战略2016》，着眼于第四次产业革命，成立“第四次产业革命官民会议”，下设“人工智能技术战略会议”“第四次产业革命人才培养促进会议”“实现机器人革命会议”等。2017年和2018年，日本政府接连发布《未来投资战略》，着眼于“社会5.0”，继续深化和推进改革，以适应经济全球化、信息化、智能化、生态化的发展趋势，缓解人口少子老龄化的严峻形势。综合来看，安倍政府在经济领域的结构改革内容主要有以下方面。

1. 挖掘国内外劳动力资源，应对少子老龄化社会

截至2017年10月1日，在日本总人口中，0—14岁人口占12.3%，为战后最低；65岁以上人口占27.7%，为全球最高。[①] 面对这种形势，安倍政府提出，增加幼儿园和保育员数量，提高女性育儿休假津贴，扩大入园儿童数量；延长校园开放时间，灵活利用学校设施，使女性能兼顾工作与育儿。另外，日本还采取了多样化雇用方式、改革社保制度、

① 日本内閣府『高齢社会白書』、日経印刷、2018年、2頁。

扩大老年人就业、引入机器人服务等措施。在开发国内劳动力的同时，日本对外国劳动力降低准入门槛，譬如，改善外国高级专业人才在日工作环境；重新审定外国人技能实习制度以及现有经济伙伴关系协定中有关劳动力市场准入条件，扩大准入领域和人数，延长其在日滞留时间；设定到2020年将留学生规模扩大至30万人的目标。

2. 培育创新型人才和成长性产业，振兴制造业

安倍政府通过引入新的规制及培育和挖掘可支撑新型产业结构的具有创新和挑战精神的人才、完善研发体制、降低企业法人税、强化公司治理等措施，激发企业活力和革新，减轻企业负担，以创造新的富有增长潜力的市场。以法人税为例，日本企业法人税率明显高于经合组织及亚洲国家和地区的平均水平，成为影响日本企业经营效益和吸引外资的一个重要因素。自2015年起，日本开始逐步下调企业法人税率，对成长性企业采取优惠措施，调动民间技术创新和投资热情，以使日本在未来的制造业竞争中立于不败之地。

3. 设立“国家战略特区”，激发地方和民间资本活力

根据地方特色和优势，日本创建不同的“国家战略特区”，实施不同的改革内容。第一批审定的特区包括“东京圈”（东京都九区、神奈川县、千叶县成田市）、“关西圈”（大阪府、兵库县、京都府）、冲绳县、新潟市、兵库县养父市及福冈市。针对不同的特区，设定不同的目标。例如，将“东京圈”定位于吸引跨国企业的商业基地；“关西圈”着眼于成为医疗等成长性产业的创新基地；冲绳县则试图打造成为吸引外国游客的旅游基地；新潟市、兵库县养父市、福冈市作为农业改革和就业改革的试验区。日本还制定实施《国家战略特区法》《产业竞争力强化法》等相关法律，从制度上保障地方经济发展，促进服务业、中小企业、农林水产业、观光业等发展。

4. **推进农业领域改革，扩大具有成长潜力的海外市场**

与其他主要发达国家相比，日本的农业发展相对滞后，一些农产品的市场开放度相对低，成为日本进行双边经济伙伴关系谈判及参与《跨太平洋伙伴关系协定》等多边谈判的一大障碍，给日本发展对外经贸关系带来负面影响。安倍政府提出，将日本农业转变为“主动进攻型”的产业，并调整农业政策，鼓励企业扩大对农业相关产业的投资，减少对农业的财政补贴，推动大米、牛肉、乳制品等敏感领域的市场化进程。这些改革措施，有利于增强农业经营者的自主性，降低生产成本，提高农产品科技含量和附加值，扩大对外出口。随着2015年10月《跨太平洋伙伴关系协定》谈判结束，日本成立了“TPP综合对策本部”，并确定“综合性TPP政策相关大纲”，推出一系列农业相关措施，如增加对畜牧业农户的补偿；促进小麦、砂糖类企业重组；增加购买储备用米；鼓励农业相关企业降低生产成本，促进农产品多样化，帮助中小企业拓展海外市场，构筑全球价值链。尽管特朗普在2017年1月宣布美国退出《跨太平洋伙伴关系协定》，但日本农业改革的大方向及相关政策不会发生变化。另外，日本通过缔结和完善双边经济伙伴关系协定、投资协定及参与多边经贸谈判等方式，努力开拓新的海外市场。

（三）结构改革的进展

“安倍经济学”实施已近六年，随着结构改革的推进，日本逐渐显现出一些变化和动向。

1. 劳动力市场开放步伐加快

按照目前日本老龄化的发展速度和趋势，仅依靠增加女性和老年人就业已无法弥补劳动力供需缺口。劳动力短缺问题日益突显，有效求人倍率直线上升，日本不得不加快推进劳动力市场开放。2017 年 10 月末，在日外国劳动力人数扩大至约 128 万人，同比增长 18%，再创纪录，与 2012 年相比增加了约 60 万人，五年间增幅达 87.5%。[①] 自 2017 年 11 月 1 日起，日本开始实行新的外国人技能实习法，增加人手十分短缺的护理职业，今后进入日本的外国劳动力将会继续增多。

2. 女性就业率和社会地位持续上升

“安倍经济学”也被戏称为“女性经济学”，它鼓励扩大女性就业、提高管理层女性的任职比率。2017 年，日本女性就业率达到 67.4%，同比增加 1.4 个百分点，远高于 2001 年的 57.0%；地方公务员的女性录用率为 35.3%，比 2003 年提高 8.3 个百分点。同时，在国家各类审议会中，女性委员所占比重不断提高，2017 年 9 月末达到 37.4%，为史上最高水平。[②] 日本政府提出新的目标，到 2020 年使上市公司的女性负责人占比从 2017 年的 3.7%提高到 10%、民间企业的课长级女性占比从 10.9%提高到 15%，[③] 女性在日本的职场和社会活动中将日趋活跃。

3. 企业经营负担逐步减轻

降低企业法人税率是日本结构改革的内容之一。2016 年度，日本

---

① 「外国人雇用状况」の届出状况まとめ（平成 29 年 10 月末現在）、厚生労働省、https://www.mhlw.go.jp/file/04-Houdouhappyou-11655000-Shokugyouanteikyokuhakenyukiroudoutaisakubu-Gaikokujinkoyoutaisakuka/7584p57g.pdf。（2018 年 8 月 20 日登录）

② 日本内阁府男女共同参画局『男女共同参画白書 平成 30 年版』、98 頁、107 頁、http://www.gender.go.jp/about_danjo/whitepaper/h30/zentai/index.html#pdf。（2018 年 8 月 20 日登录）

③ 日本経済再生本部『未来投資戦略 2018 —「Society 5.0」「データ駆動型社会」への変革—』、2018 年 6 月 15 日、107 頁。

企业法人税率从 2014 年度的 34.6%下降到 30%以内。[①] 另外，金融机构对中小企业采取放宽还贷限期等措施，促使企业减轻负担，改善就业环境。2016 年 10 月，日本全国的企业破产数量为 683 家，同比下降约 8%，创 1990 年以来的同期最低值。[②] 受破产企业数量减少、人口快速老龄化、劳动力供给不足等因素影响，日本就业形势持续好转，2017 年失业率降至 2.8%。[③]

4. 农产品出口竞争力不断提高

2015 年，日本农业产值在 GDP 中的占比约为 1%，粮食自给率连续六年保持在 39%，在发达国家中最低，很多农产品依赖进口。安倍政府提出，到 2020 年将促使日本农林水产品和食品出口额从执政前不到 5000 亿日元增加到 1 万亿日元，到 2030 年进一步增至 5 万亿日元。[④] 2017 年 4 月，日本成立食品海外推广中心，选出和牛、绿茶、清酒、大米粉等七类产品作为出口重点推广对象，并采取一些措施。譬如，2017 年 10 月，日本面向外国访日游客开始实行酒类免税制度，已有 49 家店铺获得日本酒免税资格，外国游客只要在这些店铺购买含税金额超过 5000 日元的日本酒，便可享受免税待遇。[⑤] 从实际情况看，2013 年以来，日本农林水产品和食品出口额屡创新高，2017 年扩大到 8071 亿

---

① 日本内閣官房日本経済再生総合事務局「日本再興戦略 2016—これまでの成果と今後の取り組み」、2016 年、26 頁。

② 「2016 年 10 月の全国企業倒産 683 件」、東京商工リサーチ、2016 年 10 月、http://www.tsr-net.co.jp/news/status/monthly/201610.html。(2016 年 12 月 26 日登录)

③ 日本内閣府『平成 30 年度年次経済財政報告』、2018 年、380 頁。

④ 「日本再興戦略」及び「『日本再興戦略』改訂 2014」に揭げられた農業分野の成果目標について、農林水産省、2013 年、http://www.maff.go.jp/j/council/seisaku/29/pdf/150324_sankou1.pdf。(2018 年 3 月 16 日登录)

⑤ 《日本酒出口保持 7 年增　越发受到海外消费者青睐》，人民网，2018 年 1 月 9 日，http://cjkeizai.j.people.com.cn/n1/2018/0109/c368505-29754716.html。(2018 年 8 月 15 日登录)

日元，同比增长 7.6%，与 2012 年相比增幅达 80%。[①]

（四）宏观政策的目标

目前，从日本经济增长状况及政府设定的宏观政策目标来看，“安倍经济学”的效果不尽如人意。

安倍政府提出，2020 年使日本名义 GDP 达到 600 万亿日元，实际 GDP 实现年均 2%的增长率。事实上，2013 以来日本实际 GDP 的年增长率大多在 2%以下。值得注意的是，2016 年底日本开始采用联合国新的 GDP 统计标准，将研发、专利使用费等支出视为投资而计入其中。由于日本一向重视研发并投入较多，采用新标准后，2015 年度日本名义 GDP 规模可提升 6.3%，增至 532 万亿日元。[②]其中，新标准对设备投资的提升作用最大，公共事业、政府消费、个人消费等项目均有不同程度的增加。统计标准的变化虽然不会改变日本经济的实际状况，但有利于安倍政府缩短实现目标的进程，分母的扩大也会降低日本政府债务占 GDP 的比重，有利于日本缩短财政重建的进程。

从通胀率目标来看，“安倍经济学”原定在两年内实现 2%通胀率的计划已屡次被推迟，日本央行行长黑田东彦在第一任期内未能如愿。由于日本国内居民可支配收入增长有限、特朗普政策存在不确定性、日元汇率波动频繁、大宗商品价格震荡不稳，日本央行要摆脱通缩，尚需继续努力。

---

① 日本農林水産省編集『平成 29 年度食料・農業・農村白書』、2018 年、49 頁。

② “Japan’s economy jumps 6.3% under new UN standard,” *Financial Times*, December 8, 2016.

从财政重建目标来看，在社会保障、支援育儿、灾后重建、国防、2020 年东京奥运会及基础设施建设、农业补贴等财政需求有增无减的情况下，日本国债发行及债务余额居高不下，尤其是人口老龄化导致社会保障费增加等原因，政府债务余额在 2016 年 12 月底达到 1066.42 万亿日元，再创新高，[①] 到 2020 年度实现财政重建的原定目标已被推迟。

六、面临的挑战与未来发展趋势

展望未来，日本经济能否持续稳定增长，还将面临一些挑战，需要应对好几大课题。

（一）日本经济面临的挑战

1. 少子老龄化形势严峻

尽管日本政府采取了诸多措施以缓解少子老龄化的影响，但劳动力市场改革的步伐滞后于人口老龄化的发展速度，一些领域的劳动力供给无法满足实际需求，尤以建筑、医疗护理、农业等领域突出。据农林水产省公布，截至 2016 年 2 月 1 日，日本农业人口已跌破 200 万人，比 1990 年减少了近 60%。[②] 少子老龄化的进展，使日本医疗和社保支出增加、居民收入增长滞缓、家庭储蓄减少、科技创新能力减弱。随着人工

① 《日本政府债务再创新高》，新华网，2017 年 2 月 10 日，http://www.xinhuanet.com/world/2017-02/10/c_1120446874.htm。（2018 年 8 月 20 日登录）

② 《日本农业人口跌破 200 万》，人民网日本频道，2016 年 8 月 1 日，http://japan.people.com.cn/n1/2016/0801/c35467-28600244.html。

智能及科技的发展，人们开始重新审视人口结构变化及老龄化对经济发展的影响，但在未来一段时期内，劳动生产率的增速尚难抵消老龄化的负面影响。

2. 政府债务居高不下

保持财政收支健康平衡发展，是一国经济长期稳定增长的重要条件。随着老龄化程度加剧，医疗、护理、社保等费用增加，政府债务余额增多。截至2017年6月底，包括国债、借款、政府短期证券在内的日本政府债务余额为1084.9万亿日元，[①] 再创新高，占GDP之比也高于其他主要发达国家。虽然低利率政策、抑制国债发行、增税等措施会在一定程度上缓解日本债务支付压力，但效果有限。

3. 制造业企业信誉屡遭重创

近几年，日本大企业丑闻频现，如高田公司隐瞒气囊事故信息、东芝伪造财务数据、三菱汽车夸大燃效等。仅2017年10月以后，接连曝光神户制钢篡改产品技术数据、日产和斯巴鲁违规质检、三菱综合材料瞒报数据等造假事件，不仅反映出日本制造业竞争力下降、企业监管疏漏等问题，也破坏了长期以来日本精心构建的企业文化，动摇了制造业赖以生存的诚信基础，日本传统的“工匠精神”、曾经引以为豪的制造业受到质疑。

4. 外部环境复杂多变

当前，全球地缘政治风险上升，大宗商品价格波动较大；特朗普就任总统以来，美国的贸易保护趋势增强，对华挑起中美贸易摩擦，给一些国家和地区的经济发展带来不确定性；中国等新兴市场经济下行压力

---

① 日本財務省大臣官房総合政策課「最近の経済情勢ほか」、2017年10月18日、18頁。

增大；欧洲经济仍存隐忧，英国脱欧谈判艰难曲折；被视为安全资产的日元，其汇率起伏波动，这些因素都给日本对外贸易及经济发展增添了变数，也会在一定程度上减弱日本宏观经济政策的效果，增加宏观调控的难度。

总之，“安倍经济学”要实现经济持续稳定增长的目标，不仅需要适时适度地调整宏观经济政策，克服结构改革所面临的困难和挑战，也需要切实增加国民的收入，扩大国内需求，进一步改善国内营商环境，促进消费和投资增长，灵活应对国内外形势的变化。

（二）日本经济中长期呈现的发展趋势

1. 经济总体呈低增长、低通胀、低失业态势

劳动力供给是影响经济增长的结构性因素。日本少子老龄化形势日趋严峻，劳动力市场改革相对滞缓，导致劳动力短缺问题日益严重。同时，世界经济形势不稳定，贸易保护主义升温；美国等发达经济体普遍面临人口老龄化问题，劳动生产率增长放缓；中国等新兴经济体面临下行压力，日本通过出口拉动经济增长的作用机理减弱。

据内阁府预测，在“安倍经济学”取得预期效果的情况下，2018—2027 年度，日本实际 GDP 年均增长率约为 1.8%；消费者物价指数年均上涨约 1.8%；因少子老龄化导致劳动力短缺，失业率将处于 3%以下的较低水平（参见表 7）。可见，即使“安倍经济学”取得成功，低增长也将是日本经济发展的常态，这意味着中日之间的经济总量差距会进一步拉大。两国经济实力对比的变化，将会引发中日关系在政治外交、经济、社会等领域的深度调整。

表 7　中长期日本经济预测

年度	2018	2019	2020	2021	2022	2023	2024	2025	2026	2027
实际 GDP 增长率	1.5 (1.5)	1.5 (1.5)	1.4 (1.2)	1.6 (1.2)	1.8 (1.2)	2.0 (1.2)	2.0 (1.2)	2.0 (1.2)	2.1 (1.2)	2.0 (1.1)
名义 GDP 增长率	1.7 (1.7)	2.8 (2.8)	2.8 (2.1)	3.0 (1.7)	3.3 (1.7)	3.4 (1.7)	3.5 (1.7)	3.5 (1.7)	3.5 (1.7)	3.5 (1.6)
名义 GDP（万亿日元）	558.0 (558.0)	573.5 (573.5)	589.8 (585.7)	607.2 (595.8)	627.1 (606.1)	648.7 (616.2)	671.0 (626.6)	694.4 (637.3)	718.8 (648.2)	743.9 (658.7)
潜在增长率	1.2 (1.2)	1.5 (1.5)	1.7 (1.5)	1.9 (1.5)	2.0 (1.3)	2.0 (1.3)	2.0 (1.2)	2.0 (1.2)	2.1 (1.2)	2.0 (1.1)
消费者物价上涨率	1.1 (1.1)	1.5 (1.5)	1.8 (1.4)	1.9 (1.1)	2.0 (1.1)	2.0 (1.1)	2.0 (1.1)	2.0 (1.1)	2.0 (1.1)	2.0 (1.1)
国内企业物价上涨率	2.9 (2.9)	2.2 (2.2)	1.8 (1.5)	1.0 (0.6)	0.9 (0.6)	0.8 (0.5)	0.7 (0.5)	0.7 (0.5)	0.8 (0.6)	0.8 (0.6)
完全失业率	2.5 (2.5)	2.4 (2.4)	2.5 (2.5)	2.6 (2.6)	2.6 (2.6)	2.7 (2.7)	2.7 (2.7)	2.7 (2.7)	2.8 (2.8)	2.8 (2.8)
名义长期利率	0.0 (0.0)	0.0 (0.0)	0.0 (0.0)	0.3 (0.2)	0.8 (0.7)	1.4 (1.3)	2.0 (1.8)	2.6 (2.0)	3.2 (2.1)	3.5 (2.1)

注：括号内为“安倍经济学”没有取得预期成效情况下的日本经济增长状况。

资料来源：日本経済財政諮問会議「中長期の経済財政に関する試算」、2018 年 7 月 9 日、6—7 頁。

2. 努力重振制造业

制造业在日本经济中一直占有举足轻重的地位，其规模占 GDP 之比高于美、英、法等发达国家。近年来，日本面临制造业技术人才短缺、信息技术渗透缓慢等问题。根据日本总务省的调查，2013 年，日本制造业从业人员从 1993 年的 1530 万人减少到 1039 万人，在就业人口中所占比重也从 23.7%下降到 16.5%，20 年间减少了近 1/3。[①]

在全球经济信息化、智能化、自动化快速发展的大势下，主要国家纷纷制定和实施振兴本国制造业的战略或规划，如美国号召“制造业回流”，德国制定“工业 4.0”计划，中国提出“中国制造 2025”。日本着眼于第四次产业革命，着力于培养制造业相关技术人员和熟练工人、提高信息化程度、大力培育机器人产业、推动不同行业间的相互融合，力图保持本国制造业活力，创造新的经济增长点。

3. 继续推进财政重建

日本政府债务负担沉重，在一定程度上制约了日本经济发展。2018 年 5 月，瑞士洛桑国际管理发展学院（IMD）发布《2018 年世界竞争力报告》，在主要国家和地区中，日本位居第 25 位。在评估的系列指标中，日本财政状况处于相对落后之列，成为拖累国家竞争力提升的一个因素。

日本政府背负巨额财政赤字，却没有出现像希腊那样的债务危机，主要在于其国债持有结构是以国内投资者为主。然而，这种状况在逐渐发生变化，2016 年以来日本国债的海外持有额所占比重开始超过 10%，2018 年 3 月末为 10.9%。[②]如果这种状况持续发展，日本的债务风险会随之增大。重建财政、促进财政与经济健康发展，仍将是未来日本政府的重要课题。

---

① 日本経済産業省・厚生労働省・文部科学省「平成 26 年度ものづくり基盤技術の振興施策」（概要）、2015 年 6 月、33 頁。

② 日本財務省、https://www.mof.go.jp/jgbs/reference/appendix/index.htm。（2018 年 8 月 22 日登录）

4. 进一步开放市场和构建全球价值链

劳动力市场开放是大势所趋。据预测，2020 年日本老龄人口所占比重将达到28.9%，2040 年将升至35.3%（参见本章第66 页图4）。日本政府有关部门警告，到 2030 年，日本将有近 3/4 的农民超过 65 岁，建筑工人严重短缺。也有研究显示，日本人口减少，很可能会造成 896 个市镇和村庄消失。① 日本各大经济团体纷纷呼吁日本打开国门，放宽移民政策。人口老龄化和劳动力不足的严峻现实，将推动日本继续开放劳动力市场。

另外，日本将进一步开放农产品市场。2018 年 7 月，日本与欧盟达成经济伙伴关系协定，将在奶酪、牛肉、酒类、巧克力、意大利面等农产品领域对欧扩大开放，这意味着日本在农产品市场开放方面又向前迈出了重要一步，日本农业正在逐渐走出传统的禁区。伴随农村人口的老龄化及其政治影响力的衰退，日本开放农产品市场的阻力有所减弱。另外，日本将继续深化对外经贸关系。只要经济全球化、区域经济一体化潮流不止，日本仍会积极参与双边经济伙伴关系协定谈判以及《区域全面经济伙伴关系协定》（RCEP）、《中日韩自由贸易协定》等多边经贸谈判，推动落实《全面与进步跨太平洋伙伴关系协定》（CPTPP）（2017 年 11 月《跨太平洋伙伴关系协定》更名为《全面与进步跨太平洋伙伴关系协定》）、《日欧经济伙伴关系协定》等，注重多元平衡发展、分散风险，继续巩固与传统经贸伙伴间的关系，进一步加强与东南亚、非洲以及印度、俄罗斯等国家和地区之间的经贸合作。

---

① 《日媒：人口减少　日本会灭绝吗?》，参考消息网，2015 年 6 月 23 日，http://column.cankaoxiaoxi.com/2015/0623/826623.shtml。（2018 年 8 月 21 日登录）

七、结语

2010年，日本经济总量被中国超越而降为世界第三经济大国，由此引发了中日关系在政治外交、经济、社会等领域的调整。随着中日经济总量差距逐步缩小、日本经济地位和影响力相对下降以及近年来日本制造业企业丑闻频现，"日本制造"及日本经济实力受到质疑。尽管如此，目前日本依然具有较强的经济实力，包括雄厚的经济基础和资金储备、完善的营销网络、丰富的海外运营经验等。2018年3月末，日本家庭金融资产余额超过1800万亿日元，仅次于美国。① 2017年，日本外汇储备额1.26万亿美元，仅次于中国；对外纯资产余额328.4万亿日元，② 虽然连续三年减少，但已连续27年位居全球首位。在劳动力素质、研发投入方面，日本也具有一定优势，以2011年为例，日本用于研发的经费支出占其GDP之比为3.4%，远高于中国，③ 90年代中期以来获得诺贝尔奖的尖端型人才明显增多，尤其在半导体等新材料、机器人、资源再利用、生态环保技术、医疗、生物、能源存储等新兴领域，日本已走在世界前沿。这些因素都将继续为日本经济实现新时期的发展提供基础，支撑日本作为发达经济大国的地位。

---

① 日本銀行調査統計局「資金循環の日米欧比較」、2018年8月14日。

② 日本内閣府『平成30年度年次経済財政報告』、2018年8月、384頁。

③ 中华人民共和国国家统计局编：《国际统计年鉴2015》，北京：中国统计出版社2015年版，第342页。

推荐阅读：

1. 张季风：《日本平成经济通论》，北京：社科文献出版社 2017 年版。

2. ［日］野口悠纪雄等：《日本经济的真相》（杨雅虹译），北京：东方出版社 2016 年版。

3. 冯昭奎：《日本经济》，北京：中国社会科学出版社 2015 年版。

第三章

韩国经济概览

金英姬*

1945 年 8 月 15 日，日本宣布投降，二战结束。受日本殖民统治达 36 年之久的朝鲜半岛大致以北纬 38 度线为界分裂为两个国家：南半部分在美国的支持下脱离 3 年的美军政统治于 1948 年 8 月 15 日成立大韩民国；北半部分在苏联的支持下于 1948 年 9 月 9 日成立朝鲜民主主义人民共和国。1950 年 6 月 25 日，朝鲜战争爆发，1953 年 7 月 27 日根据停战协定朝韩双方停战。原本统一的半岛南北方从此各自实行不同的政治制度，并走上了不同的经济发展道路。

建国初期的韩国是世界上最贫穷的国家之一。1955 年，韩国的人均国民生产总值（GNP）仅为 65 美元，1960 年为 79 美元，与非洲国家相当。自 1962 年开始韩国经济快速起飞，1995 年人均 GDP 达到

* 金英姬，中国社会科学院亚太与全球战略研究院副研究员，博士。

10075美元，1996年加入有“富国俱乐部”之称的经济合作与发展组织（OECD），简称“经合组织”。韩国经济在短短30多年内取得令人瞩目的成就，实现跨越式发展，被世人称为“汉江奇迹”。之后，韩国经历两次金融危机的严重冲击，开始进行重大调整。

一、韩国经济的发展历程

韩国经济的发展历程大致可分四个时期：混乱期（1945—1953年）、恢复期（1953—1961年）、高速增长期（1962—1997年）和调整转型期（1998至今）。

在经历36年的日本殖民统治剥削和3年的南北战争炮火摧残之后，韩国经济极度艰难，原本薄弱的基础设施及各产业受到严重破坏，人民生活贫困，百废待兴。加上这一时期动荡不稳的国内政治和严峻的周边国际环境，经济混乱不堪，举步维艰，主要依靠美国的援助和优惠贷款勉强维系。

南北停战之后，韩国开始依赖美国的援助发展加工业，恢复经济。这一时期韩国进口贸易的70%依赖美国的无偿援助来支付，进口和出口仅占国民生产总值的13%和3%，[①] 经济实行进口替代政策，经常项目收支逆差巨大。

在南北分裂之前，日本在朝鲜半岛造成“南农北工”的经济格局。因此在经济起飞之前韩国是典型的农业国家，工业基础十分薄弱。1950

① 朴钟锦：《韩国政治经济与外交》，北京：知识产权出版社2013年版，第145页。

年开始，政府实施“土地有偿征用”和“农田有偿分配”的农村土地所有制改革，提高了农业生产率，农业得到恢复和发展。在美国和联合国的援助下，韩国在1956年基本完成经济重建，通胀得到遏制。

当时韩国的经济基础主要是农业和少量轻纺工业，政府为了发展工业开始重点建设铁路、公路、航运码头、电厂电网、通信等基础设施，纺织、制糖、水泥、玻璃等工业有所发展。1953—1962年，韩国国民生产总值年均增长率为5.1%，其中工业年均增长率为10.8%；农业生产总值在国民生产总值的比重由1953年的50.4%下降到1962年的45.2%，而同期工业所占比重由10.6%上升到17.1%。①

这一时期，进口替代战略恢复并改善了韩国的经济状况，轻纺和食品等劳动密集型产业得到较快发展，为下一阶段的出口战略和经济起飞打下了一定的基础。此外，政府接管和整顿、治理日本殖民统治时期留下来的企业，形成了财阀企业的雏形。

1961年5月16日，朴正熙发动军事政变，建立军人独裁政府，开始实行中央集权统治。这成为韩国经济腾飞的重要转折点。朴正熙执政后提出“经济发展第一”的口号，将发展经济、摆脱贫困作为政府工作的首要目标和个人使命，规划经济发展蓝图，制订经济发展五年计划，开展新农村运动，在威权政治体制下政府统筹并协调各部门的工作，从进口替代转变为出口导向战略，集中全国的力量全力并加速发展经济。1962年，韩国开始实施第一个五年经济发展计划（1962—1966）。在第一个五年计划期间，韩国经济的年均增长率达到了7.9%；到了第二个五年计划期间（1967—1971），这一比率提升到了9.6%。

① 朴钟锦：《韩国政治经济与外交》，北京：知识产权出版社2013年版，第146页。

在这两个五年计划期间，韩国出口的年增长率分别达到了 43.6%和 33.7%。20 世纪 70 年代，韩国受到了两次全球石油危机的严重冲击和影响，在第三个（1972—1976）和第四个（1977—1981）五年计划的年增长率分别为 9.2%和 5.8%。自 20 世纪 80 年代中期起，得益于低汇率、低油价和低利率的“三低”有利形势，韩国几乎所有行业都实现了快速增长，人均收入大幅增加，经济指标表现出色。到 20 世纪 90 年代中期，有了丰厚资本和足够信心的三星、LG 电子、现代汽车等韩国大企业开始大规模投资电子、机械和汽车行业，不仅增设工厂，还大量投资于研发。因此在 1997 年年底亚洲金融危机爆发之后，依靠过去积累的底气，韩国经济迅速恢复常态，走上正轨。①

在经济高速增长期，韩国的出口导向型经济经历了三个发展阶段。

第一阶段（60 年代）：发展轻纺工业等劳动密集型产业。这一时期韩国工业基础依然薄弱，资源短缺，资本缺乏，技术落后，市场狭小，只有低价劳动力资源可资利用。恰逢国际上劳动密集型产业和一些低附加值技术密集产业进行第一次转移，韩国承接一些产业，纤维、轻纺、日用品等以轻纺工业为主的劳动密集型产业发展迅速。1964 年政府提出“出口第一”“贸易立国”的口号，确立了出口导向的基本国策，全面实行外向型经济发展战略。为此，政府重点发展劳动密集型产业，并对一些企业进行倾斜性扶持。

第二阶段（70 年代）：发展重化工业等资本密集型产业。此时发达国家开始将产业重心从钢铁、机械、电子、金属、化学、水泥等资本密型产业转向技术密集型产业，资本密集型产业再次向海外转移。到 70

① 洪元杓：《韩国赶超战略回顾：经济增长与技术创新》，《经济论坛》2018 年第 7 期，第 19 页。

年代后期，一些发达国家因经济不景气而加强贸易保护，导致韩国轻纺工业产品出口市场被挤压。此外，在国际市场上，韩国的劳动密集型产品又受到其他发展中国家激烈的价格竞争。韩国再次适时利用国际上产业转移的机遇，承接发达国家转出的资本密集型产业，完成第二次产业结构升级，从劳动密集型产业转向资本密集型产业。

1973 年 1 月，朴正熙政府发表“重化工业化宣言”，确定钢铁、石油化学、汽车、机械、造船、电子、有色金属、水泥、陶瓷器及纤维工业等为十大战略投资重点产业，并成立以国务院总理为首的重化工业促进委员会，实施“重化工业发展计划”，政策和财政重点向重化工业倾斜，促进了经济持续高速增长。政府有意识地扶持财阀企业，在财政、税收、外汇、信贷、关税、建设项目等方面实行倾斜政策，加强财阀企业的国际竞争力。此外，政府主导引进技术和生产设备，建立研究机构，帮助企业学习、模仿和应用外来技术。

第三阶段（1977—1997）：重点发展高新技术等技术密集型产业。到了 70 年代末，韩国的工资水平有了较大幅度提高，低成本优势不再。80 年代开始，韩国因国内外压力，引进技术难以为继。一方面，政府过去突出重工业，经济结构失衡，而工资的不断上涨导致以廉价劳动力成本为支柱的出口产品国际价格竞争力下降；另一方面，发达国家进一步加强对技术、知识产权和市场的保护，引进高新技术的难度和成本加大。这些迫使韩国摆脱技术引进发展模式，转向“科技立国”战略。政府鼓励企业扩大经济规模，提高效率，增加研发投资，开发新技术和差异化产品，提高产品质量，增强出口竞争力。同时，政府鼓励企业将已经失去比较优势的一些劳动密集型产业通过对外投资的方式转移出去。

在“五五”和“六五”计划时期（1982—1991），政府提出“技术立国”指导方针，提倡和加强自主研发技术，将产业重点转向技术密集型产业。政府和企业建立了大批研究机构，促进本国的自主技术研发，发展高新技术产业。同时，政府支持大企业通过合并重组“做大做强”，增强竞争力。大量国有企业转为私有，到1986年国有企业只剩下13家。

90年代以后，为了进一步推动产业升级，韩国将信息产业定为新的发展引擎，重点放在电脑、生物工程、智力服务、电子、精密机械、精细化工、新材料、新能源等行业，促进产业结构转向高技术方向。政府鼓励加大研发投资，以此来提高产品科技含量，增强出口产品竞争力，促进经济增长。① 技术创新体系也从政府主导引进转变为企业自主创新，技术研发主体从政府部门转向私营部门，财阀企业大幅增加研发投资。

金泳三政府（1993年2月—1998年2月，自称为“文民政府”）以反军事政府、反财阀为口号，力图进行民主化改革。

在60年代开始的经济高速发展时期，韩国充分利用与美日等国家的同盟关系，及时抓住国际市场产业结构调整机遇，从进口替代转向出口导向，从轻工业转向重化工业，从劳动密集型加工业转向技术和资本密集型产业，由财阀企业牵头占领国际市场，利用外资以举债为主，引进和吸收技术并进行自主创新，一路推进工业化和经济发展进程。到1995年，韩国人均GDP达到10037美元，1996年成为经合组织的第29个成员，韩国从贫穷落后的农业国一跃而成为“富国俱乐部”成员，

① 转自朱灏：《韩国经济的复苏及其启示》，《亚太经济》2007年第5期，第87页。

跨入世界发达经济体门槛。但，在东南亚外汇危机的冲击下，从 1997 年年底开始韩国的大企业集团接连倒闭，银行呆账坏账高企，经济严重滑坡，国民经济迅速卷入亚洲金融危机之中。

韩国自 1998 年之后至今为经济调整转型期。这段时间韩国经历了东南亚外汇危机引发的亚洲金融危机和美国次贷危机引发的全球金融危机这两次巨大冲击。

亚洲金融危机之后，通过国际货币基金组织紧急贷款援助和政府大刀阔斧的改革，韩国迅速从金融危机中走出来，恢复了正常的经济秩序。同时，韩国强化市场经济管理，逐渐将“政府主导型”经济转变为“市场主导型”经济。金大中、卢武铉、朴槿惠等总统都标榜要实行市场经济，提出“经济市场化”“经济民主化”等口号，力图铲除政商勾结现象。

在调整转型期，政府开始注重发展高端制造业。金大中政府（1998 年 2 月—2003 年 2 月，自称为“国民政府”）制定“2010 年产业进入世界 4 强”发展目标及促进战略，重点扶持和培育造船等 8 个主力产业、电子等 5 个未来战略企业、商业服务等 4 个知识型服务业。卢武铉当政时期（2003 年 2 月—2008 年 2 月，自称为“参与政府”）政府明确提出集中国家力量，发展十大新引擎产业。政府加强组织保障，扩充人力资源，加大科技研发投入，调动民营企业的积极性。卢武铉政府将“创新”作为经济发展的基石，承认财阀企业代表着韩国的先进生产力，表示政府的经济管理权已经转移到了市场。之后，“绿色增长”“创意经济”和“第四次工业革命”成为各界继任政府的口号。

卢武铉之后李明博在竞选期间标榜自己为“经济自由主义”“发展

主义”的代言人，提出“747公约”。[①] 李明博的当选证明了韩国社会对经济发展以及经济自由主义的追求与认可。李明博执政（2008年2月—2013年2月）后进一步放松了对财阀的管制，并对大企业实施减税政策。2008年，韩国名义GDP增加到9287亿美元，人均GDP近2万美元。但受美国次贷危机引发的全球经济危机影响，当年韩国经济明显疲软，2009—2010年有所恢复。2011年经济发展速度大幅减缓，2012年又遭遇严重波折，主要表现为经济增速放缓、生产持续萎缩、中小企业经营困难、消费需求低迷等。

2013年2月25日，朴槿惠出任韩国总统（2013年2月—2017年3月日），提出经济发展核心理念并出台了经济发展战略方案。2014年初，朴槿惠政府颁布“经济革新三年计划”，力图通过调整经济结构，推进经济革新，到2017年实现“474蓝图”。[②] 政府提出了“经济振兴”“创造经济”“经济民主化”的三大理念。其中“经济民主化”是核心，即进行财阀改革，打造新的经济发展模式，消除大企业集团和中小企业之间的严重不平衡，比如限制大企业集团，严厉打击大企业的违法行为和不正当竞争行为，加大对中小企业的支持力度。[③]

尽管如此，朴槿惠执政时期韩国经济仍然持续低迷：近两年出口连续下滑；家庭负债规模创历史最高纪录；青年失业率居高不下，曾创下亚洲金融危机后的最高纪录；2014年GDP增长率为3.3%，2015年GDP仅增长2.6%，2016年GDP增长率也仅为2.7%。韩国经济增长动

---

① “747公约”：经济增长率达到7%、人均年收入达到4万美元、成为世界第七大经济强国。

② “474蓝图”：经济增长率提升到4%，15至64岁劳动力的就业率达到70%，人均年国民收入达到4万美元。

③ 金永花：《当前韩国经济形势与新政府经济发展思路》，《国际经济合作》2013年第7期，第74—75页。

力减弱，财阀经济弊端凸显，企业界负面消息层出不穷，严重冲击了韩国经济。此外，2017 年韩国部署“萨德”，中韩外交关系蒙上阴影，两国经贸关系也受损；朴槿惠总统因闺蜜干政事件和涉嫌受贿遭到国会弹劾下台，且接受检察机关审查，政府经济政策无法顺利实施。到 2017 年 3 月 1 日，朴槿惠发布的“经济革新 3 年计划”结束，“474”目标无一达成。

2017 年 5 月 10 日，文在寅宣誓就职。[①] 7 月中旬，政府发表了未来五年施政方向和工作计划的“国政运营五年规划”，包括总体部署“国民做主的政府”“共同富裕的经济”“普济民生的国家”“均衡发展的地区”“和平繁荣的半岛”五大目标，分三步落实百大施政课题。此次国政企划报告提出了建立“民主、正义的”韩国的愿景，民主主权的宪法精神和以“正义”为核心的价值观是新政府重建一切制度的基本原则，政府将采取措施，构建共同富裕的经济，践行经济民主化竞选承诺；国政企划委提出了未来五年三步走发展规划，即：将 2017—2018 两年定为大力革除积弊、调整权力结构的“攻坚期”；将 2019—2020 年定为创造就业岗位、应对第四次工业革命、改革财税体制等彰显成效的“跨越期”；将 2021—2022 年定为建立可持续改革机制的“稳定期”。[②]

“改善国民生活质量”和“扩充经济增长潜力”是政府两大经济目标和优先课题。韩国经济副总理表示，政府将尽全力推进此前向国民承诺的各项施政措施，努力保持经济的增长活力，开创人均国民收入 3 万

① 以下部分内容本章作者已发表于《中国远洋海运》2018 年 2 月刊，原文标题为《韩国经济：大病初愈?》，资料更新于 2018 年 12 月。

② 中国驻韩大使馆经济商务参赞处网站，http://kr.mofcom.gov.cn/article/jmxw/201707/。

美元的新时代。①

文在寅新政府的经济政策关键词为“收入引导增长”，一改之前的国政运营模式。过去，韩国的经济政策主要依靠“涓滴效应（trickle-down effect）”，以投资、供给为重点谋求经济发展。新政府的经济政策力图形成促进就业、增加家庭收入、扩大消费、增加投资的良性循环。为此，过去以企划财政部、金融委员会、产业部等经济部门为中心的政策将调整为经济部门、雇佣劳动部、保健福祉部等共同构成“增长、就业、福利”的国政运营模式。

新政府还积极进行管制改革，积极应对第四次产业革命。2017 年 9 月 7 日，李洛渊总理召开会议，审议并通过了“新政府规制改革促进方向”等内容，一是出台有关新产业、新技术事前放开、事后监管的“全面负面清单监管制度”，将过去限定式、列举式的法律法规改为更加宽泛、全面的法律法规，允许多种形式的新产业、新技术发展，出现副作用后再进行事后监管；二是出台允许示范、试验产业免受现有规定限制的“监管沙盒制度”；三是构建“规制环境改善蓝图”，预判新产业、新技术发展趋势，提前发现并修改限制其发展的规定。目前，优先适用于该蓝图的有无人驾驶汽车、无人机、私人定制健康产品等。

新政府决定将加速以制造业为中心，实现革新成长。2018 年 9 月，韩国产业通商资源部部长表示，政府将把产业政策作为最优先课题，以比较具有优势的制造业为中心，致力于恢复韩国产业的活力实现革新增长；通过应对第四次工业革命的技术革新、融复合产业、提高主力产业

① 《韩经济副总理称：“改善国民生活质量”和“扩充经济增长潜力”是今年政府两大经济目标》，中国驻韩国大使馆经济商务参赞处网站，文章来源：韩联社，2018 年 1 月 3 日，http://kr. mofcom. gov. cn/article/jmxw/201801/20180102693788. shtml。

的高度、创造新的产品、服务、平台发展新产业；将中小企业和中坚企业培养成为创新主体，强化产、学、研、官的技术革新力量，打造以民间革新为主导的活力革新生态环境，推进包括电力、能源、能源供给在内的能源转换，提高韩国产业竞争力，创造出新的革新增长动力。①

为促进地方经济均衡发展，2017 年 9 月底，中小风险企业部召开“地区特色发展特区委员会”会议，决定设立富川（市）漫画影像产业综合特区、长兴（郡）清洁海域滩涂生态产业特区、新安（郡）蔬菜产业特区、陕川（郡）国宝、影像主题体验特区等 4 个地方特区，未来 5 年将投入 3776 亿韩元，预计将创造 4800 多个就业岗位，拉动地区经济增长 7100 亿韩元。

同年 12 月 29 日，国土交通部批准了大邱、仁川、顺川三地的都市尖端产业园计划申请。都市尖端产业园区系指在城市临近地区建设产业园区，培育知识产业、文化、信息通信产业等尖端产业。其中，大邱未来主要吸引信息通信技术等企业；仁川主要吸引机械装备、运输设备等制造业；顺川主要吸引金属制造业、金属加工等企业入住。国土交通部还在审核其他 7 个都市尖端产业园区。②

“地区特色发展特区”制度是韩国政府按照各地方特色、在指定区域设立特区、并给予相关优惠政策的促进地方经济发展的制度。据统计，截至 2017 年，韩国共有 190 个地方经济特区，由 144 个地方自治团体经营管理。

政府还修订了国土综合计划，安全和大城市“瘦身”成重点。韩

① 中国驻韩大使馆经济商务参赞处网站，http://kr.mofcom.gov.cn。

② 《韩拟在大邱、仁川、顺川建设都市尖端产业园区》，中国驻韩国大使馆经济商务参赞处网站，文章来源：韩联社，2018 年 1 月 3 日，http://kr.mofcom.gov.cn/article/jmxw/201801/20180102693784.shtml。

国第5次“国土综合计划（2021—2040）”将摆脱过去以开发和发展为主的模式，向确保安全和推动大城市“瘦身”（解决中小城市衰退问题）等方向转变。第5次国土计划的5大主题为“均衡发展、统一、提高全球竞争力、安全、可持续发展”，计划最迟于2019年年底前完成。[①]

韩国自2004年开始引入地区特别化发展特区制度，被指定为发展特区范围内的地区可以在指定的期限内享受不同于一般政策的特定发展政策。2018年9月，韩国中小风险企业部召开地区特殊化发展特区委员会，决定在韩国设立两个地区特殊化发展特区，将杨洲、抱川、东豆川设为“国际纤维、皮革、时尚产业特区”，将珍岛设为“珍岛郁金产业特区”。目前，在韩国150个基础自治团体内已经有196个地区被指定为发展特区。各发展特区可以根据地区特色资源进行特产开发与贩卖，从而达到扩大地区收入，创造就业，活跃地方经济以及平衡地方发展的目的。

文在寅上任之后，受出口高速增长、积极的财政政策等因素影响，韩国经济景气回升，2017年经济增速重上3%的台阶达到3.1%，经济呈缓慢复苏迹象，2018年韩GDP增长率预测值在3%—4%，人均国民收入有望接近或达到3万美元。

---

① 《韩政府修订国土综合计划　安全和大城市“瘦身”成重点》，中国驻韩国大使馆经济商务参赞处网站，文章来源：韩联社，2018年1月11日，http://kr.mofcom.gov.cn/article/jmxw/201801/20180102697024.shtml。

二、韩国的财阀经济[①]

韩国在经济发展过程中打造了财阀企业。财阀为“汉江奇迹”立下了汗马功劳，也滋生了“政经勾结”现象和家族企业带来的各种弊端。1997 年年底爆发的亚洲金融危机使韩国经济遭受了沉重打击，作为“东亚模式”典范的“政府主导、出口导向、财阀牵引、举债为主”的韩国财阀经济发展模式受到严峻考验和强烈质疑。亚洲金融危机暴露了财阀经济的各种弊端，也成为韩国经济发展方式转变的重要转折点。

（一）财阀经济的形成与发展

南北分裂之前朝鲜半岛的产业格局为“南农北工”，韩国以农业为主，工业和私人资本底子极其薄弱。为了快速实现工业化和经济增长，韩国选择了威权政治和强势政府来主导。在韩国经济高速发展时期，政府通过经济企划院、财政部和商工部这三个机构，控制产业发展、金融扶持甚至商品定价等大多数重要的经济活动，对企业进行扶持、管治和约束。

但在几十年的发展过程中财阀经济形成了各种弊端。这源于财阀企业的特征以及发展历程。韩国的财阀企业具有以下特征：（1）所有权

① 本章内容作者已发表于《上海经济研究》2017 年第 11 期，原文标题为《韩国财阀企业功过得失及启示》。

和支配权属于某个家族，受家族控制，企业集团内部交叉持股；（2）由多家企业组成，经营范围涉及多个产业，多元化经营；（3）企业规模庞大，具有强大的经济实力；（4）进行家长式的管理，企业文化强调长幼有序、忠孝服从等儒家传统文化。韩国一般将经济规模列前30位的财阀作为研究对象，目前三星、现代、LG、SK、乐天5大财阀的影响力巨大，对韩国经济的贡献也最大。

其次是财阀发展壮大的历程。最重要的两个因素就是：（1）财阀与政府联系密切，依靠政府的政策和倾斜性扶持；（2）依赖外部资金，靠外延式增长发展壮大。

由于其先天特征及发展路径，很多政治、经济、社会矛盾来源于以财阀为中心的快速经济增长过程。

第一，从组织结构和管理体制来看，财阀企业一般是家族企业，或者是由原来的家族企业演变而来。财阀家族拥有企业，家族的某一人或几个人高度控制企业的所有权和经营权，并采取独断专行的家族经营方式，企业管理缺乏民主。即使有一定比例的职业管理者，他们的作用仍然有限。而且，由于财阀是控股股东，他们很容易利用其股权和内部操作，剥削公司财产，侵犯小股东利益。譬如，通过人为定价，控股股东可以将利润从一家公司转移到其持有大量股份的另一家公司；通过研发、广告和营销开支、捐助基金会或以其他名义转移公司财产。①

第二，从资本结构来看，政府对财阀企业提供各种激励和信贷、税收政策优惠，助长了财阀企业“大马不死”（too big to fail）的心理，导致财阀盲目扩大规模，进入多种行业，举债投资急速扩张，负债过

① 转自周建军：《韩国财阀改革的政治经济学：以小股东运动为例》，《开放时代》2010年第12期，第110页。

多。最先倒闭的韩宝钢铁公司当时负债5万亿韩元，负债比例为自有资本的20倍。亚洲金融危机前，韩国企业的资产负债率很高，前30家大企业集团的自有资本比率仅为18.2%，平均负债高达518%，甚至一些财阀企业的负债率达到了近4000%（当时美国为154%、日本193%、中国台湾86%），全国企业平均负债率逾400%,[①] 财务结构非常脆弱。受益于政府的倾斜性政策扶持，财阀企业大肆扩张规模，重复投资严重，资本充足率极其低下。金融危机之后企业接连破产，银行呆坏账急剧上升，企业风险转化为金融系统风险。财阀企业在韩国经济中占据巨大份额和不可忽视的地位，政府默许或纵容财阀采用负债经营方式急速扩大规模，使得资金配置扭曲，市场信号失灵，企业风险社会化。

第三，从发展历程来看，一些财阀直接来源于或者受惠于韩国国有企业其他和其他公共资产的私有化。据相关统计，1945年到1960年，约占韩国经济30%的公共资产（包括工厂、生产设备和存货）被政府以资产的账面价值出售给私人企业，韩华、斗山、三星、SK和现代等接收了这些资产,[②] 为它们的快速发展壮大提供了得天独厚的条件。到了20世纪60—80年代，政府在金融、税收、出口等各方面的政策扶持使财阀企业的规模迅速扩大。财阀企业极大地受益于政府制定的金融政策、贸易政策、产业政策和劳工政策，以及银行信贷支持、出口补贴、税收减免、政府的产业指导、对劳工的管治等。政府强力干预经济，为了获得政府的政策扶持以及更多的特殊优惠政策，企业千方百计地寻求政府的支持，要与政府相关机构和政府要员进行密切来往与接触，形成

① 来源：朱乃新：《找准转变经济发展方式的视角—以韩国经济转型升级为例》，《经济纵横》2008年第5期，第56—57页。

② 周建军：《经济增长作为不稳定力量：基于韩国财阀模式的考察》，《经济社会体制比较（双月刊）》2011年第2期，第180页。

了长期而根深蒂固的“权钱交易”。不仅在朴正熙时期，在全斗焕、卢泰愚、金泳三、金大中政府时期，财阀企业向总统候选人提供政治资金的比比皆是，政经勾结现象严重，导致政企不分，腐败盛行，社会不公加剧。

因此，韩国历届总统中不少人因本人或亲属涉及贪污腐败而锒铛入狱，或者结局悲惨。比如，金泳三政府以贪污罪名拘捕了两位前总统全斗焕和卢泰愚，而金泳三之子却因涉及腐败入狱；金大中执政后期出现公司丑闻，给其政治生涯蒙上阴影；卢武铉卸任后因贪腐案于 2009 年接受司法调查，5 月 23 日跳崖身亡；2017 年朴槿惠涉嫌闺蜜干政和涉嫌受贿被国会弹劾下台，并接受检查机关审查。

第四，从政府与财阀的关系变迁来看，为了经济的快速发展，政府有意识地扶持且严重依赖财阀，这些企业在政府的各种优惠政策的扶持和保护之下迅速发展壮大。到 80 年代特别是 90 年代以后，韩国从威权主义向民主化转型，而财阀变得非常强大，甚至可以影响政府政策，财阀企业要求政府取消管治，实行经济自由化，政府逐渐失去了对财阀的绝对控制。

（二）财阀集团的危机及改革

亚洲金融危机彻底暴露出韩国长期赖以发展的财阀经济的脆弱性，严重打击了经济，国民经济摇摇欲坠，国家处于破产边缘。这极大地增强了政府的变革决心。在国际货币基金组织的推动下，韩国政府一方面利用其 570 亿美元紧急贷款援助度过危机；另一方面转变经济发展模式。

针对财阀企业过度重视数量的无序扩张和盲目多元化，政府指出企业需要注重和突出主营业务，尽快调整经营内容和企业结构，把“大而全”的经营转化为核心业务经营，使得企业能够持续良性发展。1998年，政府制定了企业结构调整方针，年底开始，财阀企业在政府的推动下大刀阔斧进行产业结构调整，力图解决重复投资的弊病，提高核心竞争力，降低财务风险。现代、三星、大宇、LG（前身为乐喜金星）、SK（前身为鲜京）五大财阀企业与政府达成《推进五大集团结构调整协议》，通过出售、合并或设立分公司的方式，企业之间进行产业互换，收缩规模。例如，三星只经营电子、金融、物产和服务业，使原有下属企业总数由269个减至150个。政府还取消大企业集团在贷款、税收、融资等方面享受的优惠政策和所有特权，以图割断政经裙带关系。政策调整之后，当时深陷短期外债危机的五大财阀之一——大宇集团因失去资金来源和政策扶持而倒闭。

金融危机使韩国政府认识到，国家经济发展不能只依靠一些财阀企业。因此，政府采取了以下措施：（1）修订法律法规，废除阻碍中小企业发展的条款，采取一系列措施促进中小企业良性发展；（2）清理整顿民营企业，改革国有企业；（3）改善企业内部管理，提高经营透明度，按照国际标准全面实行复式会计制度，加强控股股东和高管的责任等。①

自亚洲金融危机之后，通过大幅度的整顿和改革，韩国经济走出了危机的泥潭，经济运行和企业经营步入正轨。但时隔20年，韩国财阀企业再次接二连三陷入困境。

① 陈汉林：《对韩国经济发展模式的重审与反思》，《经济纵横》2003年第1期，第37页。

乐天集团自2015年开始不断出现状况：乐天世界塔施工出现问题，开业时间不断延迟；辛氏兄弟争权；高层领导自2016年6月起因涉嫌渎职、贪污公款、非法筹措资金等接连受到检方全面调查，二号人物李仁源自缢身亡，集团的业务扩张发展受到牵连。①

之后，在海运业世界排名第七位、韩国排行首位的韩进海运巨额亏损，2016年上半年累计亏损高达4730亿韩元，不得不于8月31日向首尔中央地方法院申请破产保护；9月2日向美国方面提出破产保护。②韩进海运在全球有60多条航线，每年向世界各地运输货物上亿吨，在世界贸易和海运业占据重要地位。韩国经济高度依赖进出口贸易，韩进破产导致140多亿美元的货物滞留海上，出口交货延误，港口吞吐量下降，造船厂订单减少，对韩国的进出口造成了巨大冲击，也震动了全球海运业。

随后大宇造船陷入困境，银行面临13万亿韩元（约合118.9亿美元）的巨额损失。而韩国最负盛名的三星集团子公司的最新版旗舰手机Galaxy Note7，在其2016年发布不到一个月，因电池板问题造成数十起爆炸事件，在全球召回250万部，还成为多家航空公司禁止携带物品。三星电子和Note7电池供应商SDI自召回声明后股价大跌，这次手机爆炸事件成为三星电子有史以来的最大危机。

三星集团是韩国最具代表性的企业，是韩国经济的中流砥柱，也是科技创新方面的领头羊，在经济界地位举足轻重。三星电子2015年营业收入占同期韩国GDP的13%。再加上三星集团的其他子公司，年营

① 《财阀结构现弊端　韩国经济亮红灯》，网易新闻，来源：中国经济网（北京），2016年9月26日，http://news.163.com/16/0926/07/C1SDVJLU00014JB5.html。

② 网易财经，http://money.163.com/16/0912/08/C0OFTQTK002580S6.html。

业收入总额约占韩国 GDP 的 20%。[①] 三星电子在处理器芯片、图像传感器、屏幕等手机核心零部件上都处于行业领先地位。2015 年，三星在芯片市场占有率 11.6%，全球半导体市场排名第二。2016 年一季度三星图片传感器出货量排名全球第三，三星手机的全球市场份额为 24.5%，超过苹果和华为的总和，[②] 在同行业遥遥领先。目前三星集团利润主要来自三星电子，而智能手机约占三星电子一半利润。当前全球智能手机市场竞争日趋激烈，此次手机召回、禁飞事件严重影响了三星的销售业绩和利润，使三星的品牌价值、企业经营效益和企业形象受损，也给韩国经济带来了不小的冲击。

现代汽车也深陷困境。工会自 2016 年 9 月 26 日起因提高薪水等待遇改善问题全面罢工，现代汽车蔚山、全州和牙山工厂生产线停工。这是自 2004 年以来现代汽车工会又一次大规模罢工，参与人数达到 5 万人，接近在韩现代汽车工人总数的 75%，致 134 亿元产出损失。[③]

韩国几大财阀企业接连陷入困境，与这些企业有关的众多供货商、经销商、出口商等中小企业更是连投资资金也难以回收。过去一直被三星、现代、韩进等大企业集团牵引的财阀经济发展模式现在成了软肋。

从上述财阀企业发生的一系列事件中可以看出，除了经营管理不善和技术瑕疵等常规问题，韩国的财阀经济仍然存在根深蒂固的顽疾：（1）政经勾结；（2）财阀企业持股结构、所有权与经营权问题；（3）

---

① 《财阀结构现弊端　韩国经济亮红灯》，网易新闻，来源：中国经济网（北京），2016 年 9 月 26 日，http://news.163.com/16/0926/07/C1SDVJLU00014JB5.html。

② 张斯：《三星“炸飞”数百亿美元市值　韩国经济受惊吓》，凤凰网，来源：每日经济新闻，2016 年 9 月 19 日，http://finance.ifeng.com/a/20160919/14887163_0.shtml。

③ 包雨朦：《韩国现代遭遇 12 年来最大危机：5 万人参与全面大罢工》，澎湃新闻，2016 年 9 月 26 日，http://www.thepaper.cn/newsDetail_forward_1534625。

严重依赖财阀企业，中小企业薄弱。韩国社会对财阀垄断的批评声以及要求“经济民主化”① 的呼声越来越高，外部压力又要求政府尽快完成新经济自由主义。但是，财阀企业富可敌国，又掌握着国家的经济命脉。财阀企业已经成为韩国经济的主体，近年来仅三星、现代、SK、LG、乐天这五大财阀企业资产在韩国国民经济产出所占比重就超过50%，接近60%，前30家财阀企业占韩国总出口的80%（其中仅三星一家财阀企业就占总出口的1/3），GDP的80%。据统计，截至2017年3月，包括优先股在内的三星集团证券市值总额占韩国综合股价指数（KOSPI）（主板）和科斯达克（KOSDAQ）（二板）市值总额的28.0%。同期，韩国10大企业集团市值总额占KOSPI和KOSDAQ两市的52.2%。②

财阀企业的产业范围之广、影响力之深已经渗透到国民经济的各个层面，他们拥有的市场规模、技术水平，以及市场开拓能力和技术研发能力等也正是韩国的核心竞争力，面对激烈的国际竞争，韩国经济还需依赖财阀企业来实现经济增长。控股股东（或家族）在不同子公司和部门间交叉持股，形成了网络般复杂的股权体系，并通过不透明的管理来控制财阀企业，政商关系也根深蒂固。“官商勾结”的现象渗透到各行各业，严重影响了经济，也加深了社会矛盾和民众对财阀企业的反感。涉及朴槿惠亲信干政调查的很多是财阀企业，一些人认为现在财阀正在毁掉韩国经济，要求进行处罚。韩国历届总统都承诺“经济民主化改革”，但受经济结构的制约，改革成效甚微。

---

① “经济民主化”主要是指对财阀进行监管，限制其扩张，维护市场公平竞争，保护中小企业，增加雇佣稳定，从而实现对社会财富的更均衡分配。

② 中国驻韩大使馆经济商务参赞处网站，http://kr.mofcom.gov.cn/article/jmxw/201703/。

（三）财阀企业的未来发展

韩国在经济发展过程中打造了财阀，也形成了政府和财阀企业之间密不可分的关系。财阀经济体制在韩国的经济发展过程中发挥了至关重要且不可替代的作用，为实现“汉江奇迹”立下了汗马功劳，使得韩国走进路径依赖，即习惯于以财阀企业为支撑和先导的经济发展模式。如今政府在经济领域的权威和影响力远不及过去，需要减少政府对经济的控制。财阀企业依赖政府支持的同时，也掌控了经济命脉，中小企业的发展受到很大限制。韩国经历了以财阀为中心的经济增长和产业化之后积累了大量的政治矛盾、社会矛盾和经济矛盾。

财阀企业的弊端如下。

第一，韩国的财阀经济体制就是政府利用各种政策措施积极扶持和培育财阀企业，并为其保驾护航。在韩国的财阀企业建立和发展阶段，政府直接干预和介入与企业的生产经营有关的主要领域。这促成了韩国财阀企业的快速发展壮大，也滋生出了政经勾结等一系列社会问题。尽管政府的干预已经大幅度减少，经济体制从政府主导型转变为市场主导型，但在整个社会依然存在企业需要依靠政府支持和关照的现象和心理。

第二，韩国的财阀企业在政府的倾斜性扶持下迅速发展壮大，靠政府的优惠贷款、配额、外汇政策等进行规模扩张和多元化经营，在不少行业领域形成了垄断，不利于企业之间公平竞争，也压制了中小企业的成长。

目前韩国的大企业集团两极分化加剧，5 大财阀垄断市场的情况没有改变。截至 2017 年 9 月初，在资产规模达 5 万亿韩元以上的 57 家大企业集团中，三星、现代汽车、SK、LG、乐天等排名前五位的大企业集团资产合计占 57 家大企业集团的 52.96%，销售收入占 56.2%，净利润更是占到 70.48%。而排名靠后的 26 家大企业集团资产总额占比 10.27%，销售收入占 9.49%，净利润占 9.59%。[①]

第三，韩国财阀企业本质上是私有私营企业、家族企业，其所有权和支配权属于某一家族，决策权集中在总裁等人手中，少数人独断专行；企业集团内部交叉持股，大股东甚至家族成员之间进行利益输送，转移利润，剥削小股东，盈利私人化，风险和损失社会化。

第四，随着经济的快速发展，韩国的财阀企业也迅速成长壮大，成为强大的市场力量和社会力量。特别是在 20 世纪 90 年代的民主化转型和新自由主义经济改革之后，政府和财阀之间的力量对比发生了重大变化。一方面，国民经济严重依赖财阀企业，而另一方面，政府的权力、对经济活动以及市场的控制力和自主性却大幅减弱。据统计，2017 年 7 月，韩国前十大集团总市值占其股市总市值的比重达 51.66%；仅三星一家财阀就占韩国 GDP 的约 1/5，以至于一些人将韩国称为“三星共和国”；同期三星集团股票市值占韩国股市总市值的 30.83%，其中仅三星电子的市值就占韩国股市总市值的 21.28%。[②] 财阀企业们强大的市场力量使得政府在经济和社会等各领域的影响力和话语权降低，财阀企业成为不可忽视的政治力量和潜在的政治矛盾导火索。

但是，韩国经济离不开财阀，财阀在韩国经济中的地位和作用无法替代。韩国严重依赖国际市场，是典型的外生性经济体，自然资源匮

① 中国驻韩大使馆经济商务参赞处网站，http://kr.mofcom.gov.cn/article/jmxw/201709/。
② 中国驻韩大使馆经济商务参赞处网站，http://kr.mofcom.gov.cn/article/jmxw/201707/。

乏，国内市场相对狭小。韩国的先天缺陷使其经济形成了对财阀企业的依附。韩国不仅要面对美欧日等传统强国的竞争，也面临着中国等新兴国家的崛起。在资源和市场竞争日益激烈的今天，财阀企业的业务分散在世界各地，可借助全球化的进程，通过旗下的跨国公司进行网状资源整合，有利于利用全球资源，扩大市场范围，提高影响力。在商业领域、技术领域和文化领域，国家的软实力和硬实力大都需要企业尤其是有竞争力的跨国企业来实现。例如，尽管经历了 2016 年手机电池爆炸带来的巨大冲击，销售量、利润以及品牌影响力受到严重打击，但 2018 年二季度，在全球智能手机市场上，韩国三星以发货量 7950 万台继续保持领先，市场占有率达 22.1%，远远超过第二名美国苹果（发货量 4100 万台，市场占有率 11.4%）和中国华为、OPPO、小米（市场占有率分别为 10.7%、8.2%和 6.4%）。再比如，三星电子 2017 年首发全球最大容量 V-NAND 闪存，在当年 8 月份在美国举行的“2017 闪存峰会（FMS，Flash Memory Summit 2017）”上还提出了新的 SSD 标准，即“NGSFF（Next Generation Small Form Factor）”。①

财阀企业对韩国经济功不可没，问题在于如何消除或减少财阀经济体制带来的弊端。在韩国这样典型的东亚威权主义国家，要保持稳定持续健康的发展，避免过去政经勾结和家族企业带来的积弊，不仅仅是需要技术和财力的硬实力，更重要的是在制度和文化领域不断改革，提高软实力，完善法律法规，进一步改善商业环境。

目前，财阀及其他大企业都感受到了前所未有的压力，这一压力来源于企业过去的发展历程。政府、企业界、社会各界都认识到了改革的

① 中国驻韩大使馆经济商务参赞处网站，http://kr.mofcom.gov.cn/article/jmxw/201708/。

必要性和紧迫性，需要一个路径创造的过程，韩国的财阀经济需要制度路径来化解社会矛盾，提高企业竞争力，保障经济持续稳定增长。

三、韩国的对外贸易与投资

（一）对外贸易的发展

韩国是典型的外向型经济，自 20 世纪 60 年代开始实行“贸易立国，出口优先”战略，进出口贸易成为韩国经济发展的支柱，出口是其经济命脉。2017 年韩国进出口双双实现两位数增长，出口同比增长 15.8%，进口同比增长 17.8%，出口额和贸易顺差额创出历史新高，进口额接近历史最高水平（参见表 1），进出口贸易摆脱了出口下降而进口减少幅度更大的“不景气顺差”局面。

表 1　韩国的进出口贸易情况　　单位：百万美元、%

年份	出口		进口		收支
	金额	增减率	金额	增减率	
2017 年	573717	15. 8	478414	17. 8	95303
2016 年	495426	-5. 9	406193	-6. 9	89233
2015 年	526757	-8. 0	436499	-16. 9	90258
2014 年	572665	2. 3	525515	1. 9	47150
2013 年	559632	2. 1	515586	-0. 8	44047
2012 年	547870	-1. 3	519584	-0. 9	28285
2011 年	555214	19. 0	524413	23. 3	30801

续表

年份	出口		进口		收支
	金额	增减率	金额	增减率	
2010 年	466384	28.3	425212	31.6	41172
2009 年	363534	-13.9	323085	-25.8	40449
2008 年	422007	13.6	435275	22.0	-13267
2007 年	371489	14.1	356846	15.3	14643
2006 年	325465	14.4	309383	18.4	16082

资料来源：韩国贸易协会，http://stat.kita.net/stat/kts/sum/SumImpExpTotalList.screen。

韩国于 2017 年年底提前实现万亿美元进出口目标，成为全球贸易总额超过 1 万亿美元的 9 个国家和地区之一（其中美国和中国 2017 年超过 3 万亿美元，德国超过 2 万亿美元，日本、法国、荷兰、香港、英国等超过 1 万亿美元）。韩国在全球十大出口国中排名第五，进口在全球所占名次也比上年上升两位，排名第六，[1] 目前是美国、中国、日本、俄罗斯、欧盟国家、东盟国家的主要贸易伙伴。

大韩贸易投资振兴公社 2017 年 12 月报告预测，受半导体和石化产品拉动，2018 年韩国出口将保持 4.8%的增幅，出口额将达 6064 亿美元。其中，预计对华出口增长 8%，对北美增长 1.9%，对欧盟增长 1.5%，对日本增长 4.5%，对中南美增长 3.8%，对印度增长 8.8%，对东盟增长 10.6%。[2]

---

① 《韩 1 至 10 月对欧盟出口大增 24.4%　于年底前提前实现万亿美元进出口目标》，中国驻韩大使馆经济商务参赞处网站，文章来源：韩联社，2017 年 12 月 25 日，http://kr.mofcom.gov.cn/article/jmxw/201712/20171202689377.shtml。

② 《KOTRA 预测韩明年出口增长 4.8%》，中国驻韩大使馆经济商务参赞处网站，文章来源：韩国《首尔新闻》，2017 年 12 月 29 日，http://kr.mofcom.gov.cn/article/jmxw/201712/20171202692136.shtml。

随着经济形势的变化，韩国的主要出口市场和主要进口来源地也有所不同，目前其主要出口目的地为：中国、美国、越南、中国香港、日本、澳大利亚、印度、中国台湾、新加坡、墨西哥等；主要进口来源地为：中国、日本、美国、澳大利亚、中国台湾、越南等（参见表 2）。

表 2　2017 年韩国与主要贸易伙伴进出口情况 单位：百万美元、%

排序	贸易伙伴	出口额	增减率	进口额	增减率	收支
	合计	573717	15. 8	478414	17. 8	95302
1	中国	142115	14. 2	97857	12. 5	44258
2	美国	68611	3. 2	50741	17. 4	17870
3	越南	47749	46. 3	16176	29. 5	31573
4	中国香港	39116	19. 3	1879	16. 4	37236
5	日本	26827	10. 2	55134	16. 2	-28306
6	澳大利亚	19851	164. 7	19126	26. 0	725
7	印度	15056	29. 8	4949	18. 1	10107
8	中国台湾	14885	21. 8	18072	10. 2	-3187
9	新加坡	11649	-6. 5	8904	30. 8	2744
10	墨西哥	10932	12. 5	4401	19. 1	6531

资料来源：韩国贸易协会，http://stat. kita. net/stat/kts/ctr/CtrTotalImpExpList. screen。

（二）对外直接投资

韩国资源匮乏，市场相对狭小。为了保证资源的稳定供应和开辟海外市场，企业自 20 世纪 60 年代末开始进行对外投资。1968 年，韩国南方开发股份有限公司向印尼林业部门进行了 300 万美元投资，这在韩国历史上为首例海外投资。但这一时期韩国贸易收支常年为逆差，外汇极其短缺，因此企业的对外投资严重受限，发展非常缓慢。在 1968—1980 年的 12 年间，韩国的对外投资仅 363 项，投资金额共计 1.9 亿美元。①

到了 80 年代，韩国的出口导向战略和外向型经济发展需要开拓更大的海外市场，这需要进行对外投资来突破关税及非关税壁垒，并确保原材料的稳定供应。这一时期，大企业初具规模，政府鼓励大企业集团走出国门实行国际化经营战略。1981—1985 年短短五年时间，韩国企业对外投资猛增，共计 241 项，金额达到 4.574 亿美元。1986 年之后，韩国的国际贸易收支从逆差转为顺差，外汇有了盈余。同时，由于油价上涨、韩元升值、工资成本上升的“三高”原因，企业生产效益和出口竞争力双双下降。在这种情况下，企业具备了对外投资的资金条件和降低成本的动力。1986—1989 年，韩国企业对外投资项目数量和金额增长较快，净投资金额共计达到 9.68 亿美元。

自 90 年代开始，大举向海外投资、实行国际化生产销售成为韩国企业经营的一个重要趋势。仅 1990 年一年，韩国政府批准企业对外投资 368 项，协议投资金额达 10.2 亿美元，同比分别增长 45%和 100%，实际投资为 345 项和 8.9 亿美元，同比分别增加 49%和 174%。尤其是自 1992 年 8 月中韩建交之后，韩国对包括中国在内的亚洲地区的投资逐渐追赶并超过了对美投资。②

90 年代以来，韩国的对外投资发生了重大变化。第一，投资主体从大企业集团发展为大企业及中小企业全面开花；第二，投资行业从纺

① 廖炳才编著：《韩国对外贸易与经济合作》，北京：东方出版社 1994 年版，第 85 页。
② 廖炳才编著：《韩国对外贸易与经济合作》，北京：东方出版社 1994 年版，第 85—88 页。

织、皮革、服装、玩具等劳动密集型轻工业或者夕阳产业扩展到家电、机械、汽车、金属材料、钢铁等资本和技术密集型重工业以及服务业等知识密集型产业；第三，投资产业从农林牧渔业和制造业扩大到服务业等第三产业；第四，投资地区从北美、亚洲等地少数几个国家延伸到欧洲、中东、中美洲、南美洲、非洲、大洋洲等世界主要市场和资源富国；第五，投资动机从降低生产成本和获得稳定资源供应扩展到规避贸易管制、扩大市场，即，从消极型投资转变为积极型投资；第六，投资规模从不足 30 万美元的小型投资为主发展到以超过 100 万美元的大型投资为主。

韩国企业对北美、欧洲、大洋洲等地发达国家的投资主要是为了规避关税及非关税壁垒等贸易保护主义，开拓市场，并获取先进的产业技术；而对亚洲、中东、中南美、非洲等地的投资主要是为了降低生产成本，获取稳定原材料等资源，享受减免税收、低租金等外商投资优惠政策，并拓展更大的海外市场。

90 年代以来韩国企业对外投资快速发展的背景和原因如下。第一，通过几个五年发展计划，国内轻工业和重化工业得到快速发展，积累了一定资本，形成了一批有能力“走出去”的大企业集团；第二，劳动密集型产业由于工资上涨、物价上涨、韩元升值等原因导致生产成本上升，产品价格竞争力下降，急需向外转移过剩产能并降低成本以应对一些发展中国家出口产品的低价攻势；第三，国际市场竞争加剧，发达国家贸易保护主义增强，需要进行对外投资突破各种贸易壁垒与堵截并获取高新技术；第四，韩国经济发展速度和企业扩张速度加快，需要确保稳定的资源供应；第五，中国、俄罗斯、东欧国家以及东南亚国家开始注重经济发展，扩大对外开放，大力吸引外资，为外商直接投资提供多种优惠政策，过去封闭的原社会主义国家广阔的市场前景成了巨大的吸引力。

值得一提的是，由于国有企业比例低、私营企业（尤其是财阀等大企业集团）庞大的经济结构原因，韩国企业的对外投资以私有资本投资为主。

从政府层面来看，为了支持和鼓励本国企业的对外投资和国际化经营，韩国政府从 70 年代末开始先后制定并颁布了《外汇管制规程》《扩大海外投资方案》等法规，并在金融、税收、财政等各方面采取措施，为企业的跨国投资保驾护航。第一，扩大金融支援。政府对跨国投资的金融支援从确保原材料的资源开发投资扩展到对其他领域的投资，企业可从韩国进出口银行等金融机构获得低息贷款，放宽贷款在企业对外投资额中所占份额，延长贷款期限，对能够保障国内急需的能源和原材料等重要资源进行的开发投资、扩大出口市场、提高外汇收入等行业的投资作为重点金融扶持项目；第二，减少对外投资限制。从过去仅鼓励资源开发和扩大出口市场逐渐开放为对所有行业的投资，将 1986 年之前对海外房地产、农业等领域限制投资的政策逐渐放宽，至 1989 年 2 月彻底废除限制，特别是放宽并逐渐废除了对中国、苏联等社会主义国家的投资限制；第三，简化审批程序。将过去 100 万美元以上的投资由海外投资审议委员会审批改为 500 万美元以下投资由企业自行决定；审批期限从 20 天大幅缩短为 10 天，且从 1988 年开始分阶段将对外投资审批制改为申报制；第四，支持中小企业走出去。设立中小企业对外投资机构，从韩国进出口银行的海外投资专项资金中划出中小企业对外投资专用资金，并取消了对 10 万美元以下小规模投资的限制。进出口银行和中小企业振兴公团海外投资服务中心为中小企业搜集投资信息，寻找投资机会，举办对外投资研讨会。为了与大企业集团重点投资北美和欧洲发达国家进行区分并相互配合补充，政府为中小企业的海外投资还设定了东南亚市场这一目标；第五，努力保障对外投资安全。政府与北美、欧洲等地区发达国家及中东、东南亚、东亚、中南美等地的重点投资目标国签署投资保障协定、防止双重课税协定、自由贸易协定等，防止经济摩擦，保护本国企业的海外投资安全和利益，并促进本国企业跨国投资的便利化和自由化。①

1993 年，时任总统金泳三提出企业国际化口号，1994 年他又提出韩国经济需要改弦更张，走“质的飞跃之路”，即实行世界化经营。适逢天时地利，三星、现代、大宇等各大企业抓住机遇积极响应，纷纷采取措施，比如，收购国外先进企业或购买股份合作经营；与国外企业成立合资企业；建立技术互换合作关系等，大力推进国际化经营战略。以此为契机，韩国改变过去资金、技术单项引进的做法，积极推行双向开放、双向国际化战略：② 即，鼓励企业“走出去”对外投资，在资金、技术、研发，以及生产、销售等生产链进行全方位国际化合作；同时大力引进外商对韩进行直接投资，开放国内的商品市场、金融市场、信息市场等以满足国内的产业发展和生活需要。

综上所述，90 年代以来韩国企业的对外投资出现较快增长，投资规模不断扩大（参见表 3 和图 1）。

---

① 廖炳才编著：《韩国对外贸易与经济合作》，北京：东方出版社 1994 年 12 月，第 94—96 页。

② 张蕴岭主编：《韩国市场经济模式——发展、政策与体制》，北京：经济管理出版社 1997 年版，第 196 页、第 59 页。

表 3　韩国对外投资统计　　单位：件、家、百万美元

年份	申报项目数	新设法人数	申报金额	实际投资金额
1980	717	395	469	328
1981	126	54	324	65
1982	99	53	840	119
1983	105	62	149	174
1984	101	52	199	53
1985	77	40	219	112
1986	144	57	499	318
1987	192	97	368	411
1988	449	188	1697	277
1989	695	287	989	584
1990	970	367	2454	1148
1991	945	472	2050	1367
1992	1079	532	2154	1373
1993	1601	715	2251	1490
1994	2741	1521	3767	2437
1995	2618	1383	5433	3336
1996	3372	1528	7448	4830
1997	2883	1398	6330	4080
1998	1782	650	5848	4830
1999	2520	1145	4732	3431
2000	4221	2189	633	5406
2001	4367	2266	6627	5419

续表

年份	申报项目数	新设法人数	申报金额	实际投资金额
2002	5105	2615	6764	4106
2003	5871	2951	6620	4907
2004	7705	3970	9281	6879
2005	9582	4723	9980	7417
2006	10820	5505	19572	11991
2007	12984	6073	30901	23130
2008	11580	4298	37238	24238
2009	8591	2675	31625	20863
2010	9203	3066	34816	25474
2011	9085	2945	46532	29470
2012	8943	2787	40661	29328
2013	9425	3037	36332	30779
2014	9611	3049	35910	28489
2015	10319	3219	40671	30287
2016	11199	3353	49618	39097
2017	11470	3411	49428	43696
2018	9302	2660	41165	36015

资料来源：韩国进出口银行，https://stats.koreaexim.go.kr/odisas.html。

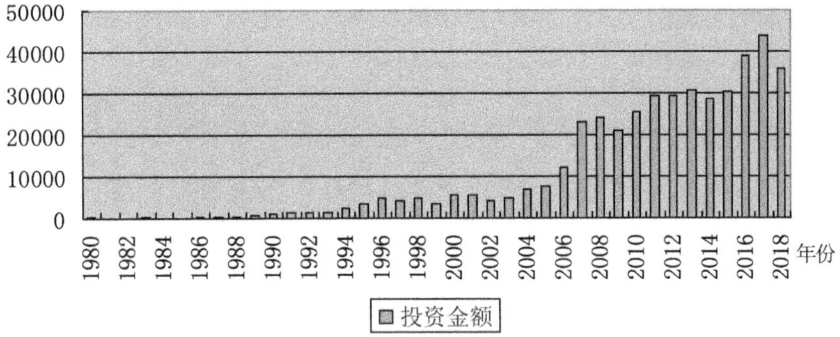

图 1　韩国对外投资金额走势（单位：百万美元）

资料来源：韩国进出口银行，https://stats.koreaexim.go.kr/odisas.html。

从表 3 和图 1 中可以看出，韩国的对外投资自 1990 年开始有了爆发式增长，这种趋势一直延续到 1998 年亚洲金融危机之前。1999 年韩国对外投资断崖式急剧下降，之后开始回升直到 2008 年全球金融危机之前。全球金融危机之后，2009 年韩国对外投资再次大幅减少，但很快重拾升势，2017 年实际投资金额创下历史最高。

根据 2018 年 9 月份韩国国会预算政策处发表的《韩国对外直接投资趋势和形态变化分析》报告，2001—2009 年韩国对外投资规模年平均为 121.1 亿美元，2013—2017 年提高到 344.7 亿美元。2017 年韩国对外实际投资规模高达 437 亿美元，排全球第 13 位，占全球对外投资规模的 2.2%，占国内生产总值的 23.7%，创出新高。韩对外直接投资的领域及方式也发生了变化。2005 年以前主要以制造业投资为主，占比高达 50% 以上；此后制造业投资不断下降，2017 年仅占总投资的 17.9%，被服务业投资赶超。另外，从投资方式看，在投资地区新设法人的绿地型投资占总投资比重从 2013 年的 76.1% 降至 2017 年的 52.4%；同期并购型投资比重从 23.4% 上升至 47.0%。报告认为，受全球行业竞争加剧影响，企业为获得新技术及先进技术而积极采用并购方式进行投资。2017 年的典型并购案例有，SK 海力士并购日本半导体企业、三星电子并购美国汽车电装制造公司、NAVER 并购日本机器人制造企业等。从投资目的看，由于全球贸易保护主义愈演愈烈，开拓第三国市场的投资增长较快，2013—2017 年年平均占比高达 67%；而近 5 年追求低工资、低成本的投资年平均占比下降至 9%左右。

并购型投资和开拓第三国市场投资的增加，使得过去对外直接投资拉动国内生产和出口的积极效应有所下降。据统计，韩国对外直接投资出口拉动效应比（对海外投资法人的年出口额/当年海外投资总额）从 2013 年的 162.9%下降至 2017 年的 117.4%。未来开拓新兴市场、新技术并购等对外直接投资还将不断增长。[①]

（三）吸引外资

利用外资是推动韩国经济发展的重要因素之一。建国后，韩国主要利用美国援助恢复经济，1958 年 3 月政府制定《外资管理法》，1959 年开始利用国外贷款。美国的救济性经济援助使得韩国经济和社会得以稳定，轻纺工业等基本的生活物资生产打下了一定基础，但依附于美国援助却让韩国经济陷入了低收入—低储蓄—低投资—低收入的恶性循环之中。[②]

朴正熙通过军事政变上台执政后，通过“五年计划”等一系列政

① 中国驻韩大使馆经济商务参赞处网站，http://kr.mofcom.gov.cn。

② 张蕴岭主编：《韩国市场经济模式——发展、政策与体制》，北京：经济管理出版社 1997 年版，第 381 页。

策措施开始全力以赴推动韩国发展经济。1962 年，韩美成立第一家合资企业，这是韩国吸收外商直接投资的首例。1965 年，韩国与日本恢复邦交，之后获得了日本的无偿请求权资金、财政贷款和商业贷款，而这一时期加入《关税与贸易总协定》（GATT）、国际金融公司（IFC）等国际组织以及对韩国际经济协议体（IECOK）[①] 的成立使得韩国增加了外国贷款的来源。[②] 外国的援助资金、公共贷款和商业贷款成为这一时期韩国利用外资的主要形式。

在经济起飞和快速发展时期，企业大规模扩张，而企业自有资金很少，本国债券及股票等资本市场不发达，融资渠道有限，企业生产经营高度依赖银行等金融机构。为弥补和保证企业发展所需资金，政府鼓励企业引进和利用外国商业贷款。1973 年 2 月政府制定《公共借款引进与管理法》。这一时期外国人直接投资极少。1962—1966 年的 5 年间，外商对韩投资项目仅 39 项，投资金额为 4740 万美元。1967—1971 年的 5 年间，外商直接投资项目和金额分别为 350 项和 2. 19 亿美元，1972—1976 年分别为 851 项和 8. 8 亿美元，1977—1981 年为 244 项和 7. 21 亿美元。究其原因，从外部因素来看，国际社会对韩国的不了解和不信任导致韩国能够获得的外资仅限于美国和国际组织的公共贷款；从国内环境来看，在 1984 年之前，政府只在有限领域鼓励外商直接投资，对其他领域则实行严格的保护。在整个六七十年代，外商对韩直接投资极其有限。

---

① 该组织于 1966 年 12 月在巴黎成立，有世界银行、国际货币基金组织、联合国开发署等国际组织和美国、西德、法国、日本等 9 个国家参加并共同协商对韩投资规模、贷款条件等问题，1984 年宣布解散。

② 张蕴岭主编：《韩国市场经济模式——发展、政策与体制》，北京：经济管理出版社 1997 年版，第 382 页。

利用国外贷款为当时韩国的经济快速增长输入了急需的资金，缓解了国内低储蓄率导致的资金需求紧张局面，提高了总投资率，扩充了基础设施建设，有力促进了当时轻工业和重化工业的发展及出口的增长，扩大了就业。但在另一方面，利用外资以贷款为主、商业贷款高于公共贷款、短期贷款比例过高的结构性问题逐渐暴露出了其对经济增长的副作用，即商业贷款还本付息的压力增大，甚至出现了企业债台高筑，不得已拆东墙补西墙、借新债还旧债的情况。

政府和企业意识到了外债剧增的危险性和严重性，一方面采取一系列措施力求摆脱外债危机；另一方面积极寻求外资来源的多元化。1983年12月，政府修改外商投资制度，合并过去有关外资引进和管理的上述三项法规为新的《外资引进法》并于1984年7月起正式实施，外商投资自由化程度达到66.6%，外商可投资领域在999个基准产业分类中占666个。1985年7月，政府再次放宽外商投资限制，外商可投资行业领域增加到796个，外商投资自由化比率提高到79.4%。自80年代后期开始，由于日元升值、发达国家产业转移等因素，外商对韩投资有所增加，主要集中在电子、电器、化工等制造业，尤其是政府重点扶持的重化工业领域。

韩国利用外资的特点、重点与韩国经济发展的路径和政府着力扶持发展的产业领域高度重叠。（1）光复后至60年代初以美国和国际组织援助及公共贷款为主，主要用于恢复经济、重建基础设施及发展轻纺工业等满足国内生活所需；（2）60年代中期至80年代前半期以公共贷款和商业贷款为主，主要用于扶持和发展轻纺工业、重化工业等国内出口导向型重点产业，投资领域集中在劳动密集型和一些技术、资本密集型制造业；（3）80年代后半期至1998年东南亚外汇危机时期外资来源开始多元化，外资主要流向汽车、化工、机械、钢铁、电子重化工业等资金和技术密集型制造业和金融等一些服务业；（4）东南亚外汇危机之后以外国人直接投资为主，外资主要投向有竞争力的重化工业领域并逐渐扩展到金融、保险、房地产、物流等更多的服务行业。

值得一提的是，韩国吸收的外资主要来源于美、日、欧等发达国家和地区，其中美国和日本为投资主力，但两国的对韩投资又有所不同。首先，美国主要投资机械、电子、电器等制造业和航空运输、金融、保险、仓储、流通、贸易等服务业，日资主要投向纺织、服装、电子、电器、金属等制造业和饭店业等，其中旅日侨胞发挥了重要作用；其次，美国的投资规模较大，日本的投资规模较小，这与资金投向行业有关；再次，美国资本更倾向于通过控股或独资等方式掌握经营权，而日资则更多地选择参股分享红利而非控制企业；最后，美国对韩投资主要是以其技术和资金换取韩国市场，而日本对韩投资是建立海外生产网络，将国内竞争力下滑的产业转移出去。①

为了发展本国经济，韩国政府在不同时期审时度势采取不同的吸引外资政策，以更好地实行不同阶段的经济发展战略。同时，韩国不同时期、不同阶段的经济发展战略及对外资方式的偏好对外资也发挥了引导、引流作用。当然，政府对外资的认识也影响了对外资方式的选择，因此，其吸引外资政策根据当时政府的认知也有所反复。

光复后至60年代初，政府在财力极度匮乏、国内经济百废待兴的情况下主要吸收外国援助和公共贷款弥补财政资源的不足。1960年1月，政府制定《外资引进促进法》，1966年，将其改为《外资引进

① 张蕴岭主编：《韩国市场经济模式——发展、政策与体制》，北京：经济管理出版社1997年版，第397页。

法》，1967年，采取《外资引进合理化的综合对策》，1969年，实行《积极吸收外商直接投资和培育外国人直接投资企业的措施》，1970年，制定《出口自由区设置法》，并通过采取外资企业支援制度、建立马山出口自由区等力图吸引外商直接投资。之后，政府认为过多和无限制的外商直接投资可能会导致国内产业的主导权落入外资手中，而外资的撤离还会冲击国内产业甚至整个国民经济体系。尤其是日资的大量流入使得摆脱日本殖民统治不久的政府深深忧虑国内产业和经济命脉再次由外国资本掌控。因此，政府修改吸引外资政策的主基调，于1973年，制定《关于调整外国人投资比例的原则》和《对外国人投资的一般指南》，鼓励合资，规定外资与内资的比例以及投资行业和投资规模，严格限制外资比例，严格要求外资企业义务出口，禁止外资企业在任何市场同本国企业竞争。

到了80年代，政府为了推动国内企业提高生产率和生产效益以及产品的出口竞争力，吸收国外的高新技术进行产品和产业的升级换代，于1981年，发布《批准外国人投资的细则》，之后多次进行修改和补充，放宽对外商直接投资的行业限制和持股比例，简化相关手续。1985年，放宽外资对减免税行业的限制；1986年放宽外资对传统行业的投资限制；80年代后期，放开大部分制造业领域的限制；1989年，开始服务业实行外国人投资自由化；1992年，修改《外资引进法》，1993年3月，开始对外国人直接投资实行原则上申报、例外审批制，同时减少或取消对一般外国人直接投资项目的减免税优惠，转而向高新技术投资项目倾斜并扩大优惠力度。①

---

① 张蕴岭主编：《韩国市场经济模式——发展、政策与体制》，北京：经济管理出版社1997版，第403—404页。

1993年6月，政府制订《外国人投资开放五年计划》，进一步放宽外商投资限制，将限制外商投资的224个行业中132个行业全部放开，76个行业于1997年以后全部对外资开放，仅16个行业维持现状。到1997年，韩国整个产业对外商投资的开放程度达到93.4%，服务业开放水平从1993年的70%提高到86.9%，合资企业受限行业从1993年的50个大幅减少到7个。过去受到严格限制的海运、航运、通航、供水、供油等港湾业务以及建筑、金融等行业也逐步放开，废除外商投资比例限制，简化投资手续，取消审批制度，以备案制度代替，缩短办理投资手续时间，改革对外商不利的税收制度及相关的金融法规。①

尽管政府的外资政策做了大幅度调整，但一直到1997年年底的东南亚外汇危机之前，外商直接投资增长依然缓慢。当时韩国主要实行借贷—引进技术—加工出口的外向型经济政策，对外商直接投资限制很多，企业利用外资以举借外债为主，尤其是利用短期外债为主的高负债经营。因此，进入韩国的外商直接投资较少。

危机爆发之后，韩国企业难以按时偿还高额短期外债，企业信用一落千丈，融资成本高企，甚至无法融资，大企业集团纷纷倒闭，国民经济陷入绝境。经此一劫，韩国政府再次改革外资政策，大力吸引外商直接投资。1998年5月，政府颁布新的《外国人投资促进法》，为外资提供一系列优惠政策。例如，外国人在韩投资企业的持股比例扩大到55%；开放外国银行在韩外汇贷款业务，开放债券市场和股票市场，实行衍生金融交易自由化；允许外资对房地产等以前禁止的行业进行投资，允许外国企业收购韩国企业；建立由外商自主选择的自由投资区，

① 廖炳才编著：《韩国对外贸易与经济合作》，北京：东方出版社1994年版，第104—109页。

对重点外资企业减免所得税，提供为期50年的低成本租用土地；改善对外国投资者的服务，简化审批流程，提供一条龙服务等。

这一政策的实施使得外资直接投资迅速增加，当年（1998年）外商对韩直接投资88.5亿美元，增长率达到27%，居亚洲国家之首。翌年（1999年）外商对韩投资激增，达到155亿美元。利用外资政策的大幅度转变和外商投资环境的改善为韩国经济的快速复苏和稳步增长注入了新鲜血液。① 东南亚外汇危机成了韩国利用外资方式的重要转折点，从企业大量举借外国商业贷款转变为以吸收外商直接投资（FDI）为主。韩国通过大力吸引外商直接投资，既弥补了国内资本的不足，也带来了外国的发达技术和先进的生产经营方式，改善了企业的融资结构，为产业的升级换代和提升产业产品竞争力以及经济发展注入了新的活力。

2017年，韩国吸引外国人直接投资创新高。以申报额为准的外国人直接投资为229.4亿美元，同比增长7.7%，为历史新高，且连续3年超过了200亿美元。实际到位的外国人直接投资为128.2亿美元，同比增加20.9%。其中，美国和日本对韩直接投资大幅增加，中国对韩投资锐减，欧盟对韩投资下滑。以申报额为准，美国对韩投资同比增长21.5%，为47.1亿美元；日本投资增加47.9%，为18.4亿美元；中国对韩投资同比骤减60.5%，为8.1亿美元；欧盟对韩投资70.6亿美元，同比减少4.5%。从具体行业来看，流通、数字经济、房地产等领域出现增加，对金融、保险等服务业的投资同比减少0.3%，为154.6亿美元；对制造业的投资同比增长41.2%，达72.5亿美元。投资类型中，

① 宋宇、杨佩卿等著：《中等收入陷阱的东亚式规避：韩国经验及其启示》，北京：科学出版社2014年版，第77页。

用于购买土地新建工厂的绿地投资同比增长 4.5%，为 157.0 亿美元；用于收购合并的投资同比增长 15.4%，达 72.4 亿美元。外国人对韩投资大幅增加的主要原因有：国际信用等级保持较高水平，外资企业与韩国大企业合作增加，第四次工业革命带来新增投资，部分服务行业投资扩大，以及政府招商引资举措等。[①]

四、韩国参与区域经济合作的政策

（一）韩国的自由贸易区战略

韩国国土面积狭小，经过多年的发展，5000 多万人口的市场也逐渐趋于饱和。而韩国作为以出口为主导的典型的外向型经济体，对外依存度很高。根据韩国贸易协会报告，进入 21 世纪以来出口对韩国经济增长贡献率平均超过 70%，最低为 51%（2012 年），2009 年甚至高达 172%。[②] 国际上多次反复的金融危机和此起彼伏的贸易保护主义，以及五花八门的贸易摩擦，使得其政界和工商界深刻认识到，通过自由贸易区战略等积极参与区域经济合作的重要性。

1997 年年底爆发的严重的亚洲金融危机促使韩国调整经济发展战略。而随着经济全球化的深入发展，自由贸易区成了区域经济合作的重

① 《韩 2017 年外商直接投资创新高　中国对韩投资减少》，环球网国际新闻，2018 年 1 月 3 日，http://world.huanqiu.com/exclusive/2018-01/11493647.html。

② 转自王炜：《韩国 FTA 战略的背景、效果及推进方向》，《当代世界》2015 年第 3 期，第 62 页。

要途径和热点选择。在此背景下，韩国自觉加入了加强区域合作的时代洪流当中。

韩国积极参与和推进区域经济合作。通过一系列双边自由贸易协定（FTA）等区域合作制度，韩国延伸了市场的地理范围，开拓了新兴市场，拓展了出口渠道，提高了产品和产业的国际竞争力，改善了出口环境，增加了出口和贸易顺差，吸引了更多外国人直接投资，增加了国内就业。截至2018年11月，韩国已生效的自由贸易协定共15件，还有1件已签署尚未生效，10件正在协商或已启动谈判或正在积极推进（参见表4）。此外，韩国还致力于达成《区域全面经济伙伴关系协定》、《中日韩自由贸易协定》、韩—南美共同市场（MERCOSUR）、韩—欧亚经济联盟（EAEU）等多边自由贸易协定。

表4　韩国的自由贸易协定现状

自由贸易协定分类	伙伴国	现状	意义
生效（15件）	智利	1999年12月开始协商，2003年2月签署，2004年4月生效	第一个自由贸易协定，中南美洲市场的桥头堡
	新加坡	2004年1月开始协商，2005年8月签署，2006年3月生效	东盟市场的桥头堡
	欧洲自由贸易联盟（EFTA）	2005年1月开始协商，2005年12月签署，2006年9月生效（*欧洲自由贸易联盟4国：瑞士、挪威、冰岛、列支敦士登）	欧洲市场的桥头堡
	东盟10国（ASEAN）	2009年9月生效	第一个与超大经济圈签署的自由贸易协定
	印度	2006年3月开始协商，2009年8月签署，2010年1月生效	金砖（BRICs）国家，巨大市场

续表

自由贸易协定分类	伙伴国	现状	意义
生效（15件）	欧盟28国（EU）	2010年10月签署，2011年7月1日临时生效，2015年12月13日全部生效（＊欧盟28国：希腊、荷兰、丹麦、德国、拉脱维亚、罗马尼亚、卢森堡、立陶宛、马耳他、比利时、保加利亚、瑞典、西班牙、斯洛伐克、斯洛文尼亚、爱尔兰、爱沙尼亚、英国、奥地利、意大利、捷克、塞浦路斯、葡萄牙、波兰、法国、芬兰、匈牙利、克罗地亚）	全球最大经济圈（GDP基准）
	秘鲁	2009年3月开始协商，2011年3月21日签署，2011年8月1日生效	进军资源丰富的中南美洲国家
	美国	2006年6月开始协商，2007年6月签署，2010年12月完成追加协商，2012年3月15日生效	巨大的发达经济体
	土耳其	2008年6月—2009年5月共同研究，2010年4月—2012年3月共四次正式协商，2012年8月1日签署基本协定及商品贸易协定，2012年11月22日通过国会批准，2013年5月1日生效，2015年2月26日签署服务贸易协定及投资协定，2015年11月30日通过国会批准，2018年8月1日生效	进军欧洲、中亚的桥头堡
	澳大利亚	2009年5月开始协商，2014年4月8日签署，2014年12月12日生效	资源富国、大洋洲主要市场
	加拿大	2005年月7开始协商，2005年7月—2013年11月共14次协商，2014年9月23日签署，2015年1月1日生效	北美发达市场

续表

自由贸易协定分类	伙伴国	现状	意义
生效（15件）	中国	2007年3月—2010年5月产官学共同研究，2012年5月2日开始协商，2012年5月—2014年11月共14次协商，2015年6月1日签署，2015年12月20生效	最大贸易伙伴（2015年基准）
	新西兰	2007年2月—2008年3月民间共同研究，2013年12月3日开始协商，2014年2月—10日共5次协商，2015年3月23日签署，2015年12月20日生效	大洋洲主要市场
	越南	2012年8月6日开始协商，2012年9月—2014年12月共9次协商，2015年5月5日签署，2015年12月20生效	第三投资目的地国（2015年基准）
	哥伦比亚	2009年3—9月民间共同研究，2009年12月—2012年4月共6次协商，2013年2月21日签署，2016年7月15日生效	资源富国、中南美洲新兴国家
签署（1件）	中美洲5国	2018年2月21日签署，2018年5月递交国会（*中美洲5国：巴拿马、哥斯达黎加、洪都拉斯、萨尔瓦多、尼加拉瓜）	开拓中美洲新市场
协商中（7件）	以色列、南美共同市场（MERCOSUR）、韩—东盟自由贸易协定追加自由化、韩—印度更紧密经贸关系的安排（CEPA）升级谈判、韩—智利自由贸易协定升级谈判、韩—美自由贸易协定修订、韩—中自由贸易协定服务及投资后续谈判		

续表

重启、开始、创造条件（3件）	墨西哥、海湾合作委员会（GCC）（沙特阿拉伯、科威特、阿联酋、卡塔尔、阿曼、巴林）欧亚经济联盟（EAEU）（俄罗斯、哈萨克斯坦、白俄罗斯、亚美尼亚、吉尔吉斯斯坦）

注：统计截至2018年11月。

资料来源：根据韩国贸易协会FTA中心资料整理，http://www.fta.go.kr/main/situation/kfta/ov/。

卢武铉上台执政之后，将前任金大中时期的经济“成本最小化原则”转变为“利益最大化原则”。自由贸易协定成为当时的热门选择。他认为通过自由贸易协定可开拓海外市场，开放国内贸易，实现可持续发展。韩国的自由贸易协定战略可划分为初试阶段、双边自由贸易协定“轮轴”阶段和区域自由贸易协定“关键角色”阶段：①

初试阶段（1998—2003）。与智利签署自由贸易协定是韩国开启区域经济合作的首次尝试。1998年11月金大中政府宣布谈判，1999年12月开始协商。第一个自由贸易协定合作伙伴选择智利是因为两国双边贸易规模较小，因此自由贸易协定对本国产业冲击小，这样可减小国内利益集团阻力，且对方有自由贸易协定谈判经验。2003年与智利签署自由贸易协定。首个自由贸易协定的成功使韩国积累了谈判经验，证明当初的选择是正确的。

双边自由贸易协定“轮轴”战略阶段（2004—2012）。韩国在等区域经济合作制度安排方面起步较晚，属于赶超型战略。2003年政府提出未来五至十年的中长期发展战略，明确提出要将韩国建设成为东北亚

① 刘洪钟：《韩国对外经济战略的历史演变与启示》，《学术前沿》2016年第5期，第24—25页。

经济中心。2004 年韩国政府发表“自由贸易协定战略路线图”，力图快马加鞭建立自由贸易协定网络，成为双边自由贸易协定轮轴国(hub)。[①] 政府在各大洲同时出击推进多个自由贸易协定谈判，并力求达成高水平、全面的一揽子自由贸易协定。这一时期，韩国签署或开始谈判的自由贸易协定伙伴包括美国、加拿大、澳大利亚、中国、东盟、欧盟等大型经济体以及各地区的主要贸易对象国。

区域自由贸易协定“关键角色”战略阶段（2013 年至今）。2013 年 3 月 15 日，日本宣布加入《跨太平洋伙伴关系协定》（The Trans-Pacific Partnership Agreement，TPP）谈判，而美国则在 2010 年加入并开始主导《跨太平洋伙伴关系协定》谈判。日本加入《跨太平洋伙伴关系协定》促使韩国政府改变了自由贸易协定政策基调。当年 6 月，入主青瓦台不久的朴槿惠政府公布“新政府的新通商路线图”，强调中韩 FTA 的重要性和紧迫性，提出优先推进中韩 FTA，并在已构建的 FTA 网络基础上发挥连接以中国为中心的东亚一体化和以美国为主导的环太平洋一体化的核心轴（linchpin）功能（参见图 2）。[②]

韩国从双边自由贸易协定“轮轴”战略转向区域自由贸易协定“关键角色”战略，明确提出要利用其现有自由贸易协定网络领导亚太区域一体化，即，在韩美自由贸易协定和韩中自由贸易协定基础上，扮

① 自由贸易协定的“轮轴—辐条结构”为：一国与多国签订双边自由贸易协定，而多国之间没有签订，则该国可称为轮轴，其他国家称为辐条。

② 朴英爱、金香兰：《朴槿惠政府加快推进中韩 FTA 的经济动因分析》，《东北亚论坛》2014 年第 1 期，第 91 页。

演连接美国主导的《跨太平洋伙伴关系协定》[1] 与东盟主导的区域全面经济伙伴关系（Regional Comprehensive Economic Partnership, RCEP）的关键角色，其战略目的从本国的经济发展扩展到谋求国际舞台上不可或缺的角色与提高区域经济一体化进程中的影响力，在区域一体化中发挥主导作用。[2]

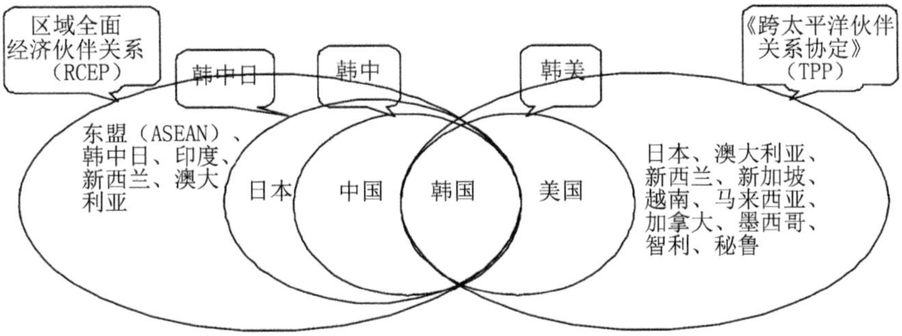

图 2　韩国在亚太地区经济一体化中的核心轴作用

资料来源：韩国产业通商资源部：《新政府的新通商路线图》，2013 年 6 月 14 日，http: www. motie. go. kr/motie/ne/rt/press/bbs/bbsView. do?bbs_ seq_ n = 78026&bbs_ cd_ n = 16。

韩国自由贸易协定战略的主要特点是：第一，先易后难，减少冲击。先与智利、新加坡而非最大的贸易伙伴中国或邻近的发达国家日本或最重要的军事同盟和安保靠山美国进行自由贸易协定谈判，这些国家

---

① 2017 年 1 月 23 日，根据特朗普总统的行政命令，美国正式退出《跨太平洋伙伴关系协定》。同年 11 月 11 日，《跨太平洋伙伴关系协定》改为《全面与进步跨太平洋伙伴关系协定》（Comprehensive and Progressive Agreement for Trans-Pacific Partnership, CPTPP）。2018 年 3 月 8 日，签署仪式在智利圣地亚哥举行，由澳大利亚、文莱、加拿大、智利、日本、马来西亚、墨西哥、新西兰、秘鲁、新加坡及越南 11 个国家共同签署。12 月 30 日，《全面与进步跨太平洋伙伴关系协定》正式生效。

② 刘洪钟：《韩国对外经济战略的历史演变与启示》，《学术前沿》2016 年第 5 期，第 24—25 页。

与韩国贸易量较小，这样自由贸易协定对韩国敏感产业的冲击也会小，能够将脆弱产业的损失降到最低；第二，突出重点，以点带面。之后韩国陆续与东盟、欧盟、美国、中国、印度等地区重大经济体合作，带来示范效应，并循序渐进在全球各大洲推进区域合作，在短时间内建立自由贸易区域网络；第三，追求高水平自由贸易协定。韩国的大多数自由贸易协定都采用了货物贸易、服务贸易、投资等多个领域较高水平、较全面的一揽子协议。[①]

综合韩国积极推进自由贸易协定战略的背景和原因，首先是其“贸易立国”的外向型发展战略使然；其次是地区重大经济危机下的积极应对；第三是对区域合作潮流的主动选择与自觉加入。

在政府的积极主导和民间团体的大力支持下，韩国的自由贸易协定战略稳步推进。政府除了推出自由贸易协定路线图等政策指导方针，制定短期和中长期自由贸易协定推进战略，设立自由贸易协定局来进行统筹协调，而韩国全国经济人联合会、大韩商工会议所等非官方经济团体还成立自由贸易协定民间促进委员会等，官民齐心协力构建区域经济合作网络。

在逆全球化和国际贸易保护主义加剧等外部压力的推动下，始于2012年的“区域全面经济伙伴关系”谈判近年来开始提速。在2018年11月中旬于新加坡举办的第二次“区域全面经济伙伴关系”首脑会议中，各伙伴国认为“区域全面经济伙伴关系”谈判已取得实质性进展，并表达了在2019年达成协议的决心。一旦协定最终达成，“区域全面经济伙伴关系”将成为亚太地区规模最大、最重要的自由贸易协定谈判，

① 朴英爱、金香兰：《朴槿惠政府加快推进中韩FTA的经济动因分析》，《东北亚论坛》2014年第1期，第90页。

覆盖世界近一半人口和近三分之一的贸易量，同时也是世界上涵盖人口最多、成员构成最多元的自由贸易区。

除了“区域全面经济伙伴关系”，韩国还积极参与和推动2002年提出设想的中日韩自由贸易区建设。2018年10月25日，日本首相安倍晋三时隔七年正式访华，中日关系转暖。同年春季开始，朝鲜半岛局势出现向好的态势，朝韩关系持续缓和，中日韩自贸区谈判有望稳步推进。

同时，韩国着眼长远，支持2010年在日本横滨亚太经合组织（APEC）部长级会议上提出的亚太自贸区（Free Trade Area of the Asia-Pacific，FTAAP）构想。亚太自贸区 是亚太经合组织推动区域经济一体化的主要手段。2014年11月，时任总统朴槿惠出席北京亚太经合组织会议时表示支持《亚太经合组织推动实现亚太自贸区路线图》，希望适时启动协商，建立水平更高、更全面的亚太自贸区。

二、“新北方政策”“北方政策”一词曾经在1988年由韩国卢泰愚执政时期提出，强调与北方地区的合作。但由于朝鲜半岛核危机和国际社会对朝制裁，这一政策未见成效。

在2013年10月韩国对外经济政策研究院（KIEP）举办的“欧亚时代的国际合作”会议上，时任总统朴槿惠提出了“欧亚倡议”，强调加强与欧亚国家的多层次合作，实现经济关系多样化，推动韩朝经济持续增长以及朝鲜半岛的和平统一。“欧亚倡议”合作伙伴包括俄罗斯远东和西伯利亚、中国东北三省、独联体成员国以及蒙古，合作领域包括建设贯穿整个欧亚大陆物流网络、“丝绸之路快车项目”（Silk Road Express，SRX）、综合运输网络集群、连接欧亚大陆与北方航线、扩展能源和交通网络；建设智能电网等基础设施等（参见表5）。[①]

表5 “欧亚倡议”的主要内容和方向

<table>
<tr><th>理想</th><th colspan="3">宗旨和目标</th></tr>
<tr><td rowspan="3">整体的大陆</td><td colspan="3">(巨大的单一市场）建立物流、能源和贸易网络</td></tr>
<tr><td>物流（连接铁路和公路）</td><td>能源（开发资源和建立智能电网）</td><td>贸易（创建统一市场）</td></tr>
<tr><td>连接丝绸之路快车和北方航线</td><td>共同开发中国境内的页岩气和远东的油气</td><td>加快中日韩自由贸易协定、区域全面经济伙伴关系和跨太平洋经济伙伴关系谈判</td></tr>
<tr><td rowspan="3">创新的大陆</td><td colspan="3">在创新经济和扩大文化与人文交流的基础上推动经济合作</td></tr>
<tr><td>应用最新的科学和信息技术</td><td>推动文化交流</td><td>促进人文交流</td></tr>
<tr><td>在能源/物流领域使用信息通信技术，创造新的附加值</td><td>组织文化项目</td><td>建立青年交流网络</td></tr>
<tr><td rowspan="3">和平的大陆</td><td colspan="3">实现和平、消解安全威胁，实现更广阔的商业和文化交流</td></tr>
<tr><td colspan="2">朝鲜半岛的信任建设进程</td><td>东北亚和平与合作倡议</td></tr>
<tr><td colspan="2">朝鲜—韩国—俄罗斯三方合作，朝鲜—韩国—中国三方合作，实现和平统一</td><td>在气候变化、自然灾害、核安全和软议题（知识产权和环境保护）等方面的合作</td></tr>
</table>

资料来源：A Summary of President Park's Keynote Address at the KIEP Conference on Global Cooperation in the Era of Eurasia , October 18, 2013。

韩国努力寻找未来的经济增长引擎，推行多样化外交，维护地区安全，这给北方政策带来了新契机。文在寅政府延续并调整前任们的区域合作战略，提出了“新北方政策”与“新南方政策”。

① 转自李载荣、马小龙：《韩国的新北方政策与俄罗斯远东和西伯利亚开发》，《俄罗斯研究》2015年第3期，第96页。

2017 年 9 月 7 日，文在寅总统访俄，在符拉迪沃斯托克远东大学举行的“第三届东方经济论坛”上发表主旨演讲时提出了“新北方政策”。该政策旨在东北亚国家之间加强合作，打造从朝鲜半岛到俄罗斯远东地区、再到东北亚和欧亚大陆的巨大经济合作区。

为此，文在寅建议在韩俄之间搭建九座桥梁。即，在天然气、铁路、海港、电力、北极航道、造船、劳动力就业、农业和水产业等九个不同领域开展多重合作，将韩国铁路与西伯利亚大铁路（TSR）相连接，成为连接欧亚大陆和海洋的通道，并建议将“九桥战略”拟订成详细的行动计划。[①]

“新北方政策”的重点是通过韩俄合作建立欧亚经济共同体，吸引朝鲜加入，促进韩朝俄三边合作，以此来扩大韩国的经济版图，缓解东北亚地缘政治紧张局势，为东北亚地区的长期和平与合作创造条件，实现区域共同繁荣。这是连接朝鲜半岛、俄罗斯远东地区及欧亚大陆的经济合作构想，其目标是促进经济增长，实现地区和平。韩国政府考虑为打造罗津—哈桑跨国工业园的“新北方政策”项目而向韩朝合作基金注资，政府为 2018 年度韩朝合作基金的预算总额为 1.0462 万亿韩元(约合人民币 60 亿元)。[②]

文在寅还提议建设东北亚“超级电网”，促进区域内各国电力合作。他认为，俄罗斯丰富的能源和蒙古的风能及太阳能相结合，可形成全球最大的能源共同体，并成为东北亚经济共同体和多边安保体系的

---

① 王海纳：《文在寅在东方经济论坛发表演讲，阐述韩国“新北方政策”》，亚洲日报网，2017 年 9 月 7 日，http://china.ajunews.com/view/20170907144203459。

② 《韩政府：新北方政策兼顾对朝制裁》，韩联社新闻，2017 年 9 月 8 日，https://cn.yna.co.kr/view/ACK20170908002800881。

基础。①

俄罗斯提出“新东亚政策”，希望通过与中国、韩国、日本等亚洲国家的经济和外交合作来加入不断增长的亚洲市场，以此发展远东地区经济，力求东西部均衡发展。这一政策与韩国的“新北方政策”不谋而合。2017 年 11 月 14 日，文在寅在菲律宾与俄罗斯总理梅德韦杰夫会谈时表示，将以北方经济合作委员会为中心，努力推行“新北方政策”，在韩俄之间架设造船、港口、北极航道等九座桥梁，开展多重合作。梅德韦杰夫表示，韩国是俄罗斯在亚太地区的重要伙伴，朝鲜半岛的和平攸关韩俄两国利益，近年来韩俄关系取得了长足发展，俄政府已经做好准备落实文在寅总统提出的“九桥构想”。②

（二）“新南方政策”

2007 年，韩国与东盟签署了自由贸易协定，近期双边贸易总额为 1200 亿美元左右，占韩国贸易额的 13%，东盟继中国之后成为韩国的第二大贸易伙伴。韩国对东盟的出口年均增长 7.5%，而对美增长 4.2%，对华增长 4%，韩国与东盟的贸易顺差也逐年增加。东盟人口有 6.2 亿，继中国、印度之后排名世界第三，其中超过 40% 的人口是经济活跃人口，还拥有共计 2.6 万亿美元的国内生产总值，居世界第六位。

① 王海纳：《文在寅在东方经济论坛发表演讲，阐述韩国“新北方政策”》，亚洲日报网，2017 年 9 月 7 日，http://china.ajunews.com/view/20170907144203459。

② 《文在寅会见俄总理梅德韦杰夫　力推“新北方政策”》，环球网，2017 年 11 月 15 日，http://world.huanqiu.com/exclusive/2017-11/11379310.html。

东盟经济发展较快，有望在2030年成为世界第四大经济体。①

2017年11月初，文在寅在对东南亚三国为期八天的访问中提出了"新南方政策"，表示加强与东盟国家的经济合作，进一步推进并提升韩国与东盟之间的关系。同时，文在寅将"3P（人民People、和平Peace与繁荣Prosperity）社区"定义为与东盟进行经济合作的口号，表明韩国与东盟之间的合作不仅在于扩大经济领域，还希望形成一个让参与者共同发展繁荣的大社区。②

"新南方政策"的宗旨是深化与东盟国家的交流合作，形成以人为本、和平共赢的共同体，实现共同繁荣。为此，韩国政府设定目标，至2020年将韩国—东盟的贸易额增加到2000亿美元，这接近目前的中韩贸易总额。韩国如果通过"新南方政策"更积极地开拓东盟市场，未来东盟有望替代中国成为韩国最大的出口市场。

五、中韩经济关系的发展与特征③

（一）中韩经济关系的发展

中国与韩国毗邻而居，自1992年8月24日建交以来两国关系取得

① 资料来源：韩国广播公司（KBS），http://world.kbs.co.kr/chinese/program/program_economyplus_detail.htm?No=6364&current_page=。

② 资料来源：韩国广播公司（KBS），http://world.kbs.co.kr/chinese/program/program_economyplus_detail.htm?No=6364&current_page=。

③ 以下部分内容作者已发表于《中国远洋海运》2018年2月刊，原文标题为《韩国经济：大病初愈?》，资料更新于2018年12月。

了长足的发展，双边交流与合作成果丰硕。两国建交后先后签署了《科学技术合作协定》《关于鼓励和相互保护投资协定》《海运协定》《水资源合作协定》《渔业协定》《关于海关合作与互助的协定》《关于成立中韩产业合作委员会的协定》《关于经济发展协力基金贷款的协定》《中国人民银行与韩国银行关于在首尔建立人民币清算安排的备忘录》《中国进出口银行与韩国输出入银行在互惠风险参与协议项下有关超大型节能环保型船舶融资协议》等几十项交流合作协定和谅解备忘录。[①]

中国连续多年成为韩国最大的贸易伙伴、最大的出口市场、最大的进口来源国、最大的海外投资对象国以及最大的海外旅行目的地国；韩国也早已成为中国重要的贸易和投资伙伴之一。

大韩贸易投资振兴公社（KOTRA）在 2017 年 8 月发布《韩中经济关系中长期变化趋势及课题》报告，将两国经贸关系的发展分为三个阶段：一是 1992 年建交至 1998 年亚洲经济危机时期；二是 2001 年中国加入世贸组织以后至 2008 年全球金融危机时期；三是 2012 年中国经济进入“新常态”至今，企业经营由加工贸易转向开拓内需市场，行业也由制造业向服务业扩散。韩国企业在华经营活动范围也由第一阶段以山东省、东三省为主，第二阶段以沿海、华东、华南地区为主，逐渐发展至全国各地。特别是两国签署自贸协定，成为第三阶段最有意义的成果。[②]

---

① 《中韩两国签署的协定》，中国驻韩大使馆经济商务参赞处，2015 年 5 月 8 日，http://kr. mofcom. gov. cn/article/zxhz/sbmy/201505/20150500965429. shtml。

② 《Kotra 发布〈韩中经济关系中长期变化趋势及课题〉》，中国驻韩大使馆经济商务参赞处，文章来源：韩联社，2017 年 8 月 24 日，http://kr. mofcom. gov. cn/article/jmxw/201708/20170802632528. shtml。

两国双边交流合作发展最快、成效最显著的是在经贸领域。2017年，韩对华出口和进口均取得了两位数的增长，出口额接近历史最高水平，进口额还创出了历史新高（参见表6）。

表6　韩国对华进出口贸易情况　　单位：百万美元、%

年份	出口		进口		收支
	金额	增减率	金额	增减率	
2017	142115	14.2	97857	12.5	44258
2016	124433	-9.3	86980	-3.6	37453
2015	137124	-5.6	90250	0.2	46874
2014	145288	-0.4	90082	8.5	55205
2013	145869	8.6	83053	2.8	62817
2012	134323	0.1	80785	-6.5	53538
2011	134185	14.8	86432	20.8	47753
2010	116838	34.8	71574	31.9	45264
2009	86703	-5.1	54246	-29.5	32457
2008	91389	11.5	76930	22.1	14459
2007	81985	18.0	63028	29.8	18957

资料来源：韩国贸易协会，http://stat.kita.net/stat/kts/ctr/CtrTotalImpExpDetailPopup.screen。

中国继续成为韩国最大的贸易伙伴、最大的出口市场和最大的进口来源地，出口额和进口额远远大于其他贸易伙伴。但韩国对澳大利亚、越南、印度、中国台湾和中国香港等地的出口增速迅猛。

2018年，中国消费品、新增长产业需求将大幅增加，《中韩自由贸易协定》效果将进一步显现。韩对华出口主力商品中，石化产品、钢铁、机械设备、食品、消费品等商品的出口预期向好。[①] 但由于韩国企业不断向越南等东南亚地区转移，中国中间材料自给率提升，韩国部署“萨德”，中美贸易摩擦等，可能会影响中韩双边贸易。

（二）《中韩自由贸易协定》

《中韩自由贸易协定》于2012年5月启动谈判，2015年6月1日正式签署，同年12月20日正式生效并第一次降税，2016年1月1日第二次降税。该协定是中韩两国经贸关系发展中的一件大事，也是迄今为止中国对外签署的覆盖议题范围最广、涉及国别贸易额最大的自贸协定。该协定签署后，中韩之间形成了人口13.5亿、GDP高达11万亿美元的共同市场，使得两国民众享有更多质优价廉的产品，给中韩之间的海运、贸易、投资等领域注入了新活力，两国产业也拓展出更多合作领域。协定有利于进一步扩大双边贸易投资，提升贸易便利化水平，提高双边投资的可预见性和透明度，促进中韩两国间货物、资本、人员等的自由流动，为业界创造更加便利、透明和公平的贸易和投资环境。

协定生效以来，韩国对中国出口的鱼、其他水产品，精油及香膏、芳香料制品增长迅猛，中国对韩出口的部分商品增长更为突出。根据商务部统计，中国对韩出口饮料、酒、醋、铜及其制品增长飞快，增长超过20%的产品有咖啡、茶以及蔬菜、水果等植物制品。问卷调查结果显示，近50%的中国企业表示，协定生效后对韩出口有所增长或者大幅度

① 《KOTRA 报告　今年韩对华出口形势将好转》，文章来源：韩联社，中国驻韩大使馆经济商务参赞处，2017 年 1 月 5 日，http://kr.mofcom.gov.cn/article/jmxw/201701/20170102496689.shtml。

增长；65.0%的韩国企业认为降税有一定效果，希望自中国进口原材料、认为中国市场竞争力提高、认为通关更加便利的企业都有所增加，但知识产权保护、自然人移动规则等方面仍未有较大改善。①

中国对韩以及韩国对华非金融类直接投资也大幅增长。以前韩国企业来华投资大都是以生产为主。协定生效之后，消费品、生活用品、韩流商品企业来华投资的有所增加。②

根据《中韩自由贸易协定》安排，中国将在最长20年内实现零关税的产品达到税目的91%、进口额的85%；韩国的产品降税幅度将进一步扩大，零关税产品达到税目的92%、进口额的91%。中国出口企业将有更多优势产品受惠于此协定，如纺织服装、鞋类、水产品、有色金属、钢铁、机电等行业企业可进一步降低对韩出口成本，提高在韩市场份额。韩国的机械设备、液晶显示等行业企业也能更多地分享13亿中国人的广阔商机。从中长期看，《中韩自由贸易协定》可降低非关税壁垒，简化报关程序，这将有利于扩大双边进出口贸易和交易量。

中韩自贸区作为东北亚地区的一个重量级自贸区，不仅给两国老百姓带来更多实实在在的好处，也开启了中国对外自贸区建设的新时代，标志着亚太地区自贸区建设迈出了重要一步，将为今后推进中日韩自贸区、《区域全面经济伙伴关系协定》乃至亚太自贸区的最终签署起到了示范和推进作用，也将促进东亚和亚太地区经济一体化进程。中韩自贸区也是中国“一带一路”战略和韩国“欧亚倡议”构想的重要连接点，

---

① 刘然、周素雅：《解读中韩自贸协定：中国自贸区朋友圈都有谁?》，人民网，2015年6月4日，http://js.people.com.cn/n/2015/0604/c360301-25116028.html；《中韩FTA一周年　降税有一定效果但韩对华出口缩减趋势依然》，中国驻韩大使馆经济商务参赞处，文章来源：韩联社，2016年12月19日，http://kr.mofcom.gov.cn/article/jmxw/201612/20161202273923.shtml。

② 刘然、周素雅：《解读中韩自贸协定：中国自贸区朋友圈都有谁?》，人民网，2015年6月4日，http://js.people.com.cn/n/2015/0604/c360301-25116028.html。

对两国携手推动“一带一路”建设和欧亚大陆经济融合将产生深远的积极影响。

(三) 中韩经济关系的特征

建交以来，中韩之间的经贸交流与合作走过了①进出口贸易、②合资、独资、合营、股权投资等直接投资生产和销售、③购买公司债券、金融债券、公司股票等各种有价证券的间接投资、④银行间货币交换、⑤到对方国家证券交易所挂牌上市等多种方式。随着互联网的发展，新的交流方式涌现，促进了商品的跨国界流动。海外直购成为消费者购买行为的新宠。全球直销系统的引进确保了一国的商品能够立即销往国外，同时保存了价格竞争力；简便的支付操作系统、免费配送等也为海外直购一族提供了极大便利。

在这一新形势下，中国成为韩国的重要海外直购市场。2017 年，韩国最大的网购平台商——韩国 eBay 在华采购额激增 114%，在海外直购总额中的比重也从 15%大幅增加到了 25%。[①]

1. 贸易不平衡

中韩建交 26 年来，韩对华贸易依存度提高了 10 倍以上。作为以出口为主导的外向型经济，韩国对中国市场的依存度很高，这成了韩国经济的软肋。尤其是近几年中国经济形势的变化、在华投资经营成本的提高、人口红利的下降、政策吸引力的减少，以及 2016 年因“萨德”事

① 《韩国海外直购消费者对中国产品热情高涨　2017 年韩国 eBay 在华采购额激增 114%》，中国驻韩大使馆经济商务参赞处网站，文章来源：韩亚洲经济，2018 年 2 月 1 日，http://kr.mofcom.gov.cn/article/jmxw/201802/20180202707178.shtml。

件两国外交经贸关系急剧变冷，使得很多业内人士和专家学者认为有必要采取措施降低对华依存度，未来韩对华贸易顺差将持续减少。韩国对外经济政策研究院2017年8月4日发表《韩国对华贸易收支变化和启示》研究报告称，韩国对华贸易顺差从1993年的12亿美元增至2013年的628亿美元，呈现持续增长，但2016年贸易顺差大幅缩减至375亿美元，较2013年锐减40%。韩对华贸易顺差减少主要受中国加强对加工贸易的限制以及在华投资韩企扩大当地生产等因素影响。报告预测，未来韩国对华贸易顺差将进一步收窄。中国政府将21世纪中后期开始推进以内需为中心的发展战略，积极鼓励使用本国产品，而韩国对华出口逾80%是中间产品，随着中国不断加强半导体、显示器面板、汽车零件、石化产品的自主生产，韩对华出口恐难免遭到冲击。此外，随着中国不断提升产业结构，对航空零部件、机器人以及生物产品的进口需求进一步加大，而韩国在这方面竞争力较弱，也将导致韩对华贸易顺差持续收窄。报告建言称，韩国应将对华出口的零部件等中间材料高附加值化，并开发符合中国需求的产品。

为了减少对中国市场的依赖，扩大市场范围，韩国企业积极进行对外拓展。例如，韩国流通企业正加快拓展东南亚、中东市场。易买得超市方面，2015年年底，易买得在越南胡志明市开设了首家超市，正计划开设第二家；2016年7月在蒙古首家店铺正式开业，目前正计划第二、第三家；旗下化妆品品牌SUGAR CUP正积极开拓中东市场，通过与沙特最大商场运营商联手，在沙特开设了品牌旗舰店。乐天玛特方面，已在印尼开设45家店铺，2017年12月第46家店铺即将开业，在越南开设13家店铺。便利店运营商也在加快海外拓展业务。GS25便利店运营商GS retail公司2016年10月在印尼开设了首家GS小型超市，正式进军海外市场，2017 年还与越南流通企业合作在越南开设首家 GS25 便利店；CU 便利店运营商 BGF retail 公司近期与伊朗企业签订了特许经营合同，从而进入伊朗市场。①

2. **竞争力的转变**

中韩两国在技术、产品、产业等领域的竞争在逐步加大。从两国经济结构来看，近期，随着中韩产业和企业以及技术方面的发展，两国经济关系呈现出显著变化。即，两国经济加快从“互补型”向“竞争型”转变。韩国支柱产业主要集中在汽车、电子、造船、钢材、化工等领域，长期以来，在技术、工艺等方面领先于中国。过去，中国与韩国通过外包、采购、贸易、投资等形式进行经济交流与合作，两国经济互补性较强。而近几年，中国企业发展迅猛，技术快速提升，与韩国之间的差距逐步缩小，将来两国产业和企业在技术方面的竞争将加大。

2017 年，现代、起亚汽车在华销量落后于中国品牌厂商，销售量骤减约 40%。这一方面是受“萨德”因素影响；另一方面更是因为其产品在价格竞争力方面落后于中国本土汽车。中国国产品牌汽车不仅在价格方面比现代、起亚汽车有着绝对优势，在技术方面的差距也在急剧缩小。② 在电动车领域，中国品牌也迎头赶上。在参加 2018 年 1 月国际消费类电子产品展览会（CES）的 4500 家商家中，中国企业接近 1400 家。此次国际消费类电子产品展览会展上，最引人注目的是中国电动车生产商拜腾公司。该公司 2019 年将在中国推出首款商用电动汽车。据

① 《韩国流通企业加快扩展东南亚和中东市场》中国国际贸易促进委员会驻韩国代表处，2017 年 8 月 11 日，http://www.ccpit.org/Contents/Channel_4114/2017/0811/858510/content_858510.htm。

② 《去年韩现代、起亚汽车在华销量落后于中国品牌厂商吉利》，中国驻韩大使馆经济商务参赞处，文章来源：韩联社，2018 年 1 月 3 日，http://kr.mofcom.gov.cn/article/jmxw/201801/20180102693797.shtml。

悉，此款电动车充一次电，可行驶 520 公里，具备曲面显示屏、识别脸部、认知能力、感情认知的 AI 功能、并装有亚马逊 Alexa，比同级别的特斯拉价格便宜 40%左右。展会上的其他亮点是中国海信在国际消费类电子产品展览会上展示了支持亚马逊 Alexa 和谷歌语音助手的智能电视，阿里巴巴占据了国际消费类电子产品展览会的主要展区。设在机器人馆的中国展位共有 20 个，超过全体参展企业的一半。[①] 目前，中国电子产品产量已稳居世界首位，销售额以微弱优势领先美国。韩国电子信息通信产业振兴会院（KEA）报告称，2017 年，世界电子产业生产规模为 17911.37 亿美元，市场规模为 17561.39 亿美元。其中，生产方面，中国以 6824.91 亿美元（占比 38.1%）稳居世界首位，遥遥领先第二位的美国（2340.51 亿美元，占比 13.1%），排名三到五位的依次为韩国（1217.17 亿美元，占比 6.8%）、日本（1163.53 亿美元，占比 6.5%）和台湾（753.68 亿美元，占比 4.2%）；市场销售额方面，中国（4708 亿美元，占比 26.8%）和美国（4252.32 亿美元，占比 24.2%）仍位居前两位，排名三到五位的依次为日本（1281.11 亿美元，占比 7.3%）、德国（639.58 亿美元，占比 3.6%）和韩国（505.17 亿美元，占比 2.9%）。[②]

在海运领域，中国政府凭借雄厚的资金实力和航运扶植政策逐渐加大了对世界海运市场的影响力，中资银行大步进军全球航运市场。2017 年以来，中国工商银行、民生银行、交通银行、中国商业银行等主要银

① 《CES2018 世界聚焦中国》，中国驻韩大使馆经济商务参赞处，文章来源：韩联社，2018 年 1 月 12 日，http://kr.mofcom.gov.cn/article/jmxw/201801/20180102697879.shtml。

② 《去年中国电子产品生产稳居世界首位，电子产品销售微弱优势领先美国》，中国驻韩大使馆经济商务参赞处，文章来源：韩联社，2018 年 1 月 26 日，http://kr.mofcom.gov.cn/article/jmxw/201801/20180102704432.shtml。

行的船舶融资规模达到了 200 亿美元。中国三大金融租赁公司——工银金融租赁有限公司、民生金融租赁股份有限公司和交银金融租赁有限责任公司一共拥有 800 多艘船只，价值 236 亿美元。今后中国在航运市场上的影响力将继续扩大。①

中国的高新技术日新月异。中国完成世界首次洲际无线量子通信，占据国际技术标准地位。根据国际权威学术期刊《物理评论快报》消息，中国科技大学通过“墨子号”量子通信卫星的中继，与相距 7600 公里的奥地利成功实施了世界首次洲际无线量子通信。中国于 2016 年 8 月将世界首颗量子通信实验卫星“墨子号”送上 500 公里高的近地轨道；2017 年 9 月底开通了世界首条量子保密通信干线——“京沪干线”，全长 2000 公里，贯穿济南和合肥；此次又成功实施世界首次洲际无线量子通信，标志着中国在量子通信技术领域走在了世界前列。②

目前，人工智能（AI）产业发展迅猛，前景广阔。中国政府正投入巨资培养人工智能技术及市场，积极打造人工智能强国。2016 年，世界人工智能市场规模为 6.4 亿美元，预计到 2025 年将增长 50 倍以上。政府计划到 2030 年为止投入 1 万亿元人民币，培养 10 万亿元规模的相关产业，最终成为全球人工智能领军者和最大强国。政府计划在未来 5 年内，耗资 138 亿元人民币在北京门头沟建设 54.87 公顷的人工智能研究园区。园区年产值约 500 亿元人民币，超高速大数据、云计算、

---

① 《中资银行大步进军全球航运市场》，中国驻韩大使馆经济商务参赞处，文章来源：韩国《财经新闻》，2017 年 12 月 25 日，http://kr.mofcom.gov.cn/article/jmxw/201712/20171202689892.shtml。

② 《中国完成世界首次洲际无线量子通信，占据国际技术标准地位》，中国驻韩大使馆经济商务参赞处网站，文章来源：韩联社 2018 年 1 月 24 日，http://kr.mofcom.gov.cn/article/jmxw/201801/20180102703252.shtml。

生物认证、深度学习等将成为研究园的主要项目。[①] 中国将医疗、船舶和国防等指定为人工智能投资重点领域，到2030年为止，人工智能领域的投资预计达到1万亿元人民币，超过美国位居全球首位。[②] 数字经济的崛起，将使中国迅速成为全球第四次工业革命的发源地。

中国在专利申请上的表现也十分突出。2017年，中国申请的专利数量（133万件）排名世界第一，为美国（58万件）的两倍以上，大部分专利都集中在机器人技术和3D打印等第四次工业革命领域，[③] 中韩在高新科技领域的差距日渐缩小。

据美国商业专利数据库（IFI CLAIMS）在2018年1月的报告显示，2017年，在美国专利商标局（USPTO）中得到认可的专利数量为32.3万件，排名前五位的国家分别是美国（148139件），日本（50600件），韩国（20970件），德国（15771件），中国（11224件），中国在美国获得专利商标国家排名中首次进入前五名，且比上年增加28%，[④] 显示出中国企业的尖端技术发展迅猛。

随着中国技术的飞速发展和竞争力的加强，两国在经济领域的竞争将会加剧。据欧盟官方统计机构欧盟统计局（Eurostat）数据，2016年

---

① 《中国积极打造人工智能强国》，中国驻韩大使馆经济商务参赞处，文章来源：韩联社，2018年1月5日，http://kr.mofcom.gov.cn/article/jmxw/201801/20180102694798.shtml。

② 《中国大力投资AI产业 欲主导全球市场》，中国商务部网站，文章来源：韩国《朝鲜TV》，2017年12月29日，http://www.mofcom.gov.cn/article/i/jyjl/j/201712/20171202692148.shtml。

③ 《中国大力投资AI产业 欲主导全球市场》，中国驻韩大使馆经济商务参赞处，文章来源：韩国《朝鲜TV》，2017年12月29日，http://kr.mofcom.gov.cn/article/jmxw/201712/20171202692148.shtml。

④ 《中国在美国获得专利商标国家排名中首次进入前5位》，中国驻韩大使馆经济商务参赞处，文章来源：韩联社，2018年1月11日，http://kr.mofcom.gov.cn/article/jmxw/201801/20180102697041.shtml。

全球货物贸易出口占有率最高的国家为中国（香港除外），达到17%；其次为欧盟，15.6%；第三为美国，13.6%；前三名共占全球出口的46.2%；韩国为4.0%，同比下降了0.1%。同期全球货物贸易进口占有率最高的国家为美国，达到17.6%；其次为欧盟，14.8%；第三为中国（香港除外），12.4%；前三名共占全球进口的44.8%；韩国为3.2%，下降0.1%。

在智能手机领域，中国品牌占据世界半壁江山，增速惊人。香港市场调查公司“对位研究（Counterpoint Technology Market Research）”8月10日发布二季度世界智能手机市场占有率报告指出，三星电子以22.0%的占有率高居榜首，苹果（11.2%）和华为（10.5%）位居二、三位。前10位中，除三星、苹果和LG（第七位）外，其余均为中国品牌。中国品牌在世界智能手机市场的占有率高达48%。中国品牌近年发展势头迅猛，以其先进的技术和较高的性价比优势，正在逐渐摆脱山寨的恶名，开始快速登陆印度、欧洲、南美和美国等海外市场，以印度、东南亚、非洲等为中心持续扩大其市场份额。资料显示，三星、苹果全球市场占有率与2016年同期相比都有小幅下降，而华为等中国厂商的市场份额则大幅提高，三家公司合计市场份额（25.3%）已超过三星，中国厂商的追击之势猛烈，预计未来市场占有率排名或将持续变动。

在液晶显示器（LCD）面板领域，中国年内有望成为全球最大的生产国。预计到2020年，中国的全球市场占有率将达到50%左右。据台湾市场调查机构WitsView预测，2017年中国的大型液晶显示器面板生产量在全球的比重将为35.7%，较上年大幅上升5.6%。相反，韩国的生产量比重预计会从34.1%减少到28.8%，将第一的位置让给中国，今后中韩市场占有率差距将会逐渐拉大。

在家电和电子产品领域，中国数量激增，日本重新崛起，韩国亟须培育中小家电企业竞争力。2017 年 9 月初举行的全球最大的消费类电子产品盛会——德国柏林国际家电及电子产品博览会（IFA）上，共有 1600 多家企业参展，其中中国参展企业达 650 家，占比达 40%，彰显了雄厚的家电制造力量和快速赶超的技术实力。

华为作为中国参展企业的先锋，发布了世界首款携带专用人工智能元素的手机芯片——麒麟 970。该芯片处理速度比苹果等竞争产品高出 5 倍。此外，海尔、海信、长虹、TCL 等中国本土企业也向市场推出更加成熟的新品。韩国只有三星和 LG 在展会上设立了超大型展位。

在建筑市场上，中国企业也迎头赶上。2007 年以来，每年都有 50 家以上的中国建筑类企业进入全球建筑行业海外建设、中标类企业排名上游，而同期韩国企业的入围数量没有太大变化。

韩国汽车业界表示，韩国汽车正面临危机，在美国、中国、西欧三大市场的占有率连续减少态。

继“倚天屠龙记”等多款中国人气手机游戏成功进军韩国市场后，又一款热门游戏“阴阳师”将于 2017 年下半年在韩国上市。中国游戏产业研发技术和制作水平日益提高，多款游戏相继在韩大获好评，引发了韩国本土游戏开发公司生存空间受挤压的“危机论”。

国际能源署（IEA）2017 年 6 月 7 日发布报告称，2016 年全球上路行驶的电动汽车总量翻番至 200 万辆。其中，中国以 65 万辆力压美国（56 万辆），位居全球首位，占全球电动汽车总量比重升至 32%，同比增长 7%。中国电动汽车普及率今后将继续提升。

韩国贸易协会北京支部 2017 年 5 月 16 日发布的《飞快发展的中国无人机产业》报告书称，中国民间无人机市场正以每年 50% 以上的速度大幅增长，2017 年市场规模已达到 54 亿人民币。预计今后仍将以该速度快速增长。除无人机外，中国在电动汽车、机器人等尖端产业上加大投资与研发力度，未来将与韩国产品形成竞争关系。

在席卷全球的共享经济浪潮下，中国正在加速扩展相关市场，而韩国却裹足不前。近年来，中国共享单车等共享经济发展迅猛，2016 年，共享经济市场规模已飙升至 3.45 万亿元人民币规模，同比增长 103%。而韩国在共享经济领域一直未有清晰的战略，迟迟未能出台相关政策措施，导致共享经济在韩发展受阻。总之，中国产品在价格和质量上的竞争力同韩国产品差距日益缩小。

(四) 中韩经济关系总结

尽管两国之间的竞争逐渐加大，但中韩双边合作仍方兴未艾，合作范围不断拓展，合作领域持续深入。随着技术的进步、产业的升级换代以及经济的发展，两国的合作也在与时俱进。韩国企划财政部第一次官（副部长）高炯权在 2018 年 9 月份参加在杭州举办的“第一届数字经济暨数字丝绸之路国际会议”时呼吁，中韩应加强数字经济及第四次产业革命领域合作。他表示，网络技术与实体经济相融合的数字经济将成为未来经济发展的新增长动力，以 BAT（百度、阿里巴巴、腾讯）为代表的中国数字经济受到全世界瞩目，中韩双方应通过经济部长会议等机制共同研究制定数字经济及第四次产业革命领域合作方案及纠纷解决方案。[1]

---

① 《韩高官呼吁中韩加强数字经济及第四次产业革命领域合作》，东方资讯，文章来源：韩国 NEWSWORKS 新闻网，2018 年 9 月 19 日，http://mini.eastday.com/a/180919153606652.html。

从未来发展来看，中韩经济关系依然会密不可分。经过调整，双方会逐渐构建起新的经济关系，在传统和新兴经济领域会呈献出竞争与合作并存的态势。

推荐阅读：

1. ［韩］张夏成：《韩国式资本主义——从经济民主化到经济正义》（邢丽菊、许萌译），北京：中信出版集团 2018 年版。

2. 李天国：《韩国经济转型的逻辑：一个新兴经济体的改革与突破》，北京：经济管理出版社 2017 年版。

3. 申东镇：《韩国外向型经济研究》，上海：上海世界图书出版公司 2013 年版。

第四章

朝鲜经济概览

崔　文*

朝鲜位于亚洲东部，朝鲜半岛北半部。北部与中国为邻，东北与俄罗斯接壤，南部以军事分界线（三八线）与韩国相邻。朝鲜半岛三面环海，东为日本海（朝鲜称为东海），西南为黄海（包括西朝鲜湾）。朝鲜有 1 个直辖市、2 个特别市和 9 个道，分别为平壤市、南浦市、罗先市以及平安南道、平安北道、慈江道、两江道、咸镜南道、咸镜北道、江原道、黄海南道、黄海北道。朝鲜的国土面积大约 12.3 万平方公里，平均海拔高度 442 米，山地约占国土面积的 80%，人口约 2405 万，单一民族，通用朝鲜语。朝鲜矿产、水力、森林资源丰富，特别是已探明矿产有 300 多种，其中有用矿 200 多种，石墨、菱镁矿储量居世

* 崔文，延边大学经济管理学院副教授，经济学博士。

界前列。[①]

一、朝鲜经济的基本特征

朝鲜是自主的社会主义国家，其经济制度建立在社会主义生产关系和自立民族经济基础之上。国家的一切自然资源、铁路、航空运输、邮电和重要工矿企业、港口、银行归属于国家所有，国家优先保护和发展在国家经济发展中起主导作用的国家所有制；土地、农业机械、船舶和中小型企业可以归属于社会团体与合作社所有，国家保护社会团体与合作社的集体所有制。朝鲜坚持社会主义自立民族经济建设路线，把国民经济发展成高度发达的主体经济，奠定与社会主义社会相适应的物质技术基础。[②]

朝鲜的经济体制是国家有计划调节经济活动的计划经济体制，国家根据社会主义经济发展规律制订并执行国民经济发展计划，以保证积累和消费的适当比例，促进经济建设，不断提高人民生活水平，加强国防力量。国家实行计划的一元化和细部化，以保证生产的高速增长和国民经济的按比例发展。经济发展中的资源配置方面，金日成时代在“军事与经济并进”的路线下经济领域优先发展了重工业，金正日时代在“先军经济”路线下优先发展了国防工业且并进发展了轻工业和农业，金正恩时代自 2013 年 3 月起实施了“经济和核武力”并进发展的路线，

① 李基成、金哲：《朝鲜民主主义共和国经济概括》，平壤：朝鲜出版物进出口社 2017 年版，第 3—19 页。

② 《朝鲜民主主义人民共和国社会主义宪法》，平壤：朝鲜外文出版社 2017 年版。

并且自2018年4月起转变思路采取了“集中一切力量进行社会主义经济建设”的新战略路线。

1945年解放以前，朝鲜是经济落后的殖民地半封建农业国家，1946年后建立了自立的社会主义经济制度。纵观解放以后至目前的朝鲜经济发展历程，经历了无数次国内外经济和社会、政治环境跌宕起伏的变化，其经济政策的制定及实施方向也呈现了不同时代特征。我们把朝鲜经济的时代发展进程划分成四个时期进行概述，即建立社会主义自立经济制度时期（1945—1960年），实现社会主义工业化且人民生活水平快速提高时期（1961—1986年），经济发展面临多重难关且艰难恢复时期（1987—2011年），金正恩时代经济走出低谷步入正常发展轨道时期（2012—2018年）。

二、朝鲜的经济发展历程

（一）建立社会主义自立经济制度（1945—1960）

解放前，朝鲜是经济落后的殖民地半封建农业国家，1945年8月15日解放以后，立即着手建设自主独立的国家和新社会。因为日本帝国主义的统治，朝鲜的发展受到了极大的抑制，“朝鲜社会还处在带有封建残余的殖民地社会，特别是在农村封建剥削关系占据主导地位。因此，在朝鲜人民面前展现的是完成反帝反封建民主主义革命的使命，以及创建民主主义人民共和国的使命”。[1]

1946年2月8日，北朝鲜民主主义政党、社会组织、行政局、人民委员会协议会等召开会议，正式创立包括工人、农民等各阶层人民代表组成的北朝鲜临时人民委员会，金日成担任委员长，并把完成反帝反封建的革命使命为主要目标，开始实施了人民民主专政。新政权成立以后，朝鲜于1946年3月实施了“土地改革”，同年实施了“对北朝鲜工人、职员的劳动法令”“北朝鲜男女平等权法令”“重要产业国有化”，由此在经济、教育、文化、保健、司法等领域实施了全方位的改革，其中最为重要的是“土地改革”和“重要产业国有化”。

1946年3月5日朝鲜颁布了《关于北朝鲜土地改革的法令》，并随即实施。由此，农民土地所有制占据了主导地位，小商品经济得到了快速发展。[2] 1946年8月10日，朝鲜还颁布了“关于把产业、交通运输、邮政和银行等国有化的法令”并随即实施。通过重要产业国有化，1034个工厂企业以及殖民地银行由国家掌握在手中，822个企业恢复了正常生产，生产能力也迅速扩大。这些产业是国民经济的支柱产业，又掌握着国家经济命脉，国营以后夯实了朝鲜自立经济发展的物质基础，国民经济中国营部门占据了主导地位。

1946年成功实施土地改革和重要产业国有化以后，朝鲜于1947年第一次实施了一年国民经济发展计划。1948年2月6日，开始实施第二个一年国民经济发展计划。主要目的是夯实民主改革成果和1947年取得的成果，提高人民的物质文化福利。1948年国民经济计划实施以后，

① 《金日成全集》第2卷，平壤：朝鲜劳动党出版社1992年版，第123页。
② 《现代经济词典》第2卷，平壤：朝鲜社会科学出版社2010年版，第557页。

朝鲜的经济结构得到了改善，各部门经济逐渐均衡发展。[①] 1949 年 2 月初，开始实施两年国民经济发展计划，提出工业生产水平要超过解放前水平，建立自立民族经济基础，扩大生活必需品生产，即 1950 年上半年，工业产值基本完成两年计划目标。不过，因 6 月 25 日进行的朝鲜战争，两年的国民经济发展计划被中断。1950 年 6 月至 1953 年 7 月的朝鲜战争使得朝鲜的经济遭受到严重的破坏。1953 年 7 月 27 日《朝鲜停战协定》签订以后，如何在短期内恢复并发展经济又成为主要目标。因此，朝鲜劳动党于 1953 年 8 月初召开二届六中全会，确立"优先发展重工业的同时加快发展轻工业和农业"的战后经济建设基本路线。1954 年 4 月，朝鲜最高人民会议第一届第七次会议提出三年国民经济恢复发展计划（1954—1956 年）。三年国民经济恢复发展计划的主要目标为恢复被战争破坏的国民经济，改善产业发展不均衡问题，构筑社会主义工业化的基础，在优先发展重工业的同时加快发展轻工业和农业。

1957 年，朝鲜第一次实施了长期五年国民经济发展计划（1957—1961 年），基本目标为牢固社会主义基础，基本解决人民的衣食住问题，特别要完成城市和农村的生产关系社会主义改造，全面建立社会主义制度，以及夯实自立民族经济基础。通过五年计划，朝鲜建立了机械制造工业为核心的重工业基地和轻工业基地。农业也得到迅速发展，水利问题基本解决，机械化水平得到显著提高，1960 年粮食产量达到 380.3 万吨，同时，经济作物、畜产业、果蔬业也得到了快速发展。并且 1958 年起朝鲜普及了中等义务教育制，人口约四分之一的学生得到

① "1948 年人民经济发展计划"，《朝鲜大百科词典》，平壤：朝鲜科学百科词典出版社，2001 年版。

国家免费教育。[1]在五年计划实施期间，朝鲜掀起了“千里马运动”[2]，加快完成了五年计划。

（二）加快社会主义工业化大力提高人民生活水平（1961—1986）

1961年9月，朝鲜劳动党召开了第四次大会，提出了七年国民经济发展计划（1961—1967年）。七年计划期间，工业总产值要提高至约3.2倍水平，并使部门结构更加多样和均衡发展，建立自身坚实的原料基地，构建以最新技术为基础的自立工业体系。为实现七年计划目标，朝鲜劳动党实施了优先发展重工业、并进发展轻工业和农业、全面发展科学和文化的政策措施。1962年10月，发生了美苏冷战时期最严重正面对抗事件——古巴导弹危机，1964年8月，美国借“北部湾事件”全面军事介入越战，由此朝鲜半岛局势也趋于紧张。在这一背景下，朝鲜转变政策方向提出，并进发展经济建设和国防建设，由此把七年国民经济发展计划的完成延长至1970年。

经过全党、全国人民的不懈努力，朝鲜成功地完成了七年国民经济发展计划目标。1970年的工业生产达到1956年的11.6倍，其中生产资料达到13.3倍、消费品生产达到9.3倍，从而在1957—1970年实现了年均19.1%的工业增长率。在重工业每年可以生产165亿千瓦时的电

---

① 《现代经济词典》第2卷，平壤：朝鲜社会科学出版社2010年版，第714页。

② “千里马运动”是指朝鲜人民要以跨上千里马的气势，加快社会主义建设。1956年12月，劳动党召开了中央全会，之后，金日成主席亲自到南浦市降仙钢厂，向工人说明全会精神，号召他们“以跨上千里马的气概向前奔驰”。从此，便轰轰烈烈地开展了以劳动竞赛、技术革新、教育人民相结合的群众性“千里马运动”。

力，2750万吨的煤炭，220万吨的钢铁，150万吨的化肥，400万吨的水泥，在轻工业可以生产4亿米以上的布料。社会总产值和国民收入中工业占据主导地位。工农业总产值中工业的比重1956年为34%，1969年提高至74%，且同期国民收入中工业的比重由1956年的25%增至1969年的65%。[①]

农业最大的成就是完成了水利化，1961—1969年蓄水池容量扩大1.5倍，扬水能力扩大3.2倍，完全可以满足水田的灌溉，不少旱田灌溉也能满足，结果粮食产量不断增加圆满解决了粮食短缺问题。在铁路实现了850公里的电气化，使得主要铁路干线的电气化基本完成，其比重也由1961年的12%，1969年提高至55%，同时1961—1969年新铺设了300公里的铁路。邮政部门积极扩大电信电话网，所有农村都通电话，特别是全国实现了有线广播，并且设立了电视台，大多数地区可以观看电视，此外，文化教育领域普及了九年技术义务教育。

1970年11月，朝鲜召开了劳动党第五次代表大会，会议提出要实施六年国民经济发展计划（1971—1976年）。这是朝鲜完成社会主义工业化以后，为巩固工业化成果，把科技革命推向新高而实施的长期发展计划。具体来说，工业部门全面实施综合机械化和自动化，农业部门实现工业化和现代化，并大力开展思想、技术、文化的三大技术革命的任务，把国民经济所有部门放在新的科学技术基础上。六年国民经济计划提前一年四个月完成，使得朝鲜自立民族经济基础更加巩固，国家经济实力进一步得到加强。

1977年12月，朝鲜最高人民会议第六届第一次会议提出实施第二

① 《现代经济词典》第2卷，平壤：朝鲜社会科学出版社2010年版，第504页。

次七年国民经济发展计划。七年国民经济发展计划期间，工业要全面实施综合机械化和自动化，农业要实现工业化和现代化，且加强科学研究把国民经济所有部门建立在新的科学技术基础之上，实现国民经济主体化、现代化和科学化，要让人民生活水平更上一层楼。为实现七年计划目标，朝鲜开展了思想、技术、文化的三大革命小组运动和三大革命红旗争取运动，掀起了“80 年代速度”创造运动，全国各地迎来了社会主义建设的革命高潮，结果第二次七年国民经济发展计划得以顺利完成。经过第二次七年国民经济发展计划，朝鲜国民经济的主体化、现代化和科学化进一步加强，人民的生活水平显著提高。

实施第二次七年国民经济发展计划以后，1985 年和 1986 年朝鲜进行了两年的国民经济发展的调整工作，为未来更高目标的实现进行蓄力。1986 年 12 月，朝鲜召开最高人民会议第八届第一次会议，提出要实施第三次七年国民经济发展计划（1987—1993 年）。第三次七年计划特别强调了技术革新和对外贸易及其经济合作的扩大。1984 年 9 月，朝鲜公布了第一部涉外经济法规——《合营法》，随后又于 1985 年 3 月公布《合营法施行细则》《合营会社所得税法》和《外国人所得税法》，5 月又公布了《合营会社所得税法细则》和《外国人所得税法细则》，从而揭开了 80 年代对外开放的序幕，实现了朝鲜经济政策史上划时代的重大转变与突破，面向海外、招商引资、走向世界迈出了前所未有的关键一步。并且 1991 年联合国开发计划署（UNDP）发布要将中朝俄三国交界的图们江三角洲建设成为东北亚暨环日本海地区的新增长极以后，设立了罗津、先锋自由贸易区。

（三）国际环境变化下的调整

1989年柏林墙倒塌，给民主德国40余年的社会主义制度画上句号，同年匈牙利的十月惊变，推倒了东欧的多米诺骨牌，波兰、捷克斯洛伐克、匈牙利、保加利亚、罗马尼亚、南斯拉夫等国如洪水决堤般，相继发生了巨变。1990年8月，东德并入西德，1991年12月，苏联也最终解体并分裂出15个国家，标志着原有的社会主义阵营的彻底解体。苏联和东欧社会主义国家经济与政治的崩溃，对朝鲜的对外贸易造成了致命的打击。不仅原有社会主义阵营的国际分工走向崩溃，国与国之间所达成的“友好价格”为基础的易货“记账式贸易”方式随之终止。加上向市场经济转型的中国、越南和古巴也放弃“记账式贸易”，朝鲜几乎失去了所有的贸易伙伴。朝鲜的内部市场规模狭小，其内部经济资源的优化配置能力和作用空间均十分有限，对外贸易对于刺激外部需求、原材料引进（特别是石油、棉花等）及促进国内经济运行至关重要，一瞬间所受的对外贸易重创，严重阻碍了国内经济建设和发展。

1994—1997年朝鲜连续四年发生了自然灾害，给困境中的朝鲜经济雪上加霜、难上加难，导致了朝鲜的粮食危机和大饥荒。据1995年9月朝鲜向联合国有关机构提供的报告：水灾造成的经济损失达150亿美元，相当于朝鲜国民生产总值的75%；粮食减产约190万吨，相当于正常年份粮食产量的一半。[①]由此，朝鲜经济陷入了困境、步入了衰退阶段。

---

① 方长平：《话说朝鲜粮食危机》，《世界知识》1997年第19期，第24页。

连年的经济衰退、对外贸易下降，不能充分进口所需原材料，经济建设所必需的石油、焦炭和橡胶严重短缺，进而使得电力短缺，对朝鲜历经几十年所奠定的经济基础造成致命性的破坏，包括农业生产、能源、制造业，等等，整个90年代以来朝鲜经历了严重的经济负增长时代（参见表1）。

表1　1990—1998年朝鲜经济运行状况　　单位：%

年份	1990	1991	1992	1993	1994	1995	1996	1997	1998
实际经济增长率	−4.3	−4.4	−7.1	−4.5	−2.1	−4.4	−3.4	−6.5	−0.9

注：1. 经济增长率由1995年的价格为基准，进行计算。

2. 目前，提供1990年以后朝鲜经济相关统计数据的主要机构为韩国银行，但是对其数据的合理性有一些争议。不过多数学者认为发展趋势的把握上有一定借鉴意义。

资料来源：韩国银行统计系统。

从1999年开始，朝鲜经济开始得到逐渐恢复，并且进入21世纪以后，朝鲜开始摸索计划经济与部分市场经济结合的经济改善道路，其中最具代表性的是2002年7月实施的“七一经济管理改善措施”。该措施以粮食价格为突破口，以提高物价（主要是消费品）及劳动者收入为主展开。其实施目的在于经济管理中消除不劳而获和平均主义现象，彻底体现按劳分配的社会主义原则，最大限度地发扬全体劳动者的革命热情和创造性。也就是说，利用价格这一经济手段，在城乡全面改善经营管理，有效地整顿经济秩序，进一步调动劳动者生产积极性，以便迅速摆脱眼前的经济困境。

“七一改善经营管理措施”包括城乡两个方面内容。第一，在农村上调国家向农民征收粮食价格，国家保证对农业生产分组的经营自主权，加强对分组的奖励机制。如：改进过去各分组平均分配的做法，根据实际生产成果对各分组实行多劳多得的分配原则。其目的就在于在保证农民合理收入的基础上，鼓励他们根据实际收入情况，合理地安排农作物种植计划，使之能够自主地确定扩大再生产计划。第二，在城市大幅提高城市劳动者工资，调整企业生产产品的成本核算，把原材料、设备、劳动、供求关系等要素纳入产品成本之中，以保证企业的正常利润，使企业按照实际效益科学地制订生产计划。

“七一经济管理改善措施”做到了两个转变。其一，通过城乡经营权的下放，企业和农民的自主权增大，城乡责任经营体制开始得以确立，这对提高生产效率无疑具有积极意义。其二，促成了朝鲜居民意识和生活方式的变化。过去，朝鲜大多数居民过着国家供给体制下的相对平均的生活。但是往后要适应新的货币化的环境，朝鲜人民须接受商品意识和市场意识。但是，“七一经济管理改善措施”带来了严重的副作用，即促使物价大幅飙升，货币大幅贬值，由此不久就停止实施。

2002 年 7 月实施“七一经济管理改善措施”以后，紧接着朝鲜加强了对经济特区的建设和开放步伐，于 2002 年 9 月设立了新义州特区①，10 月设立了金刚山特区，11 月设立了开城工业园特区。朝鲜对经济特区的布局主要呈现韩国和中国接壤的东西两侧设置的特点。在朝鲜与韩国接壤的一边，东侧为金刚山观光特区，西侧为开城工业园区，主要目标为吸引韩国游客和韩国企业。在朝鲜与中国接壤的一边，东侧

① “新义州特别行政区”，地处朝鲜西北部的鸭绿江畔，与中国辽宁省丹东市隔江相望，为朝鲜最大的边境贸易城市。2002 年 9 月，朝鲜决定设立新义州特别行政区，同时通过了《新义州特别行政区基本法》。根据这项法律，新义州特别行政区将建成集国际性金融、贸易、商业、工业、尖端科学、娱乐和旅游功能为一体，且长期拥有国家赋予的立法权、行政权和司法权等政治制度和市场经济制度。然而，该计划并没有得到实施。

为90年代初期设立的罗津一先锋经济贸易区，西侧则是新义州特别行政区的构想，但新义州特区的建设受挫。其中，进展最大的特区为金刚山观光特区和开城工业园区。

2002年10月23日和11月13日，朝鲜最高人民会议常任委员会分别发布《关于设立朝鲜民主主义人民共和国金刚山旅游区的政令》和《关于朝鲜民主主义人民共和国金刚山旅游区法的政令》。此后，朝韩双方开展金刚山旅游合作，开辟陆路旅游，开发新的旅游项目，进行大规模宾馆、滑道、高尔夫球场、溜冰场、滑雪场等设施的建设，招揽韩国游客。不久韩国游客对朝鲜金刚山的观光人次迅猛增加，由2002年的8.5万名，2007年增长至超过4倍的34.5万名（参见表2）。不过2008年7月11日，韩国一名赴朝鲜金刚山地区旅游的一名姓朴的女游客，清晨误入旅游区附近的朝方军事禁区，遭朝鲜士兵射杀，韩国由此宣布从12日起暂停金刚山旅游。此后，由于朝韩之间经历天安舰沉没事件、延坪岛炮击事件等而关系急剧恶化，金刚山旅游至今未能重新开启。

表2　2002—2008年韩国游客访问金刚山现状　　单位：名

年份	2002	2003	2004	2005	2006	2007	2008
人数	84727	74334	268420	298247	234446	345006	199966

资料来源：韩国统计厅：《北韩统计》，http://kosis.kr/bukhan/。

2002年11月，朝鲜决定设立“开城工业园区”，并通过了《开城工业地区法》。开城工业园是韩国金大中总统与朝鲜金正日国防委员会委员长于2000年6月15日在平壤签署“6·15共同宣言”的产物。工业园由韩方出资本和技术，朝方出土地和劳力，双方进行合作建设，建设南北经济统一的实验平台。工业园区的总面积为65.7平方公里，投资总额为2.2亿美元，远景规划容纳2000家企业，计划分三期开发。截至2011年年底，在开城园区工作的朝鲜工人数量近5万人，企业数达到123家，交易金额近17亿美元（参见表3）。

表3 2004—2011朝鲜开城工业园区发展现状

单位：家、名、百万美元

年份	2004	2005	2006	2007	2008	2009	2010	2011
企业数	—	18	30	65	93	117	121	123
朝鲜工人人数	—	6013	11160	22538	38931	42561	46284	49866
韩国职员人数	—	507	791	785	1055	935	804	776
交易金额	41.7	176.7	298.8	440.7	808.4	940.6	1442.9	1697.6

资料来源：韩国统计厅：《北韩统计》，http://kosis.kr/bukhan/。

纵观1999—2011年的朝鲜经济运行状况，在经历90年代的经济大衰退以后，虽然相继进行了“七一经济管理改善措施”、经济特区的设立与发展，但其经济恢复速度漫长，经济增长率也不高（参见表4）。

表4 1999—2011年朝鲜经济 单位:%

年份	1999	2000	2001	2002	2003	2004	2005
经济增速	6.1	0.4	3.8	1.2	1.8	2.1	3.8
年份	2006	2007	2008	2009	2010	2011	
经济增速	-1.0	-1.2	3.1	-0.9	-0.5	0.8	

资料来源：韩国银行经济统计系统。

（四）金正恩时代的经济发展（2012—2018年）

2012年起朝鲜正式步入了金正恩时代，摆在新领导人面前最大的难题之一就是如何改善民生问题。2013年的“新年贺词”中金正恩委员长强调要改善“经济管理方法”，且在2013年3月的朝鲜劳动党中央委员会报告中正式提出当今朝鲜的重要课题是研究和完成“朝鲜式经济管理方法”。“朝鲜式经济管理方法”是指，坚持生产手段的社会主义所有制基础上，在国家的统一指导下，所有企业独立、创造性的进行经营活动，并使劳动者作为生产和管理的主人翁，履行自己责任和作用的社会主义企业管理方法①。其核心点为把经营权利下放至劳动现场并进行按劳分配。从前，工厂只生产国家下达的生产计划，其余时间进行设备的保修等，但是实施“朝鲜式经济管理方法”以后，在完成国家生产计划的同时，自己独立与其他工厂签订生产合同并编制生产计划。同时，工人的劳动报酬也由企业独自决定，也就是说在企业总收入中扣除中央预算和地方预算等应该上缴部分以外，其余收入全部由企业拥有，企业则根据工人的劳动表现，支付劳动报酬（生活费），且其分配数额没有限制。

同时，从2013年起，在农场试点进行分组管理制度下的“圃田担当制”（即农田分担责任制）。通常在协同农场里，作业班之下的编制为“分组”，“分组”里人数大约为20名左右，“圃田担当制”为，把“分组”再细分为3—5名成员，并让他们承包一定的农地进行耕耘②。从种植准备到收割以及碾米，均由承包农田的农民独立完成，并按其收成扣除应该上交国家的部分，分配给农民。

2013年5月29日，由朝鲜最高人民会议常任委员会以政令第3192

① 《金正恩元首在朝鲜劳动党中央委员会2013年3月全员会议里进行的报告》，《劳动新闻》2013年4月2日。

② 《“我们式经济管理方法”现场报告——农民们的意识改造和增产的实现》，《朝鲜新报》2013年12月25日。

号颁布《经济开发区法》。该法成为全国性范围内各经济开发区里普遍适用的法律。2013 年 11 月 21 日，为吸引外资、振兴经济，以及实现对外经济贸易的“多元化和多样化”，朝鲜最高人民会议发布政令宣布在朝鲜各道建立经济开发区共 13 个。这些开发区包括工业开发区，农业开发区、旅游开发区、出口加工区等。具体为：在平安北道设立鸭绿江经济开发区；在慈江道设立满浦经济开发区、渭原工业开发区；在黄海北道设立新坪旅游开发区、松林出口加工区；在江原道设立岘洞工业开发区；在咸镜南道设立兴南工业开发区、北青农业开发区；在咸镜北道设立清津经济开发区、渔郎农业开发区和稳城岛旅游开发区；在两江道设立惠山经济开发区；在南浦市设立卧牛岛出口加工区。[①]朝鲜对各道成立的经济开发区行使主权。2014 年 7 月 23 日，朝鲜又发布政令增设了 6 个经济开发区，即平壤市恩情高科技开发区、黄海南道康翎国际绿色示范区、南浦市镇岛出口加工区、平安南道清南工业开发区、平安南道肃川农业开发区、平安北道青水旅游开发区，[②]由此共建立了 19 个经济开发区。由此朝鲜的对外开放举措从“点”扩展为“线”，为朝鲜经济的发展注入新的动力。

2016 年 5 月 6 日至 9 日朝鲜劳动党第七次代表大会在平壤举行，这是劳动党时隔 36 年召开的全国代表大会。金正恩大在会上指出，六大以后至今朝鲜经历了“严峻斗争”和“光荣胜利”的历程，今后要“加快社会主义强盛国家建设步伐，巩固政治军事强国的地位，将胜利

① 资料来源：《朝鲜概览 8——旅游及投资》，平壤：朝鲜外文出版社 2017 年版，第 53—66 页。

② 资料来源：《朝鲜概览 8——旅游及投资》，平壤：朝鲜外文出版社 2017 年版，第 55—69 页。

红旗插在科技强国、经济强国和文明强国高峰”①。

同时，劳动党七大首次提出了2016—2020年国家经济发展五年战略，即“经济发展五年战略旨在搞活人民经济，助推经济均衡发展，为国家经济可持续发展奠定基础”，并且承认，“经济先行部门不能走在前面，从而影响国家经济发展，国民经济各部门之间结构失衡”等存在的问题。五年战略的主要目标为搞活国民经济各个部门，保障部门之间均衡发展，奠定国民经济可持续发展基础。为此，要解决能源问题，促使国民经济中的先行部门和基础工业部门进入正常发展轨道，扩大农业和轻工业生产，提高人民生活水平。

金正恩执政以后，2012年12月，朝鲜宣布成功发射第二颗“光明星三号”人造地球卫星，于是2013年1月联合国安理会通过第2087号决议，要求朝鲜不再使用弹道导弹技术发射卫星，并对朝进行国际制裁。2013年2月，朝鲜进行了第三次核试验，于是3月，联合国安理会通过第2094号决议，首次针对一些朝鲜外交人员、银行业实体以及非法现金转账列入制裁范围，并进一步增加了旅行限制。此后，从2016年1月开始，朝鲜打破以往约三年一次进行核试验的规律，进行了加速冲刺，该年内就进行了两次核试验（自称是氢弹试验），2017年9月，又进行了一次。与此相对应，国际制裁也空前严厉，从2270号到2379号连续出台了六次制裁决议，至此，朝鲜的对外经济交往几近被封堵。伴随朝鲜不断进行的核试验和弹道导弹试验，国际制裁也不断加深，朝鲜的对外金融业务也早已被切断。

为了发展经济，朝鲜重视利用新技术，提振消费，改革银行系统，

① 《金正恩作朝鲜劳动党中央委员会工作总结报告》，朝鲜中央通讯社，2016年5月7日。

推广信用卡支付，提高金融信息化水平，发展电子商务。

朝鲜的第一个电子商务企业是“玉流”。朝鲜人民服务总局自2014年底开始试点运营以朝鲜国内计算机网络为基础的“玉流”电子商业平台，并且自2015年1月起正式运营了电子商业服务，2月开始又推出了手机购物。①通过朝鲜内部网络（不连接国际互联网）销售朝鲜国产的各种服装、箱包、鞋以及药品、化妆品、食品等，其结算也利用“翅膀卡”进行转账，由此，电子银行卡的使用领域得到了进一步拓宽。2016年，“万物商”“我们国家”“光兴”“未来”“银波山”“实利”等电子商务企业陆续出现，这些企业展开商品、价格、物流配送、电子结算等方面进行激烈竞争，并且不断有新的电子商务企业出现。

总的来看，尽管朝鲜经受严厉的制裁，内部改革不仅没有停步，而且发展极快。预计，随着南北关系的改善，特别是若朝美关系取得突破，朝鲜半岛进入和平构建时期，朝鲜经济的发展必将会进入一个新的发展时期。

推荐阅读：

1. 李基成、金哲：《朝鲜民主主义人民共和国经济概括》，平壤：朝鲜出版物进出口社2017年版。

2. 崔秀男、朴锦顺、安英：《领导朝鲜七十年》，平壤：朝鲜外文出版社2016年版。

3. 林今淑、权哲男：《现代朝鲜经济》，延吉：延边大学出版社2011年版。

---

① 《电子商业服务“玉流”实现购买者配送》，《朝鲜新报》2015年4月2日，平壤。

第五章

俄罗斯经济概览

高际香[*]

1991年12月26日，苏联解体，俄罗斯成为独立国家。因此，阐释俄罗斯经济，离不开对俄罗斯经济转型的分析。经济转型，即计划经济向市场经济转变，是20世纪人类社会经济史的重要篇章。经济转型的根本目标是用市场手段优化配置资源，促进经济发展，实现经济快速增加与社会福利水平提高。俄罗斯作为最大的经济转型国家，是经济转型实践中最醒目的案例之一，对其经济转型的初始条件、转型方式、路径选择、内在机理、转型绩效等进行研究，并以此为基础，对俄罗斯经济发展问题进行深入分析，一方面是对其经济转型绩效的检验；另一方面也是对俄罗斯发展道路的审视，具有重要的理论价值和现实意义。

* 高际香，中国社会科学院俄罗斯东欧中亚研究所研究员。

一、俄罗斯经济转型

经济转型是资源配置和经济发展方式的转变，包括发展模式、发展要素、发展路径等转变。本节所谓的经济转型是指 20 世纪末原计划经济国家向市场经济过渡的改革运动。

（一）俄罗斯经济转型的历史背景

原苏联时期的计划经济体制是研究经济转型的历史起点与逻辑起点。计划经济体制实行全面指令性计划与单一公有制，容易发挥国家的资源动员能力，曾经创造过苏联经济的辉煌。随着时间推移，以资产高度国有化、管理权限集中化、管理方法行政化、资源配置计划化、产品分配无偿化、收入分配平均化为特点的计划经济体制的弊端逐渐显现。因缺乏内在动力机制与竞争机制，20 世纪 80 年代之后，苏联经济活力渐失：经济效率不断下降，经济增长长期停滞，产业结构失衡加剧，科技进步日趋缓慢，民用消费品长期短缺。苏联迫切需要通过制度转型为经济发展提供新的动力，推动经济快速增长和居民福利水平提高。赫鲁晓夫、勃列日涅夫、戈尔巴乔夫执政时期，均尝试进行经济改革，但都没有取得成功，主要原因是历次改革均未把建立市场经济体制作为改革目标，只是对现有计划经济体制的修修补补。历次改革失败迫使政界与民众开始深入思考向市场经济转型的问题。“到 80 年代末期，大多数政治力量和居民在必须进行自由化和向市场经济过渡方面实际上已经达成共识”①。当时普遍认为，除了向市场经济过渡，别无选择。但在向市场经济过渡的目标模式选择、过渡方式、微观经济基础构建、宏观经济调控上，当时存在激烈的论争。1990—1991 年，戈尔巴乔夫执政末期，时任部长会议副主席、经济改革委员会主席的阿巴尔金院士提出向市场经济过渡的三种方案：渐进方案、激进方案和“适度激进方案”，但在政策制定上，其反对以新自由主义和货币主义理论为指导，主张进行温和的经济改革。以俄罗斯第一副总理盖达尔为首的激进派主张以新自由主义和现代货币主义理论为指导，进行激进的经济改革。关于经济转型模式，盖达尔认为必须同过去的体制彻底决裂，主张建立自由市场经济，阿巴尔金认为应当把市场竞争与国家调控、效率与公平相结合，实行社会市场经济。关于向市场经济的过渡方式，盖达尔认为必须选择一步到位的“休克疗法”，阿巴尔金主张向市场经济过渡应当遵循客观经济规律，逐步进行。关于微观经济基础的构建，盖达尔派主张实行范围广泛的私有化，国有经济比重越小越好，私有化速度越快越好，阿巴尔金派主张“非国有化”，建立多种所有制经济。关于宏观经济调控，盖达尔强调自由竞争，主张最大限度地减少国家对经济的干预，阿巴尔金认为，必须保持必要的国家宏观经济调控。

（二）俄罗斯激进的经济转型方式

1992 年起，俄罗斯政府选择采用激进的“休克疗法”启动经济转

① ［俄］Л. Я. 科萨尔斯等：《俄罗斯转型时期的经济与社会》（石泽等译），北京：经济科学出版社 2009 年版，第 59 页。

型，从而使得俄罗斯成为经济转型“休克疗法”的试验场。“休克疗法”原本是医学上的治疗方法，后来被经济学家借用，喻指实行严格的金融政策与财政政策，强行弥合总供给与总需求之间的缺口，从而达到抑制恶性通货膨胀的目标。“休克疗法”理论的创始人是美国哈佛大学教授杰弗里·萨克斯。其在担任玻利维亚总统经济顾问期间，成功运用“休克疗法”制止了恶性通货膨胀，因而声名鹊起。1990 年年初，萨克斯在英国《经济学家》杂志发文，提出从计划经济向市场经济转型应当采取一步到位的激进转型方案，即“休克疗法”。“休克疗法”政策的出发点是必须把市场制度作为完整的有机整体，清晰界定私有产权和实行价格完全自由化是市场机制真正运行的前提。

俄罗斯之所以启动激进转型方式，有其历史原因、现实原因与外部原因。从历史原因看，选择激进转型方式是对苏联时期历次局部和渐进改革无效或者失败的正常反应，认为与其在体制内修修补补，久拖不决，不如速战速决，加速向新体制过渡，一劳永逸地彻底解决问题。从现实原因看，经济、政治与社会原因概莫能外。从经济视角看，1990 年苏联经济首次出现负增长；内债外债高筑，国家财政几近崩溃；对外贸易状况恶化，外贸赤字大幅增加；商品极度短缺，民众生活水平大幅下降。进入 1991 年，苏联经济状况持续恶化，国家陷入严重的经济危机之中。预算赤字占 GDP 的比例高达 20%，消费品价格上涨 101%，外汇难以支撑粮食进口，商品供应严重不足，不得不在所有城市实行严格的凭票供应。此种情境下选择激进改革方式，可以说是应对经济危机的应激反应。从政治视角看，苏联解体后，以叶利钦为首的激进民主派上台，掌握了国家权力执行机关，但是另一个国家最高权力机关——人民代表大会则由俄共等反对派主导。在此状况下，激进民主派出于巩固自身权力的需要，急于在最短时间内从根基上摧毁既有的政治制度与经济制度，使改革进程不可逆转。“休克疗法”的大规模迅速私有化和经济完全自由化是实现上述目标的自然选择。从社会视角看，苏联政治上的日益保守和经济形势持续恶化使社会各阶层，包括新生企业家阶层、充满理想主义色彩的知识分子、国家的特权阶层以及广大民众，都有对社会政治经济制度进行根本变革的诉求。可以说，选择激进的“休克疗法”具有广泛的社会与民意基础。正如“私有化之父丘拜斯”所言：“这是已经成熟了的、使人困扰已久的变革，是由整个俄罗斯的历史进程所准备好了的变革”①。外部原因看，西方与国际金融组织的影响不容忽视。苏联解体之初，俄罗斯实行全面倒向西方的政策，寄望大量获取西方援助。主要西方大国以及由其控制的国际金融组织，以提供巨额援助为诱饵，要求参与俄罗斯经济转型方案制定，把适用于个别国家的做法——“休克疗法”作为普遍经验强加于俄罗斯。

（三）俄罗斯“休克疗法”的主要内容

盖达尔政府在其制订的《俄罗斯联邦经济政策备忘录》和《深化经济改革纲领》中阐述了“休克疗法”的内容。

俄罗斯的“休克疗法”是以经济自由化、宏观经济稳定化、大规模私有化为主要内容的“三位一体”的改革政策组合。从向市场经济转型的视角看，私有化是市场经济建立的基础，经济自由化是市场经济的核心，宏观经济稳定是经济转型的必要条件。

---

① ［俄］阿纳托利·丘拜斯主编：《俄罗斯式的私有化》（乔木森等译），北京：新华出版社 2004 年版，第 12 页。

经济自由化涵盖三项措施。其一是价格自由化。盖达尔政府宣布从1992年1月2日起放开90%的消费品价格、80%的生产资料价格，3月底放开除房租、公务服务、公共交通之外的全部消费品价格，4月中旬放开燃料价格（天然气和电力保持国家调节价）。其二是实行卢布国内可自由兑换。《俄罗斯联邦经济政策备忘录》规定，1992年4月20日之前从多种汇率制过渡到双重汇率制，即在经常项目下实行统一浮动汇率制，资本项目下实行个别固定汇率制。日后在经济稳定和具有充足外汇储备的条件下，再过渡到实行统一固定汇率制。其三是对外贸易自由化。《俄罗斯联邦经济政策备忘录》规定，1992年7月1日之前取消所有商品的出口限额和出口许可证，同时逐步降低和取消出口关税。对继续保留的出口限额，不再以行政方式分配，而是用招标的方式出售。进口方面，实行统一关税与开征单项税相结合的原则，规范关税管理，减少和取消进口许可证和配额。

宏观经济稳定化即财政与金融政策“双紧”。财政紧缩政策的主要目标是缩减预算赤字，尽快实现预算平衡。为增加预算收入，俄罗斯通过启动新税制，提高税率增加税收收入。恢复所有商品的增值税，税率为28%；保留利润税，并取消各种利润税优惠；提高法人财产税和自然人所得税税率；实行统一的燃料原料出口税，税率为外汇收入的20%；实行统一关税，税率为海关申报价的15%；开征石油天然气税，税率为内部价格的50%；征收进口商品增值税与消费税。为缩减预算支出，俄罗斯削减各类支出，如价格补贴、企业亏损补贴，国家投资支出、军费开支和管理机构经费支出等。规定靠预算拨款支付的工资与通货膨胀率脱钩，靠预算拨款支付的工资增幅不得超过实体经济部门工资增长率的90%。金融紧缩政策目标是严控通货膨胀率。此外，严格监督预算执行情况，坚持量入为出的原则。紧缩货币政策的主要目标是抑制通货膨胀。主要从两个方面着手。一方面，严格控制货币发行量，《俄罗斯联邦经济政策备忘录》规定，中央银行为预算赤字提供的贷款不得超过GDP的2%；另一方面，限制银行信贷规模，将中央银行向商业银行贷款的利率从2%提高至9%，规定中央银行向商业银行贷款的限额，放开商业银行利率，实行商业银行存款准备金制。当然，最终目标是建立货币政策长效机制，即逐步过渡到由中央银行运用存款准备金率、再贴现率和公开市场业务等三大货币工具控制经济运行过程中货币总量的目标。

大规模私有化是经济转型的重中之重。私有化目标意在形成广泛的私有化阶层，提高生产效率，构筑市场经济基础。俄罗斯当时计划在3—4年基本完成私有化任务，对原有国有资产进行全部或部分的产权转让。《深化经济改革纲领》提出，到1993年年底，私人手中掌握的生产性资产不得少于国民经济全部生产性资产的30%，1994年年底不得少于50%，1995年底不得低于60%。为加快私有化，政府采取有偿私有化与无偿私有化相结合，强制私有化与主动私有化相结合的原则。

（四）俄罗斯经济转型绩效

经济转型绩效是指经济转型的结果及其成效，其中包括目标模式的实现程度、新制度结构的行为能力和特定制度结构调整后的经济增长、经济总量变化以及社会发展轨迹。简言之，俄罗斯经济转型绩效考察可以从三个方面展开：制度建设、经济增长和社会发展。

1. **制度建设层面**

从制度建设层面看，俄罗斯市场经济制度建设包括四个领域：市场体系建设、宏观调控体制建设、社会保障体制重建、所有制改革。

市场体系建设实质上是“休克疗法”中经济自由化中三项政策（放开物价、实行统一汇率下的卢布自由兑换、贸易自由化）的执行效果。转型初始，俄罗斯一步到位放开了商品与劳务的价格，确立了商品价格由市场供求关系决定的市场经济核心，价格开始在资源配置中发挥主导作用。汇率管理体制方面，1992 年下半年，俄罗斯宣布统一汇率并实行经常项目下的统一浮动汇率制度，1993 年 9 月多种汇率机制演变成统一汇率，之后开始实行有管理的浮动汇率制度。外贸自由化措施的实行使俄罗斯对外经济活动逐步与国际接轨。

宏观调控体系建设主要包括财税体系建设与金融体系建设。在财税体系建设方面，俄罗斯按照市场经济国家通行的做法调整了税制结构，建立了以增值税、消费税和利润税为主体的税收制度，建立了以分税制为原则的分级预算体系，实行了复式预算和国库制，基本实现了国家财政向社会公共财政转化。金融体系建设方面，俄罗斯建立了以中央银行为主导，商业银行与多种金融机构并存的二级银行体系。中央银行的独立地位得到法律确认。资本市场的三大板块：股票市场、国债市场和公司债券市场初具雏形。汇率成为政府和中央银行进行宏观调控的重要手段。

社会保障体系重建方面，俄罗斯一改以往国家“大包大揽”式的普遍保障模式，向普遍保障与收入挂钩的选择保障制度过渡，资金来源除了预算保障，更加多元化和社会化。在处理公平与效率的关系上，由过去的注重公平忽视效率转向注重公平兼顾效率。改革过程中，俄罗斯逐步建立了失业保险制度、强制医疗保险制度、养老保险制度以及社会救助制度。

所有制改革方面，俄罗斯的私有化改革分为“小企业私有化”和“大企业私有化”两种基本形式。小企业私有化历经一年时间就基本完成。大企业私有化则经历了三个阶段。一是 1992 年 7 月初到 1994 年 6 月底的“证券私有化”阶段，通过发放私有化证券无偿转让国有资产。二是 1994 年下半年到 1996 年年底的“现金私有化”阶段，即按市场价格出售国有资产。三是 1997 年开始的“个案私有化”阶段，即为结构调整需要而进行的私有化。私有化重点转向对企业进行内部改造，对已经实现了私有化的企业，通过引入投资者进行股权的重新分配与所有制结构再组合。私有化改造后，俄罗斯形成了以私有经济为主体，国有、集体、合伙制、股份制、私营、个体、独资和合资等多种经济成分并存的多元化所有制格局。

1998 年，叶利钦在总统国情咨文中宣布，俄罗斯已经建立了市场经济。单从相关制度的设立看，俄罗斯确实已经建立了市场经济的基本框架。但从制度的行为能力角度考察，俄罗斯的市场经济机制尚不健全，经济中的扭曲与投机现象依然较为严重，资源配置效率改进程度不高。众所周知，俄罗斯的经济自由化是在政局不稳、国家财政不平衡、通货膨胀水平高、外汇储备减少的条件下实施，一步到位式的价格自由化与卢布自由兑换推高了国内的通货膨胀水平，加剧了经济的美元化，恶化了国际收支状况，使得资本外逃加剧、金融投资泛滥、投资结构更加不合理。外贸自由化加剧了出口的原材料化以及经济对国际市场的依赖度。宏观调控体系运行方面，因经济总量小、经济活动非货币化和美元化等原因使得国家税收任务难以完成，政府可支配资源短缺匮乏，而行政和司法腐败又严重影响了宏观调控体系运行的质量与效率。金融体系运行方面，二级银行体系虽已建立，但存在小银行偏多，总体规模偏小的弊病，加上监管能力薄弱，银行未能有效承担将储蓄转化为投资的功能，而且因银行资本大量参与金融投资，反而加剧了资本运营的低效性与高投机性。私有化完成后，产生了“内部人控制”的公司治理结构，并未发生实质性的企业重组和企业经营机制的市场化转型。

2. 经济增长层面

根据“休克疗法”的激进改革计划，转轨之初 GDP 会出现下降，之后将出现恢复性增长。但现实中“休克疗法”带来的后果是急剧的经济衰退和恶性通货膨胀，经济危机、财政危机、货币危机相互交织。其中，1992 年俄罗斯 GDP 同比下降 14.5%，1993 年同比下降 8.7%，1994 年同比下降 12.7%，1995 年同比下降 4.1%，1996 年同比下降 3.4%，1997 年出现 0.4%的微弱增长，1998 年受金融危机影响，再度下降 4.9%。总计而言，1991—1999 年，俄罗斯 GDP 累积下降近 40%，其中工业下降 46%，农业下降 40%。该时期 GDP 下降幅度超过了俄国历史上经历的三次战争时期：第一次世界大战时期、国内战争时期以及卫国战争时期。从横向比较看，俄罗斯 GDP 下降幅度更加惊人。1990 年俄罗斯 GDP 为美国的 18.8%，中国的 2.8 倍。1997 年分别为美国的 5.4%和中国的 50%①。1991—1998 年的经济衰退使俄罗斯经济总量在世界排名大幅下降。转型前俄罗斯经济总量在世界排名第 3，到 1998 年已降至第 17 位②。

---

① 数据来源：《联合国世界发展报告》和《俄罗斯统计委员会社会经济统计年鉴》相应年度数据；《中华人民共和国 2002 年国民经济和社会发展统计公报》。

② 按实际汇率计算，数据来源为世界银行、国际货币基金组织报告。

3. **社会发展层面**

在以激进方式向市场经济转型的过程中，从旧的计划官僚制度中蜕变而来的新的社会政治经济精英主导经济政策和利益分配格局，再加上所有制关系迅猛变革，使得俄罗斯的社会结构遭受强烈冲击，两极分化严重，贫富差距悬殊。苏联解体之前，10%收入最高人群的平均收入是10%收入最低人群平均收入的3倍，1992年达8倍，1997年逾13倍。到1999年，俄罗斯贫困人口已占1/3。居民实际生活水平严重下降，如果以国际通用的“恩格尔系数”衡量，即食品消费在家庭开支中的比重计算，俄罗斯的指标严重恶化。西方国家的恩格尔系数一般在20%以下，1990年苏联的恩格尔系数为31.5%，1999年俄罗斯已上升到55.7%。人均寿命从1992年以来逐年下降，到1997年男性公民和女性公民的平均寿命已降至60岁和73岁。[①] 人口出生率也急剧下降，多年负增长，甚至到了危及国家安全的地步。财政困难造成科研与教育拨款不足，国民教育和科研体系受到严重冲击，国民素质下降。此外，有组织犯罪盛行，社会动荡不安。整个社会为经济转型付出了沉重的代价。

一般认为，“休克疗法”式的激进经济转型方式在俄罗斯并未取得良好结果，其主要原因如下。

第一，转型初始条件的影响。与其他转型国家相比，俄罗斯转型之前的苏联实行了近70年的社会主义制度。转型之后，旧体制的惯性作用、新旧体制的摩擦、矛盾与冲突比其他任何一个从计划经济向市场经济体制过渡的国家都要严峻。苏联长期实行计划经济，粗放型的增长方式一直未能得到根本改善，严重制约了经济发展。苏联在冷战思维影响

① 俄罗斯国家统计局数据，http://www.gks.ru/wps/wcm/connect/rosstat_main/rosstat/ru/statistics/publications/catalog/doc_1137674209312。

下维持国民经济体系高度军事化，经济结构严重畸形，80%的工业与军工有关。在向市场经济转型过程中，军事工业转型任务要比民用工业更加艰难。军工企业依靠国家订货发展，市场机制难以发挥作用，一旦政府订货减少，军工企业随即陷入困境。此外，经互会解散以及苏联的解体使之前赖以发展的统一经济空间和市场链条断裂，对俄罗斯经济转型带来了消极影响。可见，转型的初始条件决定俄罗斯经济转型面临的挑战史无前例，在苏联解体后，俄罗斯的转型需要完成民族国家重建、民主制度构建、市场经济制度建立、经济结构调整等四重任务，

第二，照搬照抄西方模式。苏联时期的经济学处于意识形态重压之下，长期致力于计划经济理论研究，对于竞争市场、银行体系、外汇交易、金融工具等现代经济学的研究对象较为陌生，严重缺乏现代宏观经济学、资本市场、劳动力市场、国际金融等方面的理论专家。在俄罗斯对经济改革缺乏理论准备的情况下，西方相关学术团体与政府机构积极将经济转轨的所谓标准模式——“华盛顿共识”（特点是“私有化、市场化、自由化”）强推给俄罗斯领导层，即严格控制货币量和最大限度地限制政府的作用。俄罗斯在转型之初，遵循“华盛顿共识”的主旨，对市场机制寄予高度厚望，片面强调削弱政府职能，放弃国家对经济生活的干预，由此造成促进宏观经济稳定与私有化的政治支持和国家政府机构的有效推动作用薄弱。具体实践结果充分表明，“华盛顿共识”并不适合俄罗斯国情，并且带来了较为严重的后果。

第三，转型的政治保障不足。俄罗斯的转型是以全面民主化与大规模经济转型齐头并进为特点。“民主政治”进程开始之初，新旧制度冲突不断，最高决策层在权力分配上难决高下，双重政权并存，相互掣肘。新建立的三权分立制度和多党制度运行之初，多种职能机构之间缺

乏协调，相互牵制严重，加上动荡不定的政局、政府的不断更迭、接二连三的政治风波，经济政策往往成为政治斗争的附属品和牺牲品，导致经济运行长期处于混乱无序的状态。可见，当时的政治不仅未能对经济转轨产生预期的推动作用，反而成为干扰经济转型的重要因素。

第四，转型政策的内在矛盾。俄罗斯的转型政策在实施中存在三对内在矛盾。其一是宏观经济稳定政策与扩大再生产的矛盾。宏观经济稳定政策的核心是紧缩财政与紧缩货币。紧缩财政政策执行的结果之一是政府不再靠增加预算赤字向经营状况不佳的国有企业提供补贴，金融紧缩的结果是大幅提高利率。过分紧缩的政策措施使保持国民经济正常运转所需的货币量严重不足，企业经营资金周转和结算困难，生产因此停滞。经济危机也从最初的财政危机与生产危机并存演变为财政危机、金融危机、债务危机、拖欠危机与投资危机齐聚。其二是放开价格与刺激生产的矛盾。俄罗斯在生产下降、货币供应过剩、供求关系严重失衡的状况下放开价格，目的是利用市场机制刺激生产。但放开价格后，在缺乏竞争的环境下，垄断企业主要靠提高价格而非增加生产来获取利润，从而进一步推高价格，价格上涨使原本居高不下的通货膨胀率急速上升，进而演化为恶性通货膨胀。其三，私有化进程与“休克疗法”其他措施不同步的矛盾。俄罗斯采用“休克疗法”进行激进经济转型，目标是希望通过放开价格、取消计划与行政干预、实行私有化等手段迅速过渡到市场经济。实践中，放开价格、取消计划与行政干预可以一蹴而就，但私有化却难以在短时间完成。措施不同步的结果是计划经济被废止，但市场经济却难以即刻建立起来，也即旧体制停摆，新体制尚未确定，从而形成过渡期的体制真空与机制瘫痪。“休克疗法”的短痛变成长痛，经济处于长期动荡无序状态。

第五，政策导向存在的问题。其一，对西方援助寄予不切实际的期望。激进改革派错误估计形势，设想只要向西方国家认同的转型方向发展，与社会主义决裂，就能获得西方大量资金以支撑经济转型，“休克疗法”造成的各种尖锐问题也能依靠外援缓解。然而西方的援助不仅数量有限而且附带苛刻的政治条件，俄罗斯转型政策和反危机政策的实施总是难令西方满意，因此，即使已经答应的贷款也多数未能兑现。从转轨开始之后七年半时间里，俄罗斯得到的西方援助仅有316亿美元，远远低于俄罗斯外流到西方的资金。实质上，西方援助俄罗斯的目的非常明确，更多出于对自身安全利益考虑，并不希望看到俄罗斯重新强大，维持俄罗斯长期弱而不乱即可。转型几年以后，俄罗斯才认清这一点。此外，在收入分配领域存在较大的政策失误。其二，收入分配政策导向存在的问题。在经济转型进程中有相当长的一段时间，俄罗斯在政策选择上片面追求效率，忽视了公平问题。在废除原有社会保障体制的同时，对各阶层收入差距不断扩大的趋势未能采取有效的收入分配政策，社会公平问题长期得不到解决，大多数居民因生活水平每况愈下而与政府处于对立状态，由此造成改革得不到支持，市场经济秩序难以建立、社会不稳定等问题。

二、普京执政下的俄罗斯经济

1999年年末，叶利钦总统辞职，普京继任总统，由此开启了普京时代。俄罗斯经济也从体制机制剧烈转型阶段逐渐过渡到常态化发展阶段。在对苏联时期经济存在的顽疾进行重新审视以及总结“休克疗法”

教训的基础之上，普京在不断完善业已建立的市场经济体制的同时，对经济政策进行了全面调整。俄罗斯经济从严重的经济危机状态摆脱出来，走向复苏。2008—2012 年开启梅德韦杰夫任总统、普京任总理的“梅普组合时代”，在延续普京第一、第二任期经济政策的基础之上，俄罗斯提出了“经济现代化”方案。2012 至 2018 年的普京第三任期，其经济政策重点是发展创新型经济。

（一）普京第一任期

2000—2004 年，普京在第一任期，提出了强国富民的明确目标，对经济发展政策进行了全面调整。普京把经济发展问题提到了头等重要的地位，其经济政策调整的主攻方向是为经济社会长期快速和稳定发展创造适宜的制度环境，重点包括以下四个方面内容。

首先，着手制订长期经济发展战略。普京执政伊始即组建战略研究中心，以该中心为依托，吸纳其他相关研究机构，汇集各方智慧，群策群力谋划未来十年的经济发展战略。当年 8 月，战略研究中心制订了《2000—2001 年俄联邦政府社会政策和经济现代化领域的行动计划》，2001 年 1 月和 4 月又分别推出《俄联邦政府长期社会经济政策基本方针》和《2002—2004 年社会经济发展中期规划》。上述行动计划、基本方针和规划奠定了 21 世纪前十年俄罗斯经济社会发展的战略基础。

其次，强化宏观调控。为建立经济社会领域完善的国家调控体系，发挥国家在调控经济方面的作用，普京强调树立国家权威，整顿国家秩序，建立严明公正之规则。为强化自上而下的垂直权利体系，建立全国统一的法律和经济空间，统一全国经济政策，2000 年 5 月，普京将俄罗斯划分为七大联邦区，并在每个联邦区派驻总统全权代表，由其协调并监督地方政府工作，有效克服了地方市场的分立割据状态。财政政策方面，规范预算联邦制，政府间财政关系从“划分资金”转变为“划分财权”。金融政策方面，逐步完善金融体系，恢复和发展证券市场，疏通融资渠道。汇率政策方面，实施有管理的浮动汇率制度。在国有资产管理领域，2001 年 12 月，俄罗斯颁布了新的《国有资产和市政资产私有化法》，停止大规模廉价出售国有资产，加强国家对私有化的管理与监督，同时国家开始对战略性企业实行控股。

再次，经济发展中更加注重社会公平问题。在收入分配政策上，力求在增加居民实际收入的基础上实行切实可行的社会政策，优先发展医疗、教育和文化事业。为此，开始从整体上规划社会保障制度框架，协调社会政策各个领域的协调发展，并重点加强养老保障、失业保险、贫困救济等制度建设。从 2002 年起，俄罗斯开始实施“三支柱”型养老保障制度①，在财务机制上从原来的“现收现付”制②过渡到部分积累制。

最后，积极融入世界经济体系。普京强调在保护本国民族工业的基础上循序渐进地融入世界经济体系。在融入方式上，首先加强区域经济合作，并在区域经济合作的基础上参与更大范围的国际经济合作。为在更大范围上融入世界经济体系，俄罗斯把加入世界贸易组织作为重要目

---

① 第一支柱：社会养老保险，提供给无力缴纳养老保险费的特困人群；第二支柱：强制养老保险，这是“三支柱”中最重要的部分，其资金来源于企业和职工的缴费和基金收益，它要求所有雇员必须加入并且为其建立个人账户；第三支柱：补充养老保险，也称为职业年金计划或企业年金计划，它是私人管理的退休计划，由雇主自愿建立，所有雇员都可以自愿参加，采用基金制的个人账户管理方式。

② 用当代劳动者缴纳的养老费支付退休劳动者的养老待遇，当年提取，当年支付完毕，不做任何积累。

标。加入世界贸易组织的前提条件是建立以宪法为中心的统一法律空间，为此，俄罗斯政府着手进行政策法规调整并降低关税。与联邦法律不符的地方法规 80%得到纠正，在新的《税法典》中也规定，从 2001 年起大幅调整关税。

（二）普京第二任期

2004 年 3 月，普京进入总统第二任期。鉴于其在第一任期已经建立起以总统权力为核心的强有力的国家政权体系，为第二任期经济政策调整做好了政治上的准备。普京第二任期经济政策重点是着力于解决经济社会发展中遇到的棘手问题。

第一，强化国家对战略行业的控制。政府将国防、石油天然气、运输、电力、对外贸易、金融、渔业、钢铁行业中的 1000 多家大中型企业确定为战略企业，并规定战略企业不得实行私有化。从 2005 年起，通过一系列大型并购方式，实现国家对俄罗斯对外贸易银行、俄罗斯石油公司、俄罗斯天然气工业股份公司和部分军品出口公司的控股，恢复国家对一系列重要战略行业的控制权。2007 年起，战略行业继续扩充，住房建设、核能、纳米技术等高科技行业的企业也相继被纳入国有化名单。为进一步强化国家对战略性企业的控制，通过调整人事制度，将许多政府高官派驻到战略企业兼职。

第二，宏观经济政策趋向积极。在财政政策上，调整预算支出结构。2006—2008 年预算支出结构中，社会、安全和长期发展被确定为三大战略优先方向，并保持合理的支出比例。强调预算对国家经济发展的贡献，政府开始积极扩大公共投资。2006 年设立投资基金，主要用于建设全国性和跨地区的基础设施项目、鼓励高科技部门发展和推进创新项目。税收政策从侧重国库功能转向推进经济发展，通过减少税种、简化税制降低企业税收负担。货币政策上，侧重保障卢布稳定并将通货膨胀率控制在较低水平。汇率政策上，储备货币篮子从单一美元改为美元欧元为主的多币种，并于 2006 年下半年起实现卢布完全自由兑换。

第三，更加侧重改善民生。随着经济形势好转，对社会领域的投入不断增多。从 2005 年起，教育、医疗、住房和农业被列为“国家四大民生工程”，为此专门设立国家发展优先计划委员会，由普京担任主席。同时，致力于社会基本保障制度的改革与完善，对养老保障制度、医疗保障制度、教育制度、住房保障制度进行重大调整及完善。此外，为切实解决俄罗斯人口下降问题，开始用经济补偿办法引导和鼓励生育。除了发放一次性生育津贴、每月的育儿补贴（到婴儿 1 岁半），从 2006 年起从社会福利基金中拿出部分资金用于发放“保育票证”，2007 年起为生育第二个孩子的家庭设立“多子女鼓励基金”（也称“母亲基金”）。“多子女鼓励基金”可以用于改善居住条件（买房或者自建住房）、子女教育支出、母亲的养老储蓄金积累等。在外来移民政策上侧重吸纳来自独联体国家居民以及高素质移民，2006 年 6 月正式批准《同胞自愿移居俄罗斯国家纲要》。

（三）梅普组合时期

2008—2012 年是俄罗斯历史上的特殊时期，该时期经济政策基本上是普京前两个任期政策的延续，但在局部也进行了一定修正。其一，确定长期经济社会发展方向。2008 年年底，俄罗斯政府批准了《俄罗斯 2020 年前经济社会长期发展战略》。战略确定的总体目标是使俄罗斯经济社会发展水平足以支撑其作为 21 世纪世界强国的地位，使俄罗斯在全球经济竞争中处于超前地位。2015—2020 年，从经济规模（按照按购买力平价计算的 GDP）衡量，俄罗斯进入世界前五强。俄罗斯发展模式实现重大调整，从原料出口型经济向社会创新型发展模式转变，即向注重民生的创新型发展模式转变。由此，提出从六个方面寻求经济模式转型的突破口：充分发挥俄罗斯人力资本的潜力；形成高度竞争的制度环境；以技术创新为基础实现经济结构多元化；巩固和增强俄罗斯在传统领域（能源、交通、农业、自然资源加工业）的全球竞争优势；巩固和增强俄罗斯的对外经济地位；构建俄罗斯地区经济发展新模式。其二，提出以振兴五大高科技领域为核心的经济现代化方案。梅德韦杰夫的经济现代化思想主要集中在其文章《前进，俄罗斯！》和 2009 年的国情咨文中。梅德韦杰夫认为，俄罗斯存在经济落后、腐败和官僚主义三大顽疾，必须以民主价值观和民主政治体系为基础，健全法制，对国家进行全面的现代化改造，改变能源原材料依赖型经济结构，经济现代化应当以节能、核技术、信息技术、空间技术、医疗器械和医药五大优先领域为核心。遗憾的是，该时期确定的经济政策还未来得及实施，2008 年的金融危机就已爆发。俄罗斯政府的经济政策不得不转向以稳定金融和社会保障为重点的反危机计划。

（四）普京第三任期

2012 年 3 月普京毫无悬念地当选为总统，进入第三任期。普京第三任期经济政策的重点是在政府主导下发展创新型经济。发展创新型经济的主要思路在于四个方面：一是提升科研机构、高等院校和企业的技术研发能力；二是鼓励向创新领域投资，发展创新产业链；三是通过实施产业政策，依托大型国有企业和一体化集团进行资源重组，占据技术领先地位；四是把核能、复合材料、生物技术和基因工程、航空航天、通信技术、纳米技术、核工业等作为技术发展优先方向。但2014年国际石油价格大幅下挫以及由于乌克兰事件引起的美欧对俄制裁，使俄罗斯经济陷入困境。美欧制裁试图通过三条路径打击俄罗斯经济：一是通过限制向俄罗斯出口敏感技术，打击其开发北极、深海和页岩储备的能力，削弱掌握俄罗斯经济命脉的能源企业以及科技创新能力较强的军工企业，试图对俄罗斯政府获取主要财源的长期潜力构成威胁，并影响俄罗斯创新潜力的发挥；二是封锁俄罗斯国有银行融资渠道，加剧俄罗斯企业融资困境；三是动摇市场信心，加剧资金外逃，使俄罗斯投资环境进一步恶化。为应对制裁与危机，俄罗斯实施反制裁措施并推出反危机计划。反制裁措施主要包括三方面内容：禁止从对俄罗斯实施制裁的国家进口水果、蔬菜、肉类、鱼、牛奶和乳制品；建立并启用本国支付体系；在农业、食品工业、医药、国防工业、机械制造、石油化工、轻工、信息产业、航空航天、原子能产业、生物技术等20多个行业实施进口替代战略。反危机计划有两个，一是《2015年俄联邦保障经济持续发展和社会稳定首要措施计划》，二是《2016年俄罗斯联邦政府保障经济社会稳定发展行动计划》。2015年的“反危机计划”旨在积极推进经济结构改革、稳定关键行业骨干企业、稳定劳动力市场、降低通货膨胀率、弱化必需消费品和服务价格上涨对低收入家庭的影响，促进经济增长，实现宏观经济稳定。2016年的“反危机计划”中，不仅包括稳定社会经济状况的紧急措施，如社会保障及就业措施、关键行业发展措施、非能源类产品出口措施、扶持中小企业发展措施等；还包括通过完善制度设计实现可持续发展的结构性改革措施。

（五）经济发展成效

1999—2007 年，也即普京的第一、第二任期，俄罗斯经济发展成效斐然。主要体现在五个方面。一是经济实现了持续快速平稳增长，经济增幅远超世界平均水平。1999—2007 年俄罗斯 GDP 累计增长超过 80%，年均增长为 6. 9%，而同期世界经济累计增长 46. 4%，年均增长率为 4. 7%。二是经济体量增加明显。到 2007 年，俄罗斯按汇率计算的 GDP 已达 1. 37 万亿美元，成为世界十大经济体之一，人均 GDP 按购买力平价计算已达 1. 2 万美元。[①] 三是财政金融状况明显改善，经济抵御风险能力显著增强。八年间俄罗斯联邦预算连年盈余，国际收支状况改善，外汇储备不断增加。2008 年年初，俄罗斯外汇储备总量达 4800 亿美元，仅次于中国和日本，在世界排名第三位。充裕的外汇储备成为俄罗斯提前偿还外债和设立稳定基金的基础。2006—2007 年，俄罗斯提供偿还了巴黎俱乐部和国际货币基金组织的外债，外债负担明显下降。截至 2008 年年初，稳定基金规模占 GDP 的比例已达 11. 8%。四是实体经济取得较大发展。1999—2007 年，俄罗斯工业产值累计增长 60%，农业产值累计增长超过 1/3，服务业产值在 GDP 中占比明显增加。五是居民收入大幅提高。2000—2007 年俄罗斯居民实际收入增长 150%，失业率下降 50%，贫困率缩减一半。一般认为，此八年间俄罗斯经济发展

① 世界银行数据。

取得的成就，主要与国际市场石油价格上涨有关。1999 年布伦特原油价格为 15.9 美元/桶，2007 年已经飙升至 72.5 美元/桶。[①] 当然，与普京第一第二任期执行的经济政策也不无关系。普京经济政策的中心是追求经济高速增长，支撑经济增长的四大支柱是坚持市场化改革方向、强化政府作用、充分发挥企业的积极性和主动性、经济与社会平衡发展。在收入分配领域，普京执行实际工资、居民货币收入、养老金、居民最低生活保障线和社会补贴超前增长政策（增长率超过 GDP 增长率），对于扩大内需起了重要作用。

2008—2017 年，即“梅普组合”时期与普京第三任期，俄罗斯经济年均增长率仅为 1.2%。其间，受 2008 年金融危机影响，2009 年俄罗斯 GDP 下降 7.8%，2010 年经济开始回升，2010 年与 2011 年的经济增长率均为 4.3%，2012 年为 3.7%，2013 年仅为 1.3%。2014 年国际市场石油价格下降和制裁因素使俄罗斯经济步入下行通道，2015 年下降 3.7%，2016 年下降 0.6%，2017 年恢复微弱增长，增长率为 1.4%。[②] 该时期俄罗斯经济发展的不良表现固然与国际金融危机冲击、制裁因素影响、石油价格下挫有关，但深层次的原因在于四个方面。首先是改革不彻底，国家在经济生活中的地位与作用并未得到合理限定。从普京第二任期开始，国家在经济中的地位与影响力日益增强，不仅强化了对经济的宏观调控，而且加强了对企业的微观控制，国有经济成分明显增加。随着国家对经济干预范围的扩大，国家垄断的加深，自由竞争受到抑制，企业投资积极性下降。此外，政府行政的随意性、官员腐

① BP 数据，转引自：陆南泉主编、李建民分卷主编：《曲折的历程：俄罗斯经济卷》，北京：东方出版社 2015 年版，第 28 页。

② 俄罗斯国家统计局历年数据，http://www.gks.ru/wps/wcm/connect/rosstat_main/rosstat/ru/statistics/accounts/#。

败、滥用权力等导致企业对国家的产权保护和契约精神的执行力度缺乏信心。其次是经济结构失衡问题并未得到根本性解决。俄罗斯经济结构失衡体现在产业结构失衡和区域经济发展失衡两个方面。在产业结构上，三次产业的构成及比例失衡，工业结构中能源和原材料工业中占比过重，服务业结构中劳动密集型服务业所占过大。在区域经济发展失衡方面，欧洲部分与亚洲部分发展失衡、城乡发展失衡、中心城市与边远区域发展失衡有加剧趋势。再次是固定资产老化问题。从固定资产磨损率看，俄罗斯固定资产严重老化，2014 年已达 49.4%。一般而言，固定资产磨损率达 50%，则仅能维持简单再生产。可见，俄罗斯固定资产磨损程度已接近仅能维持简单再生产的边缘。从行业来看，固定资产磨损率超过 50%，已难以维持简单再生产的行业主要有鱼类捕捞与鱼类养殖、采矿业、建筑业、交通通信业、教育行业、医疗与社会服务业。从地区视角看，截至 2013 年，伏尔加河沿岸联邦区和乌拉尔联邦区固定资产磨损率高达 53.7% 和 55.1%，西伯利亚联邦区接近 50%。[①] 最后是体制机制问题制约创新型经济发展。俄罗斯科研投入规模较小，2013 年，科研和创新投入占 GDP 的比例 1.12%，远低于世界主要国家的水平（2013 年日本为 3.43%，德国为 2.85%，美国为 2.81%，中国为 2.02%），无法满足企业对先进技术日益增长的需要。先进科技成果的转化能力较差，难以形成现实生产力。企业创新动力不足，2016 年全球创新指数排名中，俄罗斯居于第 43 位，创新型企业不足 9%（发达国家的比例高达 30%—50%）[②]。

---

① 俄罗斯国家统计局数据，转引自高际香：《俄罗斯固定资产投资问题解析》，《欧亚经济》2017 年第 5 期，第 46 页。

② Индикаторы науки: 2016. Статистический сборник. М.: НИУ ВШЭ, 2016. С. 72.

三、俄罗斯未来经济发展展望

2018年5月，普京开启他的第四个总统任期。从其就职伊始发布的五月命令及其后联邦政府出台的一系列文件看，促进经济增速提质对俄罗斯而言至关重要。未来六年俄罗斯经济发展目标聚焦在四个方面：促进经济长期持续稳定增长；增强国家科技实力；提升经济竞争力；提高居民生活水平和改善居民生活质量。其经济政策着力点将主要集中在如下六大方向。

第一，增加人力资本数量并提升质量。从2017年起，俄罗斯将进入一个漫长的人口指标恶化期，未来十年的劳动力数量将每年缩减0.5%—0.7%，导致经济增长率下挫约0.5%。增加人力资本数量并提升质量成为重中之重。俄罗斯将通过增加教育、医疗投入、增加住房供给、缩减贫困、延迟退休来实现达到人力资本数量和质量双提升的目标。2025年，俄罗斯预期寿命达到78岁；贫困人口减少一半；每年有超过500万居民改善住房条件；劳动年龄人口数量在2035年达到8800万—9000万[①]。

第二，通过科技进步、经济数字化推动产业转型升级。2024年前俄罗斯科技发展目标主要有：创建世界级科学中心，包括数学中心和基因研究中心；创建不少于15个世界级科教中心。《俄联邦科学技术发展战略》（2016年第642号）确定了未来10—15年俄罗斯科技发展的七

① Указ «О национальных целях и стратегических задачах развития Российской Федерации на период до 2024 года», http: //kremlin. ru/acts/news/57425.

大重点领域：一是先进数字和智能制造技术、机器人制造系统、新材料和新结构设计、大数据处理系统、机器学习和人工智能；二是环保和节能技术，有助于提高碳氢化合物开采和深加工效率的技术，能源开采、运输与存储技术；三是精准医疗、高科技医疗与保健技术；四是高产环保农业与养殖业；五是防范和消除对社会、经济和国家造成危害的技术；六是推动俄罗斯在开发和利用太空、海洋、南极、北极等方面占据世界领先地位的智能交通和通信技术；七是有助于俄罗斯社会有效应对全球化时代来自人与自然、人与技术以及社会制度之间巨大挑战的技术与方法。2017 年 7 月批准的《俄联邦数字经济规划》确定了推动数字经济发展的五大基础方向：法律法规管理、数字经济生态系统建设、数字教育与人才培养、研究能力培育与技术设施建设、信息基础设施建设和信息安全。聚焦五大基础方向，该规划对 2024 年之前数字经济发展需要达成的目标进行了量化设定：打造至少 10 家具有全球竞争力的数字生态系统运营商；搭建至少 10 个数字化平台（其中包括数字医疗、数字教育和智慧城市等）；培育至少 500 家进行数字技术研发、创立数字平台和提供数字服务的中小企业；97%的家庭接入 100 兆带宽网络；100 万人口以上城市覆盖 5G 网络；高校每年培养 12 万名信息通信技术相关专业毕业生；高等与中等职业教育机构每年培养 80 万名掌握先进信息技术的毕业生；掌握数字技能的居民比例达到 40%；在数字经济领域实施至少 30 个项目（每个项目金额不低于 1 亿卢布）；至少 10 个俄罗斯公司能够参与数字经济领域国际科技合作优先方向大型项目（项目金额 300 万美元）；国家和公共机构之间的安全信息交互标准使用率达到75%；经境外服务器传输的俄罗斯互联网流量比例降至5%。①

第三，增加基础设施建设投资。固定资产投资占GDP的比重增至24%对俄罗斯经济增长具有重要意义。在增加固定资产投资方面，最具潜力的是基础设施投资。未来六年俄罗斯拟建的基础设施项目包括2000公里高速铁路、4000公里高速公路等。从地区中心城市到任何一个60公里以内的城市和大村庄，均在1小时内抵达；从地区中心城市抵达最近的百万人口城市的时间不超过4.5小时。为增加基础设施建设投资，俄罗斯拟推出的主要资金筹措渠是设立基础设施基金。基本设想是从2019年起设立基础设施建设基金，基金总额占GDP的比重将达3%。②

第四，增加非能源产品出口。未来六年，俄罗斯非原材料非能源商品年出口额目标是达到2500亿美元，其中，机械制造产品出口额达500亿美元，农产品出口额达到450亿美元，服务出口达到1000亿美元。为此，俄罗斯将通过取消外汇管制、简化行政手续、与其他国家签署优惠贸易协定等方式推进非原料产品出口。其中，以欧亚经济联盟为一个整体，积极与其他国家或经济合作组织设立自贸区是重要政策方向之一。以与越南签署自贸协定为开端，欧亚经济联盟与伊朗、新加坡、韩国、印度、以色列、塞尔维亚的相关自贸区谈判正在进行之中。2018年5月，《中国与欧亚经济联盟经贸合作协议》已经签署。

第五，激发创造力，鼓励竞争。针对目前只有6%的俄罗斯人创业，

---

① «Программа “Цифровая экономика Российской Федерации”», http://static.government.ru/media/files/9gFM4FHj4PsB79I5v7yLVuPgu4bvR7M0.pdf.

② Силуанов объявил о создании фонда для инфраструктурных инвестиций, https://www.rbc.ru/economics/24/05/2018/5b0667fc9a794712016f7f9ahttps://www.rbc.ru/economics/24/05/2018/5b0667fc9a794712016f7f9a.

2.1%的俄罗斯人计划在3年内创业，中小企业对GDP的贡献仅为20%（欧洲国家为50%—60%），中小企业就业人员仅占27%（欧洲为60%—70%，亚洲为80%—90%）等现实情况，俄罗斯力图刺激中小企业发展。为此设定的目标是2024年前，将中小企业就业人数增至250万人。与此同时，针对2016年国有企业产值占GDP比重为46%的现状，俄罗斯将持续推进私有化，强化市场力量，拟在2024年将国有企业产值占GDP比重降为40%。[①]

第六，城市群和北极开发助推区域发展。促进城市群发展是区域经济政策的主要方向之一。初步的设想是城市年均投资增长率（莫斯科和圣彼得堡除外）不低于5%，中心城市超过100万人的城市群对GDP的贡献率从40%增加到50%[②]。同时，积极推进北极开发也被提上日程。根据2017年8月俄罗斯政府批准《俄联邦北极地区经济社会发展国家规划》，北极开发的主要目标是：把北海航道发展成为俄罗斯联邦在北极的国家交通干线，创造条件发展水域航行水文气象保障系统；通过科技发展，提高俄罗斯联邦北极地区和俄罗斯联邦北极大陆架资源基地的利用效率；提高国家对俄罗斯联邦北极地区社会经济发展的管理效率。该规划下设三个子规划，分别涉及“发展支柱区”、北海航路发展与极地航行、北极区域矿产资源开发所需油气设备和工程技术设备的制造。

为配合上述六大着力点，俄罗斯亦将调整财政货币政策。财政政策调整方向主要在两个方面。一是进行税收政策调整。将根据经济结构调

---

① «Стратегические вызовы и решения для России 2018 - 2024 », Центр стратегических разработок, https: //www. iep. ru/files/Gaidarovskie_ chtenia/2018/arkhangelsk/kudrin. pdf.

② «Государственная программа Российской Федерации“Социально-экономическое развитие Арктической зоны Российской Федерации”»от 31 августа 2017 г. № 1064.

整目标和就业需要，对直接税和间接税进行结构性调整，导致不公平竞争的不合理税收优惠也将逐渐取消，并且将针对新业态的发展完善相关税收，对境外网购商品征税。二是预算支出结构调整，其主要调整方向将是增加教育、医疗支出，适当缩减国家安全及执法行动的支出和国防支出。货币政策也将从两个方面做出调整。其一是重建大众对中央银行的信任，降低通胀预期，提升信息透明度，增强民众对货币政策目标、措施和政策实施结果的理解。其二是通过增强对未来金融状况、经济体系反应和物价动态的预测力，及时对货币政策做出相应调整。

普京第四任期欲实现上述发展目标，需要克服两方面障碍。从外部看，当今世界正处于向多元化的演进过程之中，地缘政治和世界经济发展中的不确定性与不稳定性增加，全球竞争加剧。美欧制裁背景下，发达国家把自身在经济发展、高科技方面的优势作为全球竞争的工具，对俄罗斯获取外部金融资源和先进技术的努力进行围堵，在构建经贸和金融投资多边调控机制方面绕开俄罗斯。对于在全球产业链中参与度不够，缺乏在世界经济中具有全球领导地位的非原料型企业的俄罗斯而言，挑战不小。从内部来看，俄罗斯需要克服的障碍包括：投资环境不佳、经营成本高、行政障碍较多、私有产权保护不力、实体经济投资不足；创新积极性不足、新技术和前沿技术研发落后、本国专家的技能水平和核心竞争力不足；长期融资不足、交通和能源基础设施发展不足；居民收入水平差距较大，教育、医疗服务的“可及性”欠佳，人力资本发展潜力不足；区域发展失衡；国家管理欠缺效率等。

推荐阅读：

1. 陆南泉主编、李建民分卷主编：《曲折的历程：俄罗斯经济卷》，北京：东方出版社 2015 年版。

2. 陆南泉主编：《俄罗斯经济二十年（1992—2011）》，北京：社会科学文献出版社 2013 年版。

3. 高际香：《从普京第四任期经济政策着力点看中俄经济合作方向》，《西伯利亚研究》2018 年第 4 期。

第六章

蒙古经济概览

娜　琳*

蒙古①位于蒙古高原，平均海拔1580米。蒙古地处东北亚地区，是中国和俄罗斯之间的世界第二大内陆国家。蒙古边界线长度为8252.7公里，其中，南部与中国接壤的边界长度为4709.7公里，北部与俄罗斯接壤的边界长度为3543公里。蒙古土面积为156.41万平方公里，居世界第19位和亚洲第6位。截至2018年7月，蒙古总人口为320万。首都乌兰巴托，常住人口143.5万（2017年）②。蒙古堪称地广人稀，资源丰富的国家。其国土面积的80%覆盖着茫茫的草原，蒙古迄今保留

* 娜琳，内蒙古大学蒙古学研究中心专职研究员，博士。本章引用数据资料来自蒙古国家统计委员会（统计局）和蒙古国家海关总署相关年份公布的统计数据资料。

① 蒙古：原称喀尔喀蒙古或外蒙古，1924年11月26日—1992年2月12日为蒙古人民共和国（新蒙文：Бүгд Найрамдах Монгол Ард Улс），1992年2月12日改称蒙古国（Монгол Улс），简称蒙古。

② 引自乌兰巴托人民代表大会通过的《在乌兰巴托实施可持续发展目标路线图》，《蒙古消息报》2018年第46期。

着逐水草而居的顺应大自然的游牧生产生活方式，是世界少有的畜牧业国，数百年以来畜牧业是蒙古经济的基础。蒙古矿产资源丰富，初步估计拥有1.3万亿美元的矿产资源。① 煤炭、铜、黄金等矿产品储量居世界前列。20世纪90年代初，蒙古进行民主改革，实行多党议会制，摒弃计划经济，发展市场经济，并于1997年1月加入世界贸易组织。

近年来，特别是2000年实施“矿业兴国”战略以来，蒙古依靠矿业开发和矿产品出口，带动了相关产业和基础设施建设的发展，经济发展前景良好。2000—2011年，蒙古经济年均增长率达到9%，最高峰时达到2011年的17.3%，居亚洲第一、全球第三的高增幅。但是高峰之后遭遇“资源诅咒”的尴尬，陷入了一场经济危机，直到现在仍然处在恢复阶段，2017年起经济成长率由前一年的1.2%增至5.1%，2018年经济增幅达到6.9%。②

中蒙两国是山水相连的近邻。两国在政治上建立了全面战略伙伴关系，经济合作上中国是蒙古第一大贸易伙伴和主要的投资来源国。中蒙两国经济互补性强，经贸合作前景广阔。2014年8月，国家主席习近平访问蒙古期间，两国新签署《中华人民共和国政府和蒙古国政府经济贸易合作中期发展纲要》，未来中蒙两国经贸合作继续按照矿产资源、基础设施、金融合作“三位一体、统筹推进”的经贸合作总体思路，开展互利共赢合作。中蒙两国经贸合作取得良好成绩的同时，也面临很多困难和挑战，需要克服和妥善解决合作当中遇到的困难和问题，实现双方互利共赢，并推动中蒙经贸合作平稳健康发展。

---

① 杨可瞻、钟舒：《蒙古国矿富背后的“烦恼”》，《每日经济新闻》2012年6月27日。

② 北京圣运律师事务所：《2018年蒙古和哈萨克斯坦GDP数据》，2019年2月17日。

一、蒙古经济进程

(一) 历史发展概述（1921—1947）

1921 年“人民革命胜利”前的蒙古经济，是一个僧俗封建主统治下的单一游牧经济，主要生产资料——土地属于封建王公贵族和喇嘛寺院所有。游牧养畜业是主要的经济部门，从事畜牧业的人口占总人口的90%。当时的蒙古几乎没有种植业、工业、银行和交通运输业（运输靠畜力和驿站）。工业——几百家手工作坊主要集中在大库仑（今称乌兰巴托），以加工皮毛、手工地毯、木器、银器、马鞍、马靴为主。商业被控制在外国资本家和商人手里，主要是建国前的内地汉人和俄罗斯人，还有日本、英国、美国等国家的商号货栈，他们经营食品、谷物、茶叶、烟、布匹、绸缎和杂货。居民的生活必需品约 2/3 来自畜产品，1/3 由外部输入。1921 年蒙古“独立”之后，蒙古人民革命党和蒙古人民政府废除了封建牧奴制，终结封建生产关系，政府将土地、牧场收归国有，废除一切外国商号和高利贷者的债务，并建立了一批工厂、运输机构、国营农牧场等。从此，蒙古在单一畜牧业经济的基础上，逐步发展起种植业、工业、运输业、建筑业等多种经济部门，并形成了工人、职员阶层。

1924 年，蒙古召开首届国家大人民呼拉尔，颁布第一部宪法，宣布成立蒙古人民共和国。随之，颁布了相关法律法规，对传统的畜牧业进行了合作制改造，形成国家公有、合作社集体所有、牧民牲畜私有等三种所有制体制，使其畜牧业经济有了较大发展。同时，在苏联的支援下，蒙古人民共和国建立了银行，“蒙古贸易与工业银行”（蒙苏合营），后改称“蒙古人民共和国银行”（蒙古银行）。1925 年 2 月开始发行国家货币，命名为“图格里克”。20 世纪 20—40 年代期间，成立了蒙苏合股“蒙古建筑公司”、制砖厂、锯木场、洗毛厂等小型工厂企业以外，在首都乌兰巴托市等地建立了电报、电话等通信设施，陆续建立煤矿、发电厂，以及修建公路和铁路等基础设施。1921—1947 年，随着工业的发展，蒙古的工人阶层随之增多。1928 年，蒙古总人口为 66 万，只有 300 多名工人；到了 1940 年，蒙古总人口 73.86 万①，工人数目已经达到 13000 人以上，1944 年又比 1941 年增加了 30%②。1947 年，以国营农牧场为主体的种植业生产形成规模，农业用地达到 3 万公顷，主要种植小麦、大麦、糜米和少量旱地蔬菜，农业机械化程度也随之得到提高。

无疑，以上蒙古的经济发展变化，标志着有千百年经营传统的单一游牧畜牧业经济的蒙古正向畜牧业—工业化进程迈开步伐。

（二）漫长的计划经济时期（1948—1990）

从 1948 年开始，蒙古进入了有计划的经济建设时期。截至 1990 年，已经完成了八个五年计划和一个三年计划。

---

① ［蒙］蒙古人民共和国国家统计中心：《蒙古人民共和国国民经济 65 年》，1986 年，乌兰巴托，第 5 页。

② 中共中央对外联络部二局：《蒙古经济概况》，1977 年 12 月，北京，第 5 页。

第一个五年计划（1948—1952）期间，蒙古人民共和国国民经济的基本目标是，“在充分利用国家内部资源的基础上大力发展蒙古人民共和国的生产力，特别是不断发展其经济基础——畜牧业”[①]，主要是发展畜牧业和提高畜产品的生产率。在此期间，政府采取增建牧业生产合作社和国营农牧场，培养大批畜牧业专家，扩大兽医网，新建马拉机割草机站等有效措施下，1952 年蒙古传统的五种牲畜（牛、马、骆驼、绵羊和山羊）总头（只）数比 1947 年增长 8.7%[②]，达到 2300 万头（只）。

第二个五年计划（1953—1957）期间，蒙古人民共和国发展国民经济的计划主要是大规模发展畜牧业，计划在 1957 年实现全国牲畜数量达到 2750 万头只的目标，粮食产量增加 72%。进一步发展国民经济各个部门，使社会主义成分不断增长，在计划经济体制下，发展国有经济，限制私营部门的发展。本五年计划执行结果是，蒙古的工业发展取得了显著成效，1957 年的工业总产值比 1952 年增长 85.3%，达到 3.467 亿图格里克，其工业总产值在整个国民经济中所占比重提高到 41%，畜牧业经济中合作化成分达到 35%。但是，畜牧业牲畜增长指数没有达标，1957 年全国五种牲畜总头只数仅为 2333.9 万头（只），比原计划少 416 万，比 1950 年的 2270.22 万头（只）仅增长 2.3%[③]。

三年计划[④]（1958—1960）期间，蒙古大规模开展了农牧业集体化运动。到 1959 年底，全国 99.3%的牧户和 73.3%牲畜（见表 1）加入

① 枢原：《蒙古人民共和国》，北京：世界知识出版社 1961 年版。

② ［蒙］中共中央对外联络部二局编译：《蒙古人民革命党代表大会、代表会议和中央全会决议汇编（1940—1956）》第 2 卷，中译本（1978 年 1 月），第 282 页。

③ 中共中央对外联络部二局：《蒙古经济概况》，1977 年 12 月，北京，第 71 页。

④ 蒙古人民共和国为了将本国经济发展五年计划同苏联经济发展的五年计划协调，在 1958—1960 年编制了一个三年计划，此后蒙苏两国的五年计划均同步开始和结束。

了合作社体系。1960 年初全国总人口为 98.81 万[①]，16 岁以上的合作社社员，由 1957 年的 11.97 万人增加到 21.29 万人。国民经济三年计划期间，蒙古主要发展了农牧业，特别是种植业发展较快。基本投资大幅增长，到 1960 年总投资额达 9.61 亿图格里克，加进外援，三年内基本投资达到 13 亿图格里克。此间，全国播种面积迅速增长，达到 26.55 万公顷，比 1957 年增长三倍，1960 年收获谷物达 25.65 万吨，为 1957 年的五倍还多。

表 1　牧民合作化的进度（1952—1959）

年份	1952	1954	1955	1956	1957	1958	1959
入社牧户比例 %	5.0	—	8.6	20.0	30.1	55.6	99.3
入社牲畜比例 %	1.2	5.0	8.8	17.0	23.7	34.3	73.3

资料来源：根据枢原：《蒙古人民共和国》（北京：世界知识出版社 1961 年版）数据编制。

第三个五年计划（1961—1965）期间，蒙古经济发展的重点是发展工业，计划把蒙古建成“农牧业—工业国”。其间，基本投资额达 44.6 亿图格里克，其中 70%用于发展工业，而对农牧业的投资仅仅 9.476 亿图格里克。结果导致农牧业发展受阻。“三五”计划的头一年即 1961 年，增畜指标没有完成，还差 2.3%；而种植业亦歉收，10 万公顷面积的农作物颗粒未收。“三五”计划期间，1962 年，蒙古加入了

① 蒙古人民共和国国家统计中心：《蒙古人民共和国国民经济 65 年》，1986 年，乌兰巴托，第 13 页。

以苏联主导的经济互助委员会（简称“经互会”）①。参加经互会之后，蒙古得到了来自苏联和经互会——“社会主义大家庭”国家的大量经济援助，并开展广泛的经济合作。特别是在经互会章程“经济一体化”“生产专业化”“全面合作”“协调计划”和“劳动分工”的框架内，蒙古人民共和国发展种植业方面开垦大片土地，大规模种植谷物、饲料和其他农作物，1965年谷物播种面积为42万公顷，收获量达到32.2万吨。这个时期，蒙古的种植业生产的发展除满足了国内需求以外还可少量出口。

第四个五年计划（1966—1970）期间，蒙古的经济发展重点仍然是工业，试图实现把“农牧业—工业国”建成为“工业—农牧业国”的计划。在这个五年，原计划工业投资比重26%，农牧业投资比重29%，而执行结果，工业投资比重高达33%，农牧业则降为24%。从第三个五年计划开始（1961年）到第四个五年计划结束（1970年）为止，发展工业十年，但是工业化未能实现，而且畜牧业严重滞后的局面没有改观。十年里牧业五种牲畜数量总体呈下降趋势，特别是1968年降到1800万头（只）以下，为人民共和国成立以来的最低指数，1970年的牲畜头数（2257.49万）比40年前1930年的牲畜（2367.6万减少

---

① 经济互助委员会（俄语：Сове´т экономи´ческой взаимопо´мощи，简称：СЭВ，英语：The Council for Mutual Economic Assistance，简称：Comecon），简称“经互会”。是由苏联组建的一个由东欧国家组成的政治经济合作组织，后成为打破地域界限，接纳欧、亚和拉丁美洲相关国家为成员的世界性组织。经互会于1949年1月5—8日由苏联、保加利亚、匈牙利、波兰、罗马尼亚和捷克斯洛伐克6国政府代表在莫斯科召开会议磋商后宣布成立，总部设在莫斯科。1962年6月，经互会第16次非例行会议批准蒙古人民共和国加入本会的申请，于是蒙古人民共和国成为经互会第八个成员国（民主德国是第七个加入经互会的成员国）。1991年6月28日，经互会在匈牙利首都布达佩斯正式宣布解散。

了 110.11 万头（只）。[①] 无奈，下一个五年，准备重新重视发展蒙古的经济基础——畜牧业。

第五个五年计划（1971—1975）期间，蒙古吸取前十年的教训，在本五年将经济发展的重点从新由工业转到畜牧业，主要是为了摆脱畜牧业长期落后的困境。为此采取了增加农牧业投资，压缩工业投资以及增加牲畜数量、改善牲畜品种、提高畜产品产量等积极措施。于是，蒙古的牲畜数量由 1970 年的 2257.49 万头（只）增加到 1975 年的 2435.5 万头（只）[②]，但是未能完成 2500 万头只的计划。

第六个五年计划（1976—1980）期间，蒙古把经济建设的重点由畜牧业转到工业，特别是采矿业、地质勘探业和燃料动力工业等三项工业领域上。五年里，用于发展工业的拨款达 54 亿图格里克（约合 13.5 亿美元），比第五个五年计划增加两倍，采矿业产量 1980 年比 1975 年增加五倍，地质勘探业人力投入量增加一倍，燃料动力工业增长 80%—90%。此间，迅速发展工业化的结果，工业在国民收入的结构中，由 1960 年 14.6%增加到 1980 年的 29.3%[③]。十年来，特别是本五年里，工业产值增长了 50%[④]，年平均增长速度为 10.2%。在此基础上，新建立了 160 多个现代化的机械化和自动化的工业项目，工业布局也发生了

---

① 从 1930 年的 2367.60 万头（只）减去 1970 年的 2257.49 万头（只）等于约 110.11 万头（只）。——作者注

② ［蒙］蒙古人民共和国国家统计中心：《蒙古人民共和国国民经济 70 年（1921—1991）》，1991 年，乌兰巴托，第 45 页。

③ ［蒙］O. 雅达木扎布：《蒙古人民共和国的社会主义工业化》，蒙古《真理报》1981 年 11 月 12 日。

④ ［蒙］中共中央对外联络部二局编印：《蒙古人民革命党第十八次代表大会文件》，第 23 页。

显著变化，出现了像达尔罕①、额尔登特和乔巴山等这样的大型工业中心。

第七个五年计划（1981—1985）期间，蒙古人民共和国国民经济基本方针指出，蒙古继续完善经济结构，加深工业化进程。计划在本五年，工业产值增长52%—58%，工业投资量达到72亿—82亿图格里克。提出尤其要以更快速度发展燃料、动力、矿山和建筑材料的任务，计划用于燃料动力部门的投资要达到38亿—41亿图格里克。本五年计划末，工业将占农牧业工业综合体纯产值的3/4，占国民收入的40%以上。蒙古全国上下经过五年的奋斗和苏联及经互会国家的大量优惠贷款和技术帮助等经济援助，“七五”计划基本圆满完成，经济部门各项指标同比前一个五年均大幅增长。蒙古人民革命党党报《真理报》1986年3月20日报道，在“七五”计划期间，蒙古社会总产值增长41%，国民收入增长37%，工业总产值增长55%，农牧业总产值增长18%。“七五”计划期间，人均实际收入增加了12%，“人民的生活水平得到了提高，社会主义生活方式正在形成”。同时，党报批评某些部门、某些省和工厂企业未能圆满完成计划任务，特别是农牧业和建筑部门有待提高劳动生产率。

总之，经过七个五年计划的建设，蒙古的国民经济得到大幅发展。与1960年相比，蒙古人民共和国人均发电量增长近8倍，在亚洲居前十位；人均采煤量增长3.3倍，在亚洲居首位；耕地面积增长10倍，

① 达尔罕市，是蒙古第二大城市。东南距首都乌兰巴托230公里。于20世纪60年代在苏联和经互会国家的援助下建成，过去堪称“社会主义友谊城”，为蒙古新兴工业中心。位于达尔汗城东65公里的沙尔河露天煤矿，为蒙古第二大煤田，市内设有工业学校，并建有火力发电站，供应乌兰巴托、苏赫巴托尔、额尔登特等市和东哈拉、西哈拉、扎尔格朗图、宝尔淖尔国营农牧场的热能和电力。北京—乌兰巴托—莫斯科的国际列车经过这里，其近郊还有一座机场。

谷物收获自给有余，还出口到朝鲜民主主义人民共和国；农牧业合作社社员的劳动报酬总额增长 3 倍。毋庸置疑，蒙古几十年的发展和建设，初步改变了以单一畜牧业的经济结构，建立了包括农牧业（畜牧业和种植业）、工业、采矿业、建筑业、交通运输业、邮电通信业、商业物资供应等经济行业，在构建国民经济体系方面取得了前所未有的成就。

然而，长期以来，由于蒙古人民共和国扮演着苏联第“第 16 个加盟共和国”的角色，其社会主义计划经济建设完全纳入了“苏联模式”的轨道，并在经互会“一体化”的“国际分工”“全面合作”“协调计划”中，逐渐丧失了从本国国情实际出发发展经济的自主性，所以，在国民经济体系运行中其产业发展失去平衡，市场过分依赖外援、以进口维持国家经济运转以及巨额贷款压力等问题日益显现出来。20 世纪 80 年代后期，其国内生产总值年均增长率逐年下降，由 60—80 年代年均增长 6.3%下降至 3.8%，开始出现经济严重衰退迹象。唯一执政的蒙古人民革命党意识到，如果不进行改革，国家将跌入政治、经济、社会危机的困境。于是，1987 年，蒙古人民革命党中央委员会召开三中全会明确了经济改革的基本方针，针对经济建设民主化，在消除过分集中的领导体制和计划经济、保障工厂企业的独立性、提高劳动生产率和改善群众物质生活方面，采取了一系列重要措施①。随后，开始了一系列的政治、经济改革的探索。提出了计划经济与市场经济相结合，建立国家调控的市场经济体制，并开始发展多种所有制形式。

第八个五年计划（1986—1990）期间，规定将使国民收入增长

① 内蒙古大学蒙古研究所编印：《蒙古人民革命党第二十次代表大会文件汇编》，第 5 页，1991 年 3 月，呼和浩特。引自蒙古人民革命党中央主席奥其尔巴特的工作报告《蒙古人民共和国的社会政治形势与蒙古人民革命党的奋斗目标》。

26%—29%，工业总产值增长30%—34%，农牧业总产值年平均比上一个五年增长18%—20%，居民现金收入增加20%—23%。《蒙古人民共和国1986年—1990年经济与社会发展基本草案》强调指出，为保证社会生产的迅速发展和提高人民生活水平，必须有效地利用生产力，在生产中广泛运用科技成果与先进经验，不断提高劳动生产率，全面提高投资效益，完善管理体制和经济机制，改善环境保护工作，合理利用自然资源。同时还规定，扩大工厂企业和机关单位副业生产的任务，国家全面支持城乡居民个体经营或自愿合作种植蔬菜、水果的倡议。

经过上述八个五年计划建设，蒙古工业在国民经济中所占的比重不断提高，远远超过农牧业产值。

20世纪80年代末90年代初，在中国和东欧等社会主义国家改革浪潮的影响下，蒙古人民共和国改变了过去长期坚持的把生产资料公有制绝对化的做法，采取了家庭承包制、租赁合同制等改革措施，使单一公有制形式向多元化方向发展起来。此后，随着苏联的解体、东欧的剧变和社会主义阵营的瓦解，蒙古人民共和国进行了民主化改革，向多党议会制和市场经济体制转轨。据此，蒙古70年的社会主义发展史宣告结束，40多年的计划经济模式画上句号。1992年1月12日，蒙古人民共和国颁布了“独立”以来的第四部宪法，同年2月12日起生效。根据该宪法，改国名为“蒙古国”，实行设有总统的议会制。

（三）经济发展的转轨

以1990年11月召开的蒙古人民革命党五中全会通过的《蒙古人民革命党对向市场经济过渡的若干问题方面所持的立场》为标志，蒙古的经济改革进入了制定政策和实施阶段。1991 年开始向市场经济实质性地转轨过渡。蒙古开始实行经济改革的主要内容如下。①

第一，所有制改革。1991 年 5 月蒙古国家小呼拉尔②颁布《财产私有化法》，决定除铁路、航空、邮电、能源、矿山工业等国民经济核心部门和一些大中型企业以外，对当时占国有固定资产 44%，即价值 220 亿图格里克的资产以股份制形式实行私有化。

第二，放开价格。自 1991 年起，市场价格与货币汇率开放同步分阶段进行，至 1993 年 6 月，国家除了对必要食品（面包、面粉）和能源、电、住房及运价等以外，几乎开放了所有产品的价格。

第三，贸易自由化。为实施对外开放政策，1991 年下放了对外贸易管理权，并对全部企业给予了进出口权。

第四，金融改革。现行单一式的蒙古银行（中央银行）实行二元体制，即中央银行和商业银行，依照 1991 年 4 月公布的《银行法》从事经营管理。此外，实行蒙币与美元等外汇自由兑换的自由汇率政策。

第五，财政改革。国家大呼拉尔（议会）通过了《税法》《预算法》，修改了《海关法》等，建立了预算和税制改革的法律基础。

第六，企业改革。建立了多种所有制形式的工厂、企业，并大都按市场经济运行。

以下内容将阐述蒙古的私有化进程，蒙古的私有化进程可以分为两个阶段。

---

① 参考姜月忠、奥仁其：《蒙古向市场经济过渡问题》，载阿岩、奥仁其、刘建新主编：《中国与蒙古经济关系研究》，内蒙古社会科学院经济研究所，1996 年 8 月，呼和浩特。

② 呼拉尔在蒙古语中是“会议”的意思，蒙古国家大呼拉尔即蒙古议会，是国家最高权力机关。小呼拉尔是大呼拉尔的常设机构，相当于常务委员会。

1. 第一阶段：实行“小私有化”“大私有化”和农牧业私有化

小私有化是指以拍卖方式进行的小型企业和商业服务行业的私有化。1991年，蒙古宣布通过小私有化拍卖的企业单位达2670家。大私有化是指以实行股份制形式进行的大中型企业的私有化。蒙古从1991年9月开始实行大中型工厂企业的私有化。当时宣布实行大私有化的工厂企业有1100多家。大私有化通过公民用蓝色证书购买企业股票，并由成立的股份公司进行管理。1992年10月，农牧业私有化基本结束，新成立公司350家，合作社8个，90%以上的牲畜已归私人所有。截至1993年底，80%的国有财产已经实现了私有化，1994年服务业和商业的私有化全部完成，采矿、建材、建筑、运输和轻工业等部门的私有化接近尾声。截至1995年，私有经济已占国民生产总值的63.8%。私有经济在各经济部门所占的比重分别为：工业46%、农牧业88.4%、建筑业63.2%、交通业21.3%、商业91.2%、公共服务业24.8%、其他部门20%。2002年，蒙古共有私有企业24496家，私有企业的产值占国内生产总值的比例已高达75%。

毋庸置疑，蒙古财产私有化的过程，对长期统治国家经济的单一公有制或国家垄断经济来说，无疑是一场深刻的变革。蒙古的私有化，迅速改变了国家对企业直接控制和管理的传统方式，使企业作为独立的经济法人，进入社会的商品交换关系中。企业对自己的财产有了真正的运作权，同时对自己经营的后果负全部责任，换句话说，自主经营，自负盈亏。私有化变革是蒙古向市场经济过渡的重要步骤。而且在社会政治经济没有发生巨大动荡的前提下，完成了所有制变革和不同利益集团之间对社会财富的再分配，避免了其他国家曾经出现的历史变革常常以最激烈的方式解决，甚至以战争的方式解决的弊端。

然而，蒙古的经济改革和私有化进程也遇到了很多难以预料的困难。蒙古作为亚洲内陆深处的草原畜牧业国家，在经济改革选择上不顾本国国情盲目照搬苏联东欧国家采用的激进“休克疗法”① 的结果，改革初期的1991—1993年，国民经济急剧下滑，国内生产总值分别连续同比下降9.2%、9.5%和3.0%（见表2）。长期在计划经济环境下“四平八稳”运行的工厂企业难以适应突如其来的翻天覆地的改革，纷纷大批地停产或半停产，加之昔日“社会主义大家庭”大量“无私援助”的断崖式中断，其经济遭遇到从未有过的困境，只在2—3年里蒙古国家经济倒退了10年，1993年，蒙古人均国内生产总值仅为138美元（1970=100）②，比1989年下降了23.4%，1989—1993年年均下降了7.9%。1991—1993年的通货膨胀率分别高达209%、325.5%和183%。由此，国家管理失控、政局不稳、生产疲软、失业和贫困化加剧，全国约1/3的人口生活降至贫困线以下，同时出现严重的各种社会问题，如犯罪率上升等。

表2　蒙古国内生产总值（GDP）的增减情况（1990—1998）　　单位：%

年份	1990	1991	1992	1993	1994	1995	1996	1997	1998
GDP	-2.5	-9.2	-9.5	-3.0	2.1	6.3	2.4	3.3	3.5

资料来源：根据相关年份蒙古国家统计年鉴编制。

但是，尽管蒙古的转型面临着极度的困境和复杂的局面，但是向市

① “休克疗法（shock therapy）”这一医学术语于20世纪80年代中期被美国经济学家杰弗里·萨克斯（Jeffrey Sachs）引入经济领域。主要内容是经济自由化、经济私有化、经济稳定化。实行紧缩的金融和财政政策，由于这套经济纲领和政策的实施，具有较强的冲击力，在短期内可能使社会的经济生活产生巨大的震荡，甚至导致出现“休克”状态，因此，人们借用医学上的名词，把萨克斯提出的这套稳定经济、治理通货膨胀的经济纲领和政策称为“休克疗法”。

② 根据蒙古国家统计局公布的蒙古年度国内生产总值及人均国内生产总值数据编译。

场经济体制过渡已经成为现实。就像时任蒙古总理扎斯莱所说："实践证明，70年来，我们作为前进目标而坚持的社会主义制度的模式已没有前途。我国要坚决地、义无反顾地转入民主改革之路，这已被蒙古新宪法的通过而取得了法律保障"[①]。为了避免国家经济不再下滑，1992年，重新组阁的以扎斯莱总理为首的新政府总结了以往经验教训，采取了一系列的具体有效措施。如：加快计划经济向市场经济过渡的速度，强化宏观经济调控和监督机能，协调预算、税收、货币、信贷、汇率的相互关系，抑制通货膨胀；调整农牧业经济政策，取消对现有牲畜头数的限制，并对农牧业生产给予专项优惠贷款；通过税收调整经济结构，对92%的工业企业和服务业实行减税，设立专项基金支持中小企业，注重发展基础工业，使经济发展既能快速提高经济效益，满足民生需求，又有利于蒙古资源的开发；加快推进私有化进程，创造多种所有制形式，以形成自由竞争的市场，实施社会救济保障法律，以保障民众最低生活水准；改变向苏联"一边倒"的外交政策，实行不结盟、等距离的"多支点"平衡外交战略；充分利用蒙古丰富的地上地下资源优势，扩大地区性特别是与东北亚区域的经贸合作。

蒙古新政府经过几年的努力，到1994年其经济开始回升，国内生产总值同比增长2.1%，这是四年经济连续滑坡后的首次增长[②]。拥有了少量外汇储备，国内市场商品供应得到改善。紧接着1995年，蒙古政府又进一步制定了经济发展近中期战略目标，指出，短时间内克服过渡时期的困难，建立有效的、自由的经济机制，并制定经济发展的新模

① 蒙古总理扎斯莱在1992年9月28日在蒙古大呼拉尔特别会议上作的《关于蒙古国政府施政纲领的报告》，刊载于《人民权利报》1992年9月27日。

② ［蒙］蒙古总理扎斯莱：《蒙古国经济发展近中期战略的若干问题》，《政府通信》1995年1月12日。

式。经济发展准备分三步走，即：1995—2000年是恢复阶段，争取国内生产总值年均增长4%；2000—2010年是第二阶段，要使人均国内生产总值接近发展中国家的水平；从2011年开始的第三阶段将以生产出口产品为主，在亚洲，首先在东北亚地区占有稳固的地位[①]。实施目标的第一年即1995年国内生产总值同比增长了6.3%（见表2）。通货膨胀率由1993年的183%降为1994年的66.3%（见表3）；1995年的月均通胀率降至4.8%；1996年的月均通胀率又降至3.6%，全年通胀率为53.2%（见表3）。实施农牧业优惠政策的结果，在遭受严重自然灾害的情况下，蒙古牲畜存栏头数连续大幅增长（见表4），1998年达到3280万头（只）[②]，创历史最高水平，农牧业产值占GDP的32.8%，而畜牧业产值占农牧业产值的87.6%。无疑，这是农牧业私有化“还畜于民”目标实现的结果。但是，遭受重创的整体经济情况依然严峻，人民生活仍未达到改革之前70—80年代的水准。1989—1998年，蒙古人均GDP下降了20%—22%，总人口的35.6%生活处于贫困状态。

表3　蒙古通货膨胀率的变化（1991—1999）　单位：%

年份	1991	1992	1993	1994	1995	1996	1997	1998	1999
通胀率	209.0	325.5	183.0	66.3	53.1	53.2	17.5	6.0	10.0

资料来源：根据《蒙古国家统计年鉴1998》相关数据编制。

① ［蒙］蒙古总理扎斯莱：《蒙古国经济发展近中期战略的若干问题》，《政府通信》1995年1月12日。

② ［蒙］巴特赫西格：《蒙古国经济社会现状》，1999年，乌兰巴托。

表 4　蒙古牲畜数量的增减情况　　单位：万头（只）

年份	1990	1992	1994	1996	1998
牲畜总数	2580	2560	2680	2930	3280

资料来源：根据相关年份蒙古国家统计年鉴编制。

1996 年，蒙古通过了新的私有化法，对第一阶段私有化过程中出现的重大问题和盲目、冒进的做法采取了一些纠正措施，并作出了吸引外资、允许外国人购买蒙古国有资产、同外商成立合资企业等新的部署，私有化继续全面推进。

2. 第二阶段：以现金拍卖方式进行私有化

包括燃料动力、矿山工业、运输邮电、银行、住宅、文教和卫生等事业单位的私有化和含国有经济成分的股份制企业中的国有经济的私有化等任务。1997 年 7 月，蒙古政府通过了《蒙古国 1997 年至 2000 年对国有资产实行私有化纲领》，决定对 123 家大型国有企业、416 家小型国有企业和 135 家含有国有股份的大型股份制企业、160 家含有股份的小型股份制企业实行私有化。纲领指出，私有化的宗旨是“最终为私有制在国家经济中占主导地位，不断提高本国的生产效益创造条件”。此间，蒙古全国范围内，各类工厂企业的私有化基本结束，牧区牧民的牲畜和城市居民的住宅都归个人所有，国内生产总值的 70%来自私营经济部门。按照《2001 年至 2004 年国有资产私有化基本方针》，在蒙古国家经济中占有重要地位的少数几家支柱性企业的私有化也开始落实，其中包括蒙古商业发展银行的私有化。2002 年，蒙古国家大呼拉尔通过了社会部门私有化的基本方针，决定对文教、卫生、科研与社会保障系统的 90 个事业单位实行私有化。2002 年 6 月，又通过了《蒙古国公民土地私有化法》，自2003年5月1日截至2005年5月1日止，使每一位蒙古公民皆享有自己的土地权，土地大小依据地理位置不同而有0.07、0.50、0.35公顷的不同限制。土地私有化过程没有预计迅速。据2005年统计，全国270万人口中只有20595名公民通过土地私有化程序取得了私有土地证。获得私有土地公民的比例仅有0.76%。因此，蒙古政府对该法进行了修改，以家庭需求为目的的私有化土地的期限延长到2008年5月1日，之后还可延长两次，第一次延长至2013年5月28日；第二次延长至2018年5月1日。私有化后的土地作为个人财产可在蒙古公民之间进行买卖、转让，也可作为财产抵押从银行贷款。

纵观蒙古经济转轨——私有化改革进程，大体经历了两个阶段。第一阶段，即1990—1993年的转轨初期经济危机及经济下滑阶段。由于蒙古选择激进的“休克疗法”的方式急速转向现代资本主义市场经济模式，一方面，虽然较快地建立了市场经济的雏形，但另一方面，又出现了一系列的经济和社会问题，使经济改革的成本大大超过受益。致使国民经济负增长、通货膨胀率居高不下，农牧业、工业生产下滑，贫困和失业人口激增，居民生活水平连续下降，综合国力明显被削弱。第二阶段，经过蒙古政府多次反复采取有效措施，进行完善经济改革的结果，1996—2000年，其私有化速度稳步推进，经济转入缓慢复苏阶段。从表5可以看到，1996年以后私有化速度加快，没过几年，70%以上传统国营企业已被改造成私有化企业。

21世纪初，蒙古为了进一步深化经济改革、发展经济，制定了未来20年社会经济发展蓝图，总体构想分为以下四大阶段。

表5　蒙古私有化进展情况（1992—2003）

年份及年度区间	1992	1993	1994	1995	1996—2000	2001—2003	合计
私有化企业数量	206	155	70	15	928	78	1452
价格单位（亿图格里克）	46.03	36.64	72.36	6.27	425.00	483.00	1069.30

资料来源：根据蒙古税务总局相关年份数据编制。

第一，四年内实现经济稳定发展目标。四年内经济达到年6%的中速增长目标。与此同时，在蒙俄、蒙中边境建立两大自由贸易区。一是阿拉坦布拉格自由贸易区，占地500公顷，位于色楞格省蒙俄边境地区，与俄罗斯南部城市恰克图毗邻。另一个是扎门乌德自由贸易区，占地2000公顷，位于东戈壁省蒙中边境地区，与中国内蒙古自治区二连浩特市相对。

第二，十年内建成纵贯一条贯通南北、连接东西的公路大动脉——“千年之路”。一条是东西走向的公路，从蒙古东部地区的东方省至西部地区的巴彦乌列盖省，总长2200公里，横跨全国五大经济规划区，覆盖全国1/3的土地，77%的人口和72%的居民点。另一条是南北走向的阿拉坦布拉格—达尔汗—乌兰巴托—乔依尔—沙音山达—扎门乌德的公路，将覆盖国土面积11.6%，全国人口14.7%。“千年之路”计划的最终实现，将使蒙古与中国和俄罗斯的公路网相连接，连通亚欧两大洲，将成为继连接欧亚大陆的铁路干线后，又一主要公路线路。开辟了蒙古走向世界的新通道，必将对蒙古未来的经济和社会发展发挥积极作用。

第三，15年内全国将建设15个旅游区，使旅游业发展成蒙古的支柱产业。

第四，20年内实现区域化、城市化构想。这一构想计划在今后20年内，根据不同的气候条件和生态环境，把蒙古全国划分为五大区域，即：首都乌兰巴托市、西部区域、杭爱区域、中部区域和东部区域；通过“千年之路”工程将各区域中心连接起来，进而建设连接各县的公路网，为各区域的发展奠定基础；然后在2010—2020年期间，重新规划各区域范围内的城市布局，再兴建10个中小城市。实现由传统的“游牧”生活方式向现代的城市“定居”生活方式的转变。

二、经济增长与产业结构

（一）转轨后的经济增长

20世纪80年代末和90年代初以来，蒙古向市场经济转轨，实行私有化改革，经过20多年的“阵痛”以后，蒙古经济开始复苏并呈现较快增长势头。2001—2008年，蒙古经济保持了稳定增长趋势。但受全球金融危机和矿产品价格大幅下跌影响，2009年，蒙古经济呈现了负增长。2010年，在国际市场矿产品价格不断升温的影响下，经济得以复苏，实现国内生产总值（GDP）增长6.4%（见表6）。

表 6　蒙古国内生产总值及人均国内生产总值（2001—2010）

国内生产总值、人均国内生产总值及平均汇率 \ 年份		2001	2002	2003	2004	2005	2006	2007	2008	2009	2010
实际 GDP	1970＝100	302.11	316.41	338.58	374.55	401.72	436.09	480.78	523.57	516.93	549.84
	同比 %	3	4.7	7	10.6	7.3	8.6	10.2	8.9	−1.3	6.4
人均名义 GDP	图格里克	575236	634656	740936	945884	1203803	1573575	1910027	2489929	2466351	3101851
	美元	524	572	646	798	999	1334	1632	2136	1715	2285
平均汇率	美元/蒙币（USD/MN）	1097.7	1110.31	1145.54	1185.3	1206.25	1179.7	1170.4	1165.8	1437.8	1357.06

注：实际 GDP 按 1970＝100 蒙币图格里克价格计算。

资料来源：根据蒙古国家统计局公布的相关年份数据编制。

随着全球金融危机影响的逐渐减弱，全球矿业走出低谷，国际市场矿产品价格在高位运行，蒙古 2000 年提出的“矿业兴国”战略渐显成效，同时拉动了相关产业和基础设施建设发展。2011 年，蒙古 GDP 同比增长 17.3%，对外贸易总额首次超过 100 亿美元，达到 114.159 亿美元①。一时间，蒙古成为全球经济增速最快的经济体之一，步入了全球中等发达国家的行列。但是，蒙古的经济改革和经济发展之路曲曲折折，并非一帆风顺。受蒙古国内政策和投资环境不稳定等内部因素，及国际市场大宗产品价格持续走低等外部因素影响，2013 年以来，蒙古经济形势严峻，国民经济增速明显放缓。2016 年，蒙古经济增速继续回落，国内生产总值（美元名义 GDP）111.56 亿美元②，实际增长

① 蒙古国家统计委员会：《蒙古国家统计年鉴 2016》，2017 年，乌兰巴托。

② 蒙古国家统计委员会 2018 年 2 月 14 日公布数据。

1.2%，人均国内生产总值3576美元[①]，2017年增长5.1%（见表7）。

表7 蒙古国内生产总值增幅及人均国内生产总值（2011—2017）

年份	2011	2012	2013	2014	2015	2016	2017
实际GDP同比增幅（%）	17.3	12.3	11.6	7.9	2.4	1.2	5.1
美元名义GDP（亿美元）	104.10	122.93	125.82	122.28	117.50	111.56	111.35
人均名义GDP（美元）	3181	4287	4294	4081	3843	3576	3491

资料来源：根据蒙古国家统计委员会2018年2月14日公布数据编制。

从投资环境的吸引力角度，蒙古经济具有以下优势：矿产资源丰富、经济增长具有一定的潜力、市场化程度较高[②]。

但是，受政治选举周期和政党轮替的影响，政策连续性和稳定性时有波动。受蒙古国家大呼拉尔选举（议会选举）因素的影响，2012年6月，蒙古国家大呼拉尔通过了《战略领域外国投资协调法》，将矿产资源、金融、媒体通信三个领域列为关系国家安全的战略性领域，并对外国投资者，特别是外国国有投资或含有国有成分的投资者，投资战略领域设置了更严格投资限制。该法生效以后，严重影响了外国投资者的对蒙投资信心，导致蒙古接受外国直接投资出现大幅下降，从2011年的16亿美元锐减至2012年的6.3亿美元，对蒙经济增长产生了严重影响。迫于经济增长压力，2013年9月，蒙古国家大呼拉尔通过了新的《投资法》，并废止《战略领域外国投资协调法》。新《投资法》对外国投资者和蒙古本土投资者实行同一待遇，取消了对外国私营投资者的投资领域限制。新《投资法》的生效对恢复外国投资者信心发挥了一

① 蒙古国家统计委员会2018年2月14日公布数据。

② 商务部国际贸易经济合作研究院、中国驻蒙古国大使馆经济商务参赞处、商务部对外投资和经济合作司：《对外投资合作国别（地区）指南·蒙古国》2017年版。

定的作用，但受国际市场大宗矿产品价格持续走低等外部因素，蒙古吸引外资规模 2013 年、2014 年两年连续大幅下降。2014 年吸收外国投资 5.80 亿美元、2015 年仅为 1.21 亿美元，2016 年小幅增长至 2.4 亿美元。2017 年外国直接投资 6.4 亿美元①。截至 2017 年底，外国对蒙古的投资总额为 371 亿美元，其中外国直接投资占 46%即 170.66 亿美元②。外国公司在蒙古的主要投资领域有地质矿产勘探开采（包括石油），房地产开发、贸易、餐饮等行业。外资的 72.5%投于矿产业。

蒙古的主要产业为农牧业、工矿业、交通运输业和服务行业等。2017 年，按当年价计算，农牧业 GDP 为 4.2563 万亿图格里克，占 GDP 总量的比重为 10.6%③。2016 年，按当年价计算，农牧业 GDP 为 4.15173 万亿图格里克，占 GDP 总量的比重为 11.5%④；采矿业 GDP 为 3.009 万亿图格里克，占比 18.82%；制造业 GDP 为 1.126 万亿图格里克，占比 7.04%；建筑业 GDP 为 8285 亿图格里克，占比 5.18%；批发零售及机动车维修业 GDP 为 3.552 万亿图格里克，占比 22.21%；交通和仓储业 GDP 为 1.029 万亿图格里克，占比 6.44%；金融保险业 GDP 为 1.042 万亿图格里克，占比 6.52%；房地产业 GDP 为 1.364 万亿图格里克，占比 8.53%⑤。

蒙古经济发展资金缺口比较大，国内金融市场规模比较小，资金缺口主要通过政府贷款和吸引外国投资等方式解决。2012 年和 2013 年

① ［蒙］H. 刚图雅：《外国投资增长 7%或 22 亿美元》，蒙古通讯社，2018 年 2 月 22，www.montsame.mn。

② 根据［蒙］H. 刚图雅：《外国投资增长 7%或 22 亿美元》一文的数据资料演算得出。

③ 蒙古国家统计委员会：《蒙古国家统计年鉴 2017》，2018 年，乌兰巴托。

④ 蒙古国家统计委员会：《蒙古国家统计年鉴 2016》，2017 年，乌兰巴托。

⑤ 商务部国际贸易经济合作研究院、中国驻蒙古国大使馆经济商务参赞处、商务部对外投资和经济合作司：《对外投资合作国别（地区）指南 · 蒙古国》2017 年版。

初，蒙古政府先后发行两期成吉思汗债券用于筹集资金，其中 2012 年年末发行的债券为期 5 年、总额 10 亿美元；2013 年年初发行债券为期 10 年、总额 5 亿美元。此外，蒙古政府还在 2013 年发行为期 10 年、总额 2.9 亿美元的武士债券。以上债券发行导致外债水平大幅提高，债务在高位快速攀升。

2012 年以来，由于矿产品国际价格持续疲软，导致蒙古出口收入减少，蒙古外汇储备规模缩减，偿还能力下降，财政赤字高企，政府本外币偿债能力下降，银行体系流动性和资产质量风险增加，信用体系风险和经济外部脆弱性上升。2016 年蒙古总外债规模为 GDP 的 210%，短期外债与国际储备之比升至 182.4%①。截至 2016 年第三季度，蒙古全口径外债总额为 237.85 亿美元，为本国 GDP 的两倍，同期，蒙古政府债务达到 47.59 亿美元，相当于 GDP 的 42.15%。2017 年 3 月和 10 月，蒙古又发行了“呼日勒岱”“格日格”债券。呼日勒岱债债券总额 6 亿美元，2017 年 3 月由上届政府（额尔敦巴特政府）发行，偿还期为 7 年，年利率为 8.75%。其中，76%向美国资本市场出售；18%向欧洲资本市场出售，亚洲资本市场占 6%。发行该债券的主要目的是偿还 2017 年 3 月 21 日到期的蒙古开发银行的 5.8 亿美元国债。格日格债券总额 8 亿美元，2017 年 10 月发行，偿还期 5.5 年，年利率 5.625%。目的是偿还 2018 年 1 月到期的“成吉思汗”国债的 5 亿美元本金。

2017 年，蒙古全口径的外债余额已达 274 亿美元②，政府债务增加了 17%或 10.76 亿美元，蒙古央行的外债增加了 1.21 亿美元。债务增

---

① 商务部国际贸易经济合作研究院、中国驻蒙古国大使馆经济商务参赞处、商务部对外投资和经济合作司：《对外投资合作国别（地区）指南·蒙古国》，2017 年版。

② ［蒙］H. 刚图雅：《外国投资增长 7%或 22 亿美元》，蒙古通讯社，2018 年 2 月 22 日，www.montsame.mn。

加的原因是与 2017 年发行的“呼日勒岱”“格日格”债券有关。2017 年全年，蒙古财政预算收入及外来援助总额 7.2 万亿图格里克（约 29.51 亿美元），同比增长 24.1%；财政支出及偿债金额总额 8.9 万亿图格里克（约 36.48 亿美元），同比减少 5.4%；财政赤字 1.7 万亿图格里克（约 6.97 亿美元），同比减少 52.4%。截至 2017 年 12 月底，蒙古广义货币供应量（M2）余额为 15.8 万亿图格里克，同比增加 29.9%。截至 2017 年 12 月底，蒙本币储蓄 8.562 万亿图格里克，同比增加 47.9%；外币储蓄 2.532 万亿图格里克，同比减少 9.2%。2017 年前 12 个月，蒙古股票市场总交易量为 1.46 万亿图格里克，是上年同期的 3.2 倍；证券交易次数共 1.149 亿笔，同比增长 18.4%。截至 12 月底外汇储备 30.08 亿美元，同比增加 132.04%。

截至 2017 年 4 月，国际评级机构标准普尔（Standard & Poor's）对蒙古主权信用评级为 B-/B，展望为稳定。截至 2017 年 2 月，国际评级机构对蒙古驻区阿布信用评级为 CAA1，展望为稳定。据蒙古通讯社报道，标准普尔 2018 年 11 月宣布将蒙古信用评级由“B-稳定”上调至“B+稳定”[①]。蒙古信用评级得到提升的主要因素是：蒙古政府采取的完善预算和金融纪律政策影响到经济快速增长。2018 年上半年，蒙古经济增长率达 6.3%，这与其他信用评级相同的国家相比是一个较高的指数。此外，在国际货币基金组织计划内采取的宏观经济及预算政策恢复了国外投资商的信任。

蒙古 2017 年的失业率为 8.8%[②]（见表 8）。当年无职业人员 11.91 万人，其中在劳务部门登记的失业人员 2.55 万人。2017 年重新就业人

---

① 笔者根据《蒙古消息报》2018 年第 46 期报道整理。

② 蒙古国家统计委员会：《蒙古国家统计年鉴 2017》，2018 年，乌兰巴托。

员 2.86 万人。

根据联合国“千年发展目标”，蒙古政府制定的2007—2021 年发展总体规划目标是：2007—2015 年实现经济年均增长 14%，人均 GDP 不低于 5000 美元，为经济快速发展打好基础；2016—2021 年经济年均增长不低于 12%，人均 GDP 不低于 1.2 万美元，进入世界中等收入国家行列①。

表 8　蒙古宏观经济情况（2012—2017）

主要指标	数值					
	2012	2013	2014	2015	2016	2017
实际 GDP（万亿图）	72.436	80.874	87.251	89.327	90.438	95.093
名义 GDP（亿美元）	122.93	12.82	122. 28	117.50	111.56	111.35
人口（万）	286.9	293.1	299.6	305.8	312.09	317.8
人均名义 GDP（美元）	4287	4294	4081	3843	3576	3491
外贸总额（亿美元）	111.2	106.3	110.1	84.7	82.75	105.379
外汇储备（亿美元）	36.29	11.93	16.50	13.23	12.963	30.08
外债余额（亿美元）	153.85	189.21	166.07	216	237.85	274.0
中央财政收支（亿美元）	-8.33	-1.77	-4.44	-5.90	-14.67	-4.338
通货膨胀率（%）	14.0	12.5	11.0	1.9	1.3	6.4
失业率（%）	8.20	7.90	7.93	8.01	11.0	8.80
汇率（美元/图）	1357.58	1523.93	1817.79	1970.18	2145.53	2439.78

注：1. 实际 GDP 按 1970=100 蒙币图格里克价格计算；

2. 2016 年、2017 年中央财政收支数据为估计值。

资料来源：蒙古国家统计委员会、世界银行、亚洲开发银行、国际货币基金组织报告以及根据蒙古国家统计委员会 2018 年 2 月 14 日公布的 2017 年蒙古年度国内生产总值及人均国内生产总值相关数据编制。

① 中国驻蒙经商参处：《蒙古国经济概况》，2015 年 5 月 22 日。

（二）产业结构与特征

蒙古产业结构较为简单。畜牧业是蒙古的传统产业和国民经济基础，矿产业是蒙古经济的支柱产业。蒙古的工业起步较晚，但近年来加工业和建筑业在较快发展。

蒙古第一产业的构成，主要以畜牧业和种植业为主，林业、渔业等占比很少，由于天然的草原资源丰富，畜牧业一直是第一产业的主力，多年来畜牧业在农牧业的比重始终保持在80%—90%，产值远远高于种植业。在蒙古国内生产总值中保持在15%—20%的比重。

蒙古第二产业主要包括采矿业、制造业、电力、燃气、水供应以及建筑业等产业。蒙古实施“矿业兴国”战略以来，蒙古的采矿业发展迅速，在GDP中所占比重30%以上，已经大大超过其他产业，成为蒙古第二产业的支柱。此外，制造业是第二产业中的重要产业，在蒙古制造业产值中，金属制品制造、纺织业、食品饮料行业、服装皮毛加工行业在制造业中所占比重比较大。

蒙古第三产业的内部比例和结构存在很大的不协调性，尤其是作为现代国民经济重要组成部分的交通运输业、信息通信业、咨询服务业、金融保险业、旅游业等产业还处于比较落后和不成熟阶段，这些产业的滞后进一步制约着第三产业的进一步发育成长。

从表9大致可以看到，20世纪80—90年代，蒙古第一产业增加值对国内生产总值增加值的贡献在20%以下，1990—1995年增长幅度比较大，1995 年达 34.4%，而 1996 年曾达到最高值 41%[①]，随后开始下降，总体维持在 15%左右；1981—1985 年，蒙古第二产业增加值对国内生产总值增加值的贡献在 30%以下，1990—1995 年间保持在 30%—42.5%的水平，以后总体维持在 35%以上；1981—1985 年，蒙古第三产业增加值对国内生产总值增加值的贡献在 50%以上，以后尽管有波动，但一直保持在 40%—50%的水平，见表 9。

表 9 三大产业增加值占国内生产总值增加值比重

年份	1981	1985	1990	1995	2000	2005	2010	2011	2012	2013	2014
GDP 现价美元（亿美元）	23.1	21.8	25.61	14.52	11.37	25.23	71.89	104.1	122.9	125.5	120.2
第一产业增加值占 GDP 增加值（%）	16.7	16.4	12.9	34.4	30.9	22.1	13.1	11.8	12.7	15.4	15.8
第二产业增加值占 GDP 增加值（%）	25.0	27.2	42.5	34.7	25.0	36.2	37.0	35.8	34.6	35.5	37.2
第三产业增加值占 GDP 增加值（%）	58.3	56.4	44.7	31.0	44.1	41.7	50.0	52.4	52.7	49.1	47.0
人均 GDP（现价美元）	1333	1138	1172	631.9	524	998.9	2650	3773	4377	4388	4129

资料来源：参考黄健英主编：《蒙古国经济》，北京：中国经济出版社 2016 年版，第 47 页。

注：表中演算数据采用四舍五入进位法。

① ［蒙］蒙古国家统计局：《蒙古国家统计年鉴 1996》，1997 年，乌兰巴托。

从产业增加值来看，蒙古各产业间的相对地位存在极大的不协调状况。第一产业——农牧业虽然历来是蒙古经济的基础，但是对蒙古经济进一步向前发展的促进作用不明显，产值不高，这表明蒙古农牧业的现代化水平低。带动蒙古经济发展的第二产业——采矿业，受国际市场价格及国内经济状况影响，波动较大。第三产业——服务行业在蒙古产业增加值中比重较高，但不能说明蒙古第三产业就很发达，主要是由第二产业波动大、第一产业比重偏低，因此第三产业产值比重大一些。

1. 农牧产业的发展

蒙古拥有丰富的土地资源和天然草场，农牧业发展潜力巨大。其中，畜牧业是蒙古的传统产业，是蒙古民经济的基础，也是蒙古加工业和生活必需品的主要原料来源。蒙古至今保留着逐水草而迁徙的游牧生产生活方式，是世界上仅有的草原国家。2017 年，农牧业可用地面积 11484.35 万公顷，其中，草原面积为 11042.93 万公顷、割草场面积 171 万公顷、耕地面积 132.78 万公顷。

蒙古近年来未发生暴雪灾害和大规模疫情，畜牧业连年丰收。截至 2017 年年底，牲畜存栏量共计约 6620 万头，达历史新高，同比增长 7.6%，人均 20 多头（只），居世界第一。其中，马 393.98 万匹，占 5.9%；牛 438.85 万头，占 6.6%；骆驼 43.41 万峰，占 0.7%；绵羊 3010.99 万只，占 45.5%；山羊 2734.67 万只，占 41.3%。另外，近年来，蒙古开始饲养除五种传统牲畜以外的猪、鸡鸭禽类等，主要由养殖场经营，很少宅养。2017 年底，生猪存栏达 3.19 万头、禽类 70.51 万只（主要供在蒙外国人食用）。蒙古每年国内的畜肉消费为 40 万吨[①]。

① 蒙古 MNB 电视台，2018 年 12 月 2 日晚间新闻。

据统计，2017 年，蒙古牲畜的 99.5%为私人所有，2017 年牧民家庭 16.9743 万户，牧民 30.359 万人。按当年价，2017 年畜牧业产值为 3.7041 万亿图格里克，占农牧业总产值的 87%[①]，占出口收入的 10%。

数据显示（见表 10），蒙古五种牲畜大幅增加，其中，绵羊和山羊的增幅较大，这是因为国际市场对羊绒的需求直接刺激和影响了蒙古牧民饲养山羊绵羊的积极性。但是，随着牲畜头数的迅速提高，蒙古草牧场已不堪重负，蒙古 72%的草原荒漠或半荒漠化，荒漠化已成为严峻的问题。畜牧业专家呼吁政府尽早采取措施[②]，控制牲畜头数，加强畜牧业的集约化经营。不可否认的是，蒙古地广人稀，自然条件严酷、气候比较极端，冬季持续时间长，畜牧业生产以自然放牧为主，现阶段短期内难以实现大规模、现代化生产。

表 10　牲畜总数和私人牲畜增长情况（1990—2017）

单位：万头（只）

年份	1990	1995	2000	2005	2010	2015	2016	2017
牲畜总数	2585.69	2857.23	3022.75	3039.88	3272.95	5597.98	6154.92	6621.90
私人牲畜总数	824.29	2644.72	2923.67	2990.17	3239.22	5560.73	6118.38	6585.74

资料来源：根据蒙古国家统计委员会《蒙古国家统计年鉴 2017》数据编制。

蒙古是个畜牧业国家，种植业并不是国民经济的支柱产业，但关系国计民生，历来受到政府的重视。从 20 世纪 50 年代开始，在苏联的帮助下，大面积开荒种植农作物并基本实现自给自足，产量曾达到 80 多

① 根据蒙古国家统计委员会：《蒙古国家统计年鉴 2017》数据演算得出。

② 阿斯钢：《蒙古国牲畜头数达到史上最高》，新华网，2017 年 12 月 31 日，http://www.xinhuanet.com/world/2017-12/31/c_129779883.htm。

万吨，还有少量出口。20 世纪 90 年代实行私有化以来，种植业一度萎缩，种植面积和产量锐减，导致严重依赖从国外进口粮食和蔬菜水果。2008 年开始，蒙古政府鼓励发展种植业，实施“第三次垦荒计划”，从政策上予以支持，取得了良好的效果。近年种植业从业人口保持在 6 万余人，产值约占农牧业总产值的 1/5。蒙古的主要农作物除小麦、燕麦、马铃薯、圆白菜、胡萝卜、洋葱、蔓菁、大蒜、小葱、油菜和饲料作物以外，近年来种植黄瓜、西红柿、西兰花、西葫芦、豆角、西瓜、葡萄等蔬果以及沙棘、蓝莓和小红果等野生水果较普遍。

2018 年，蒙古全国范围内共种植 49. 72 万公顷农作物。其中，36. 73 万公顷谷物，其中小麦田占 34. 31 公顷。种植 1. 3 万公顷马铃薯、8300 公顷蔬菜、6. 98 万公顷可榨油植物、3. 88 万公顷饲料植物。据初步预计，2018 年可收获 45. 03 万吨谷物，其中小麦 41. 63 万吨，预计收获 16. 66 万吨马铃薯、9. 51 万吨蔬菜、3. 01 万吨可榨油植物、8. 63 万吨牲畜饲料性植物①。2018 年，蒙古的谷物、马铃薯、蔬菜等农作物生产基本满足国内需求。

长期以来，蒙古的种植业收成很不稳定（见表 11），2005 年谷物收获只有 7 万多吨，约为 1990 年 71. 83 多万吨的 1/10。而且要达到 20 世纪 80 年代的 80 多万吨的水平需付出很大的努力。主要原因是除私有化期间遭重创外，自然条件差有直接关系，近年来蒙古气候变暖，干旱少雨，加之夏季比较短等都不利于农作物的生长和成熟。因此，只能一年一季，广种薄收，大部分耕地轮耕或闲置，利用率很低。

---

① 引自《蒙古消息报》2018 年第 39、47 期相关报道。

表 11　种植业产量（2010—2018）　　单位：万吨

年份	1990	1995	2000	2005	2010	2011	2012	2013	2014	2015	2016	2017	2018
谷物	71.83	26.14	14.21	7.55	35.51	44.61	47.93	38.70	51.88	21.63	48.35	23.81	41.63
蔬菜	4.17	2.73	4.40	6.42	8.23	9.90	9.89	10.18	10.48	7.23	9.44	8.21	9.51
马铃薯	13.11	5.20	5.89	8.28	16.80	20.16	24.59	19.16	16.15	16.38	16.53	12.18	16.66

注：1. 2018 年的数据为估计值；2. 表中演算数据采用四舍五入进位法。

资料来源：根据相关年份蒙古国家统计局（2014 年改为统计委员会）公布数据编制。

2. 工矿业的发展

蒙古“独立”后逐渐有了自己的民族工业，特别是在 20 世纪 60 年代，蒙古工业经济得到迅速发展，使蒙古国民经济发展进入了由农牧业经济向工业—农牧业经济过渡的阶段。蒙古工业经济结构的演进，经历了从加工畜产品到开采加工工矿产品的过程，目前加工业已成为蒙古社会生产的主要部门。蒙古主要工业部门有采掘业、食品工业和轻工业、燃料动力工业等。采掘业包括有色金属开采业和煤炭工业，前者近年来的产值占工业总产值的比重一直在 40%左右，是蒙古工业的支柱产业。食品工业和轻工业，是蒙古满足居民需要的食品和日用品的两大工业部门，其产值约占全国工业总产值的 1/3。食品工业以乳酪、肉类和面粉加工为主；轻工业主要是加工皮毛，此外还有木材加工和日用品生产。燃料动力工业主要包括电力工业等，其产值约占重工业总产值的 1/5。

2017 年 1—12 月，蒙古实现工矿业总产值为 12.933 万亿图格里克，同比增长 30.3%。其中，矿业总产值为 9.386 万亿图格里克，同比增长 32.8%；制造业总产值为 2.626 万亿图格里克，同比增加 31.4%；水电暖供应等行业总产值为 9207 亿图格里克，同比增加 7.0%。2017 年，蒙古工业品销售总额为 15.1544 万亿图格里克，同比增加 36.9%。其中，矿业销售额为 10.5727 万亿图格里克，同比增加 34.1%，占工业销售总额的 69.77%；加工制造业销售额为 3.6608 万亿图格里克，同比增加 57.6%，占工业销售总额的 24.16%；水电暖供应等行业销售额为 9208 亿图格里克，同比增加 7.2%，占工业销售总额的 6.08%。[①]

从总体看，由于蒙古工业经济发展的市场容量过于狭小，各工业部门难以形成规模经济效益，因而其本国工业的主导产业较难确立，也使蒙古工业经济一时无法摆脱对外国的依赖。

矿产业是蒙古经济发展的重要支柱产业。2017 年矿业产值 9.386 万亿图格里克，占 GDP 的 46.3%，占工业产值的 72.58%。其中，矿山开采产值 4.2913 万亿图格里克，占 GDP 的 21.1%。2017 年矿产品生产量：铜矿粉 131.71 万吨；钼矿粉 5616.7 吨；黄金 19.85 吨；萤石、萤石粉 5.52 万吨；铁矿石、铁矿砂 367.75 万吨；锌矿粉 8.27 万吨；煤炭 4948.03 万吨；原油 762.40 万桶；2017 年主要矿产品出口量：铁矿石、铁矿砂 625.78 万吨；铜矿粉 147.22 万吨；锌矿粉 11.82 万吨；黄金（半成品）14.555 吨；煤炭 3340.0 万吨；萤石（萤石粉）31.93 万吨，货值 8420 万美元；原油 750.414 万桶。

蒙古矿产资源丰富，据蒙古政府称，该国未开发矿产资源的价值约为 1.3 万亿美元[②]。截至 2015 年底，蒙古矿产资源探明储量已上升至世界第七位，且提升空间仍很大。目前，已探明的有 80 多种矿产和 6000 多个矿点，主要有铁、铜、钼、煤、锌、金、铅、钨、锡、锰、铬、

① 根据蒙古国家统计委员会 2018 年 1 月 15 日公布数据编译。

② 引自《蒙古国准备重新启动塔温陶勒盖煤矿》，中国矿权资源网，2016 年 9 月 12 日，http://www.kq81.com。

铋、萤石、石棉、稀土、铀、磷、石油、油页岩矿等。其中煤炭蕴藏量约1520亿吨、铜2.4亿吨、铁20亿吨、磷2亿吨、黄金3100吨、石油80亿桶。目前正在进行开采且出口产品的大中型矿主要有：奥尤陶勒盖铜金矿（OT矿）、塔班陶勒盖煤矿（TT矿）、额尔登特铜钼矿、那林苏海特煤矿、巴嘎诺尔煤矿、图木尔廷敖包锌矿、图穆尔泰铁矿、塔木查格油田等，大部分还处于转让、勘探、建设阶段。

3. **建筑、旅游业的发展**

蒙古基础设施建设水平历来比较滞后，近年来，蒙古政府正逐步增加对道路桥梁等基础设施建设投入，现基础设施处于较快发展阶段。随着首都乌兰巴托市居民数量的急剧增加，城市住宅刚性需求迅速增加，住宅建设与销售市场逐渐兴起，建材需求趋旺，建材生产大幅增长。

但受经济不景气和蒙币图格里克贬值等影响，2016年建筑业增幅减慢，新开工项目不多，房地产建设和销售均出现放缓趋势，新建设房地产项目大幅减少，已建成项目销售情况不佳。2016年，蒙古建筑业总产值为2.0371万亿图格里克（按当年价），同比减少17.9%。其中，住宅建筑产值6928亿图格里克，同比增加36.5%；非住宅建筑（工业、贸易、医院、学校等）产值6915亿图格里克，同比增加9.8%；一般通用建筑（道路、桥梁、公共设施等）产值6072亿图格里克，同比减少13%；建筑维修的产值455亿图格里克，同比减少27.1%。

2017年，随着蒙古整体经济的好转，建筑业又活跃起来。2017年，蒙古建筑业总产值为3.1757万亿图格里克（按当年价）[①]。其中，2.9268万亿图格里克或92.2%为国内建筑机构完成，2489亿图格里克

① 蒙古国家统计委员会：《蒙古国家统计年鉴2017》，2018年，乌兰巴托。

或 7.8%为外国建筑机构完成。住宅面积从 1990 年的 553.04 万平方米增加到 2017 年的 1587.34 万平方米，年均增长率为 6.9%。住宅建设产值占建筑业总产值的比重为 34%；非住宅建筑（工业、贸易、医院、学校等）建设产值的占比为 40%；一般通用建筑（道路、桥梁、公共设施等）建设产值的占比为 23.3%；建筑维修产值的占比为 2.7%。①

蒙古拥有丰富的人文旅游和自然旅游资源，被称为神秘的“蓝天之国”。蒙古幅员辽阔，人口稀少，自然风貌保持良好。是世界上少有的保留游牧文化的国家，旅游业发展前景广阔。从 20 世纪 80 年代开始，蒙古旅游产业有了一定的发展，旅游产业在国民经济发展中起着重要作用。每年 6—8 月期间是蒙古旅游旺季。近几年，来蒙古的外国游客数量呈逐年递增的趋势。2017 年，蒙古共接待外国游客超过 47 万人次，同比增长 14%，旅游部门 2016 年的利润是 4 亿多美元②。截至 2018 年上半年，已有 20.2 万外国游客抵达蒙古，同比增长 12%。预计到 2018 年底，游客人数将超过 50 万人次，增幅有望超过 10%。蒙古政府计划到 2020 年吸引外国游客 100 万③人次，收入达 10 亿美元，因此，游客人数需要在三年内稳定增长 30%。根据蒙古可持续发展规划，将蒙古打造为国际游牧旅游中心是该国未来旅游业发展的目标，蒙古将采取措施落实这一目标。

入境外国旅客中，中国公民占 37.2%；俄罗斯公民占 20.3%；韩国公民占 14.1%；日本公民占 4.3%；美国公民占 3.3%；哈萨克斯坦公

① 笔者根据蒙古国家统计委员会 2018 年 1 月 16 日公布的数据编制。

② 《2017 年蒙古国旅游业收入达 4 亿美元》，蒙古投资咨询网 Invest in Mongolia，2018 年 2 月 7 日。

③ 郑闯：《蒙古国议长表示将大力发展游牧旅游业》，新华网，2016 年 10 月 13 日，http://www.xinhuanet.com/world/2016-10/13/c_1119713661.htm。

民占 2.7%；其他国家公民占 18.1%。据 Airmarket 航空公司报道，最近三年冬季，前来蒙古的外国游客人次逐年增加，2017 年增幅 25%。此外，U Travel 旅游公司冬季旅游订单量同比增长 34%—35%。其中在泰国、新加坡和中国澳门等国家或地区旅行线更受游客欢迎。

对采矿业严重依赖的蒙古经济发展波动较大，经常陷入困境，蒙古不少政商界人士呼吁采取措施促进经济多元化发展，认为发展旅游业是重要方向。通过促进旅游业增加就业并增加外汇收入。据预测，蒙古旅游业可以提供 5 万多个就业岗位。但是，落后的基础设施和有限的接待能力制约着旅游业发展。因此，蒙古的旅游业有待进一步投入建设和完善。

（三）基础设施与交通

蒙古基础设施发展处于起步阶段，许多道路、能源、电力等基础设施建设仍沿用苏联时期援建设施，现已不能满足经济发展对配套基础设施建设的需求。由于未能形成联通全国的运输网络，而且多数现有道路路况较差，年久失修，已不能满足社会经济发展需求，成为制约蒙古下一步经济增长的主要瓶颈之一。

蒙古地广人稀，公共交通运输和能源电力业生产成本高。因此，目前道路建设仍然主要依赖政府公共投入。近年来，蒙古政府增加了对道路基础设施投资规模，包括中国政府在内的外国政府和国际组织等纷纷为蒙古道路基础设施建设项目提供各类资金支持，启动了连通各个省会城市之间的省际公路项目、西部公路项目等大批公路项目。除国内基础设施建设以外，蒙古还一直致力于积极参与区域互联互通合作，特别是中蒙俄三国合作，打造过境蒙古，连接中俄、联通欧亚的区域经济走廊。2013 年，蒙古积极响应中国提出的“一带一路”倡议，2014 年提出了连接中蒙俄铁路、公路、石油、电力、天然气的五大通道，即“草原之路”倡议①，2017 年经完善后又改称“发展之路”项目。

1. **交通运输**

如表 12 所示，2017 年，蒙古运输业总收入 14223 亿图格里克，同比增长 19%；运输货物 5391 万吨，同比增加 33.5%；运送旅客 2.157 亿人次旅客，同比减少 18.3%。其中，铁路运输收入 5300 亿图格里克，同比增加 22%，运输货物 2276.51 万吨，同比增加 13.6%，运送旅客 262 万人次，同比减少 0.8%；公路运输收入 5064 亿图格里克，同比增长 8.5%，运输货物 3121.29 万吨，同比增加 53%，运输旅客 2.12 亿人次，同比减少 18.6%；航空运输收入 3855 亿图格里克，同比增长 34%，运输货物 3082.6 吨，同比减少 0.5%，运送旅客 83.4 万人次，同比增加 22.6%。蒙古分别同中国和俄罗斯之间设有多个边境口岸，公路连接

表 12　蒙古运输收入表　　单位：亿图格里克

年份	1995	2000	2005	2010	2015	2016	2017
运输总收入	360	1020	3095	5936	9879	11915	14223
铁路	161	478	1936	3069	3879	4368	5300
公路	85	145	443	1722	3451	4672	5064
航空	115	397	716	1145	2543	2873	3855
水路	0.1	0.2	0.2	0.1	5.8	2.3	3.0

资料来源：根据蒙古国家统计委员会《蒙古国家统计年鉴 2017》编制。

① “草原之路”倡议由五个项目组成，预计总投资约 500 亿美元，项目包括：连接中俄的 997 公里高速公路，1100 公里电气化铁路，扩展跨蒙古铁路以及天然气和石油管道等。

和通关较为便捷，目前中蒙两国共有 18 个公路口岸，1 个铁路口岸。①

蒙古铁路运营总里程为 1811 公里，只有两条主要的铁路线。第一条是蒙古乌兰巴托铁路，即中蒙俄国际联运铁路“北京—二连浩特—扎门乌德—莫斯科”在蒙古境内的段线，在蒙古境内总长约 1110 公里。乌兰巴托铁路是蒙古国家运输的主动脉，在这条铁路的沿途有一些矿产企业修建的短途支线。第二条是在蒙古的东方省有一条长度为 238 公里的宽轨铁路，从乔巴山市开始一直延伸到俄罗斯境内索洛维耶夫斯克市。还有几条短程铁路：乌兰巴托到纳莱哈煤矿的窄轨铁路，长 43 公里；萨里特至额尔登特铜钼矿的铁路，长 168 公里；小杭爱—小淖尔、达尔汗—沙拉河煤矿等铁路支线。蒙古铁路轨距是 1520 毫米的宽轨铁轨，与俄罗斯的铁路轨距相同，与中国的标准轨距② 1435 毫米不同。由于蒙古铁路采用宽轨距，列车现需要在二连浩特—扎门乌德口岸进行换装，大大增加了运输成本和时间。乌兰巴托铁路现由蒙古和俄罗斯两国联合占股的乌兰巴托铁路公司负责运营。乌兰巴托铁路目前运载能力已经不能满足不断增长的运量需求，且线路设备和技术老化问题凸显。近年来，蒙古矿产品出口规模不断扩大，亟须修建新铁路解决当前出现的矿产品运输成本高、运输效益低等问题。在中蒙俄经济走廊框架内，中蒙俄三方交通运输部门和企业界近来一直就铁路电气化改造升级和复线建设开展积极磋商。

蒙古各类公路运营总里程为 1.03552 万公里③。其公路主要分为国

① 笔者根据内蒙古自治区政府口岸办编写的《内蒙古口岸》（2007）画册和相关资料整理得出。

② 标准轨距是指国际铁路协会在 1937 年制定的 1435 毫米标准轨距，轨距比标准轨距更宽的称为宽轨，更窄的则称为窄轨。世界上大约 60%的铁路的轨距是标准轨距。

③ 蒙古国家统计委员会：《蒙古国家统计年鉴 2017》，2018 年，乌兰巴托。

家级公路——包括连接首都乌兰巴托与各省省会、各省省会之间、国家边界口岸和中央居住区的公路和地方公路，还有省级公路和各单位自用公路。近年来，随着蒙古公路建设的不断推进，公路运输量已逐渐超过铁路运输，2017 年蒙古铁路全年运输货物 2277 万吨，而公路运输货物 3121 万吨，可见公路运输已成为蒙古交通运输的主力，并呈现出继续发展势头。相比铁路建设长期没有改观的情形，蒙古公路建设一直在稳步推进中。

2013 年，从首都乌兰巴托市到口岸城市扎门乌德市 700 多公里公路的最终全线通车，标志着南北横穿蒙古，连接中国与俄罗斯的公路大动脉的打通。2016 年 5 月开工的由乌兰巴托城区至中央省贺西格新国际机场高速公路，到 2018 年 10 月 12 日该高速公路沥青路面全线贯通，为 2019 年上半年竣工通车奠定了基础。这是中蒙两国"一带一路"建设框架下的重要合作项目，中国中铁四局一公司承建的蒙古首条高速公路。乌兰巴托新机场高速公路修建里程全长 32.226 公里。起点自乌兰巴托新机场连接处，终点至乌兰巴托雅尔玛格立交桥收费站，与已建成的中央省宗莫德公路衔接。该高速公路宽度 32.5 米，设计为双向六车道，设计时速为 80 公里。通车后，对于完善蒙古国家公路网，提升乌兰巴托城市形象、促进中蒙两国基础设施领域深度合作等具有重大意义。

近年来，蒙古政府加快了道路基础建设步伐，除使用本国财政资金以外，还通过外国政府和亚洲开发银行等国际金融机构援助资金为项目融资，先后启动建设连通各省省会之间的省级公路项目、西部公路项目等。

蒙古拥有主要经营国际航线的国营企业蒙古航空公司 Mongolian

Airlines（MIAT）和三个民营航空公司。蒙古全国经常运营的有30多个机场，其中只有乌兰巴托成吉思汗国际机场能够起降喷气式飞机。该机场可以直飞北京、呼和浩特、二连浩特、海拉尔、鄂尔多斯、天津、包头、香港等中国城市，还拥有飞往莫斯科、伊尔库茨克、法兰克福、伊斯坦布尔、阿拉木图、大阪、东京、首尔、曼谷等地的航线。另外三家民营公司主要经营国内航线，现运营首都乌兰巴托至额尔登特、乔巴山、奥尤陶勒盖、科布多、木仁等省会及主要城市的国内航线。

正在兴建的蒙古新国际机场——贺西格机场位于中央省色尔格楞县，距乌兰巴托市区50公里。新国际机场最终将达到每小时服务旅客2400—2500人的水准，年运送旅客人数将超过200万，相当于现在的成吉思汗国际机场运送旅客人数的5倍。新机场投入使用以后，成吉思汗机场计划转为承担蒙古国内航线飞机起降服务。

《蒙古国千年发展目标整体发展政策》第五部分“基础设施领域发展政策”提出，在交通运输领域要建设满足矿产品出口运输需求的道路基础设施，建成同中国和俄罗斯两个邻国相连的欧亚运输跨境运输线路，支持私营部门参与基础设施建设。第一阶段战略目标：完善交通运输领域的相关法律；改善现有公路路况并扩建国内公路运网；建设可满足矿产品运输需求的国内铁路运输线，提升蒙古铁路在本地区竞争力；启动地方新机场建设并开辟新的国内、国际航线；利用其他国家港口开展海上运输；改善相关投资环境。第二阶段战略目标：继续拓展国内公路、铁路运输网；积极发展航运和海上运输；实现国内主要城市和省会之间全部通过公路连接。

2010年，蒙古通过《国家铁路运输领域建设规划》，提出分阶段建设5683.5公里长的新铁路基础设施。其中，第一阶段将建设1100公里铁路。包括：达兰扎德盖特—塔温陶勒盖—查干苏日格—宗巴音（400公里）；赛音山达—西乌尔特（350公里）；西乌尔特—呼特（140公里）；呼特—乔巴山（150公里）。第二阶段将建设900公里铁路，包括：纳林苏海特—锡伯库伦（45.5公里）；乌哈呼德格—嘎顺苏海特（267公里）；呼特—塔木查格布拉格—诺木日格（也称松贝尔）（380公里）；呼特—毕其格特（200公里）。拟建的上述铁路将构成蒙古新"东线"和"南线"铁路。建成后将大幅提升蒙古境内铁路运力，实现蒙古南戈壁省塔班陶勒盖煤矿（TT矿）、奥尤陶勒盖铜金矿（OT矿）、纳林苏海特煤矿等大型矿区至蒙古边境口岸铁路直运。

电力、燃料领域的第一阶段发展战略目标是：建设小型煤炭火力发电厂和中、大型煤制油、煤制气等煤化工工业园区；第二阶段战略目标是：建设大型清洁型煤炭火力发电站，实现煤制油等煤化工工厂产能最大化。

在媒体通信领域，提出将媒体通信产业作为21世纪蒙古经济、社会发展的加速器。第一阶段的发展战略目标：创建有利于媒体通信产业发展的技术、法律、融资、人才储备环境，建设完善的通信和互联网；将媒体通信技术推广并广泛应用于医疗、金融、贸易等经济社会发展的各领域。第二阶段发展战略目标：继续建设和推广更先进、更便捷、更廉价的通信网络；将媒体通信技术应用于环境监测、国防安全、经济情况处理等各领域；2021年实现固定和移动通信网络覆盖全国95%领土和全体国民。

蒙古基础设施发展资金主要通过政府财政支付解决，为此蒙古政府通过发行专门债券，向外国政府及银行借贷等方式筹集所需资金。

2. **电力行业**

蒙古电力系统主要组成部分包括：中央电力系统（CES）、西部电力系统（WES）、东部电力系统（EES）、阿尔泰—乌利雅斯泰电力系统（AUES）、南戈壁电力系统（SES），还有其他零星分布在全国各地的小型柴油发电站和可再生能源发电站等。目前，蒙古电力装机容量约为1130兆瓦，其中有效装机容量为900兆瓦，占总装机容量的80%。蒙古总装机容量地区分布极不均匀，总装机容量中，中央电力系统拥有836兆瓦，占全国总装机容量的78.72%。除了比较有规模的五大电力系统外，全国还有大量的未与网络连接，分散在乡村地区县中心的柴油电力供应站，装机容量在60—1000兆瓦之间的大约600个柴油机组，共同支持全国的用电需求。另外，全国总装机容量在各个电厂之间分布也不均匀，燃煤发电厂占有全国近90%的装机容量，其他新能源电站、柴油发电站和水电站分别占有6%、2%和2%的装机容量。①

近几年，蒙古总发电能力持续小幅扩大，截至2017年底，蒙古电、热、气等国内生产总值为1.5269万亿图格里克（6.23亿美元），占全部工业总产值的7.4%，较上一年有小幅下降。蒙古所有燃煤发电站均是热电联产，除了生产基本的电力，还集中供应热水和生产工业用蒸汽。为了给中央或地方提供热源，蒙古在主要城市整合了热电联供（CHP）的火力发电厂，扩大了生产能力。2017年，蒙古全年电力生产总量为7601.7兆千瓦时，其中，自由发电量为6027.3兆千瓦时，比上一年增加6.36%。占电力总量的79.29%。进口电力1574.3兆千瓦时，较上一年度增加8.85%，占电力总量的20.71%。②

---

① 中国银行乌兰巴托代表处：《蒙古国电力行业分析报告》（2018版），第15页。

② 笔者根据蒙古国家统计委员会2018年1月16日公布的数据编制。

蒙古虽然拥有全球16%的煤炭储量①，但国内电力基础设施建设和配套较为不足，与其他基础设施一样，很多发电设备亦沿用苏联时期建造的陈旧过时的设备。现仍有两个省40个县未能接入中央电力系统。目前，蒙古尚不能满足国内电力自给自足，部分电力需从外国进口。长期以来，蒙古20%的电力需从俄罗斯进口。近年来，从中国进口电力逐年增加。比如，蒙古最大的铜金矿奥尤陶勒盖（OT矿）现阶段电力需求完全由中国内蒙古自治区国合电力保障，截至2018年9月30日，内蒙古国合电力公司为奥尤陶勒盖公司供电额为3.668亿美元②。

近年来，为解决国内电力供应不足问题，蒙古政府加快了国家电力基础设施建设速度，提出一批对现有电力设备进行改造扩容和新电厂建设项目。由于蒙古目前财政有限，政府鼓励通过外资，通过各类资本，通过政府和社会资本合作（PPP）模式参与电力基础设施投资建设。除火力发电以外，蒙古还致力于发展可再生能源。根据蒙古政府制定的能源电力发展目标，蒙古计划在2020年前实现国家电力需求的25%来自可再生能源，包括太阳能、风能、地热和水力发电等。

3. **通信产业**

近几年，蒙古主要的电信供应商包括：Mobicom、Gmobile、Skytel、Unitel、Mongolia Telecom。2017年，蒙古通信领域收入8058亿图格里克（见表13）。固定电话网线共28.68万条，有线电视用户共41.84万，移动电话用户共53.8万，永久互联网用户共20.4万。乌兰巴托市

---

① 蒙古国驻中华人民共和国大使馆：《投资蒙古国》，2014年，北京。

② 资料来源Bloomberg官网。

内无线网络（Wifi）覆盖率比较高，公共汽车、主要街区及一般餐厅和商场等均提供免费无线网络服务。

表 13　蒙古通信领域收入情况　　单位：亿图格里克

年份	1990	1995	2000	2005	2010	2015	2016	2017
通信服务收入	2.369	79.448	315.728	1283.933	4016.31	7245.501	7644.288	8058.095

资料来源：根据蒙古国家统计委员会《蒙古国家统计年鉴 2017》编制。

蒙古由于地广人稀，除城镇和居民点以外，牧区的通信设备比较落后，有线电话的发展相对缓慢。在蒙古经济转轨过程中，先进的通信手段发展得相当迅速。蒙古的通信公司利用国际卫星系统开展各类电信服务，包括开办国际之间的电话、传真、电报、电传等服务。蒙古利用亚洲 1 号地面卫星站和通过中国香港发展国际国内的通话业务。通过国际通信卫星组织系统宇宙联盟和国际电信联盟的直播线，蒙古可以与 93 个国家通话，提供与 45 个国家联系的国际电传业务①。在社会生活中，由于蒙古城镇人口比较多（2017 年年底，常住人口城镇化率 67.6%），近年来移动电话的拥有量明显增长，目前蒙古有两大移动通信服务网络，移动通信在蒙古的城市用户中已经占据主导地位，移动电话几乎人手一部甚至两部。手机的普及，使人们相互联络极为方便，连中小学生都利用微信、短信等手段提高学习效率和与外界广泛联系，扩大视野。

① 黄健英主编：《蒙古国经济》，北京：中国经济出版社 2016 年版。

三、对外经贸关系

蒙古经济转型后实施经济开放政策，于1996年加入了华盛顿《解决投资争议公约》，1997年加入世界贸易组织，1999年成为汉城“关于成立投资多边担保机构公约”成员国，同时也成为世界银行多边投资担保组织成员国。1990年以来，蒙古与中国、俄罗斯、韩国等43个国家曾签署《相互促进和保护投资协议》，目前其中38个协定已生效实施。迄今，蒙古政府与39个国家签署了“避免双重征税协定”。欧盟给予蒙古7200种商品GSP+优惠政策。2015年2月，蒙古已与日本签署两国经济合作协定，这是蒙古首个双边经济合作协定。目前蒙古向美国提出了商签自由贸易协定的请求。2017年5月，中国与蒙古国签署《中华人民共和国商务部和蒙古国对外关系部关于启动中国—蒙古国自由贸易协定联合可行性研究的谅解备忘录》，宣布启动自贸协定联合可行性研究，正式开启双边自贸区建设进程。蒙古奉行自由贸易政策。对外国进口商品征收5%的进口税，免征出口税。

（一）对外贸易的发展

蒙古经济对外依存度很高（接近95%）①，对外贸易是拉动蒙古整体经济增长的重要力量。近年来，受国际市场大宗商品矿产品价格的波

① 2017年，蒙古对外贸易依存度为：对外贸易总值105.379亿美元除以111.35亿美元的国内生产总值等于94.64%。

动和受蒙古本币图格里克贬值影响，蒙古出进口总额增长缓慢。据蒙古国家统计委员会统计，2016 年与世界 157 个国家和地区进行贸易，贸易总额为 82. 745 亿美元，同比减少 23%。其中，出口总额 49. 163 亿美元，同比增加 5. 3%；进口总额 33. 581 亿美元，同比减少 11. 6%。2017 年，随着国际市场大宗商品矿产品价格的上扬，蒙古出进口总额有了较大幅度的增长。2017 年，蒙古与世界 163 个国家和地区进行贸易，贸易总额为 105. 379 亿美元，同比增长 27. 4%。其中，出口总额 62. 006 亿美元，同比增长 26. 1%；进口总额 43. 373 亿美元，同比增长 29. 1%；贸易顺差 19 亿美元，同比增长 19. 7%（见表 14）。截至 2018 年 10 月，蒙古共计与 153 个国家进行贸易，总额达到 108 亿美元。其中，出口额达 59 亿美元，进口额达 49 亿美元。2018 年前 10 个月，出口额同比增长 7. 559 亿美元。其增长主要因素为矿产品出口增长 10 亿美元；纺织品出口增长 7500 万美元。2018 年前 10 个月，进口额同比增长 14 亿美元。矿产品为其主要增长领域，进口增长 2. 651 亿美元，其中柴油增长 1. 121 亿美元；机械、设备、电器及其零件增长 3. 523 亿美元；交通工具及其零件增长 2. 55 亿美元；金属和金属制品进口增长 1. 944 亿美元。

表 14　蒙古对外贸易额变化情况　　单位：　亿美元

年份	1990	1995	2000	2005	2010	2015	2016	2017	2018 年 1—10 月
贸易总额	15. 847	8. 886	11. 503	22. 412	61. 086	84. 668	82. 745	105. 379	108

资料来源：根据蒙古国家统计委员会《蒙古国家统计年鉴 2017》和《蒙古消息报》2018 年第 48 期相关数据编制。

蒙古对外贸易结构比较单一，矿产品占蒙古总出口比重超过七成。蒙古出口商品主要是矿产品——煤炭、铜精粉和矿石、铁矿石、锌精粉和矿石、原油、萤石以外，还有畜产品即毛纺织品、生皮、熟皮、畜毛绒及其制品、牛羊马肉以及宝石、贵金属、民族特色文化用品等。蒙古国内制造业发展不发达，除畜牧产品以外，其他各类生活和生产材料大部分依赖进口。蒙古进口的主要商品是工程机械、机电产品及其零配件、能源产品——成品油、公路航空及水路运输工具及其零配件、钢材及其制品、纺织品、化学及化工产品、植物产品及食品和日用品等。

蒙古的主要贸易伙伴是中国、俄罗斯、英国、日本、美国、韩国、德国、意大利、瑞士等（见表 15）。2017 年，蒙古与 163 个国家和地区展开了双边贸易。

表 15　蒙古与主要贸易伙伴国贸易额变化情况　　单位：亿美元

年份	1990	1995	2000	2005	2010	2015	2016	2017
贸易总额	15. 847	8. 886	11. 503	22. 412	61. 086	84. 668	82. 745	105. 379
中国	0. 353	1. 314	4. 001	8. 165	34. 427	53. 001	49. 628	67. 352
俄罗斯	12. 396	2. 769	2. 514	4. 452	11. 294	10. 979	9. 362	12. 868
英国	0. 055	0. 214	0. 234	0. 958	0. 873	3. 614	5. 854	6. 899
日本	0. 174	0. 92	0. 814	0. 813	1. 992	2. 95	3. 447	3. 78
美国	0. 009	0. 403	1. 587	1. 895	1. 649	1. 352	1. 497	2. 167
韩国	0. 009	0. 476	0. 678	1. 288	2. 123	3. 253	2. 064	2. 093
德国	0. 511	0. 261	0. 317	0. 499	1. 093	1. 1353	1. 637	1. 40
意大利	0. 091	0. 15	0. 175	0. 283	0. 549	0. 767	0. 656	0. 891

资料来源：根据蒙古国家统计委员会《蒙古国家统计年鉴 2017》编制。

（二）中蒙经贸关系的发展

两国经贸合作的政治法律基础。1949 年 10 月 16 日，新中国与蒙古人民共和国建立正式外交关系。1951 年，中蒙两国建立贸易关系。1989 年，两国成立了中蒙政府间经济、贸易和科技合作委员会，截至 2018 年 9 月，已经举行 15 次会议。1991 年，两国政府签订了新的贸易协定，将记账贸易转为现汇贸易，同年 8 月，两国政府又签署了《关于鼓励和相互保护投资协定》和《关于对所得避免双重征税和防止偷漏税的协定》。1992 年，中蒙签订了专项易货贸易协定。2008 年 6 月，中蒙签署了《中国与蒙古国经济贸易合作中期发展纲要》，规划了未来五年的中蒙经贸合作。中国是蒙古国最大经贸合作伙伴，亦是蒙古国经济发展主要外部支柱和通道。

2014 年 8 月，国家主席习近平应邀访问蒙古国，习近平主席与蒙古总统额勒贝格道尔吉举行会谈，两国元首一致决定将中蒙关系从战略伙伴关系提升为全面战略伙伴关系。双方商定，将继续本着矿产资源开发、基础设施建设、金融合作“三位一体，统筹推进”原则开展全方位互利合作。此间，双方签署了包括《中华人民共和国国家发展和改革委员会与蒙古国经济发展部关于成立中蒙矿能和互联互通合作委员会的谅解备忘录》《中国人民银行与蒙古银行人民币/图格里克本币互换协议》等 26 个合作文件，其中，中国商务部同蒙古国经济发展部共同签署了新的《中国与蒙古国经济贸易合作中期发展纲要》，提出力争到 2020 年实现双边贸易额突破 100 亿美元的目标。

2016 年 7 月，蒙古国总理额尔登巴特应邀访华，与国务院总理李克强进行会谈。其间，中蒙双方签署了 15 份合作协议，协议进一步充实了中蒙两国全面战略伙伴关系的内涵。2017 年 5 月，蒙古国总理额尔登巴特应邀赴华出席“一带一路”国际合作高峰论坛，并与国务院总理李克强进行会谈。会谈中双方就促进经贸合作、环境保护、减小气候变化影响等方面交换了意见，并签署了包括《蒙古国政府和中华人民共和国人民政府关于“发展之路”项目与“一带一路”项目对接合作谅解备忘录》在内的21份经贸合作文件。

2018年4月，蒙古国现任总理呼日勒苏赫应邀访华，与国务院总理李克强举行会谈。李克强指出，中方愿同蒙方发挥经济互补与地理毗邻优势，加强中方“一带一路”和蒙方“发展之路”对接落地，尽快启动自贸协定联合可研，加快建设跨境经济合作区建设，加强产能、投资、农牧业深加工、能源矿产、过境运输等合作，稳步推进棚户区（指乌兰巴托市区周边木质结构平房和蒙古包）改造、污染治理、城市及口岸基础设施等民生项目合作，造福两国人民。期间，双方签署了经贸、人文、产能、环保等领域11份双边合作文件。

以上就两国经贸合作的顶层设计及双方诸多法律文件的形成，为双方扩大经贸合作、完善合作方式与机制、避免双重征税、促进边境贸易发展等一系列问题奠定了法律基础，从而有力地推动了两国经贸关系的稳步发展。近年来，在双方的共同努力下，中蒙经贸关系发展迅速，连创新高。目前，中国是蒙古第一大贸易伙伴和主要的投资来源国。

中国是蒙古最大贸易伙伴国、最大的出口市场和最大进口市场地位国。截至2018年，中国已连续19年成为蒙古最大贸易伙伴国，十多年来，蒙中贸易占蒙古外贸比重50%以上。蒙对华出口产品主要是铜、煤、铁等矿产品及动物毛皮原材料及其制成品等农牧产品，蒙自华进口产品主要集中在电力、石油制品、机械设备、电气设备、钢铁、塑料、服装、粮食、蔬果、日用品等。2017年，蒙对华贸易总额67.351亿美元（见表16），较上年同期增长35.8%，占蒙古同期外贸总额的64.1%。其中，对华出口贸易总额53.074亿美元，较上年增长36.0%，占蒙古出口总额的85%；自华进口贸易总额14.277亿美元，较上年同期增加34.6%，占蒙古进口总额的32.6%。

表16　中蒙双边贸易　　单位：亿美元

年份	1990	1995	2000	2005	2010	2015	2016	2017
蒙外贸总额	15.847	8.886	11.503	22.412	61.086	84.668	82.745	105.379
中蒙进出口总额	0.353	1.314	4.001	8.165	34.427	53.001	49.628	67.351
蒙对华出口	0.113	0.808	2.744	5.132	24.664	39.101	39.016	53.074
蒙自华进口	0.25	0.506	1.258	3.032	9.762	13.899	10.612	14.277
占蒙外贸额（%）	0.22	14.79	34.78	36.43	56.36	62.60	59.98	63.91

资料来源：根据蒙古国家统计委员会《蒙古国家统计年鉴2017》数据演算编制。

2017年，蒙古国对中国出口主要产品分别为：铜矿粉144.72万吨，铁矿石（铁矿砂）625.78万吨，锌矿粉11.82万吨，煤炭3229万吨，原油750.414万桶，马肉23422吨，洗净山羊绒5409.7吨，等等。

自1998年中国成为蒙古第一大投资国以来，中国一直是蒙古主要的投资来源国。截至2017年7月，中国对蒙古直接投资存量41.1亿美元，占蒙古吸引外资总额比重超过30%，是蒙古第二大外资来源国（荷兰为第一[①]），在蒙古注册中资企业约6595家，占蒙外企数的50%，目前保持活跃的约1000余家。据蒙方统计，在蒙中资企业中方员工约3万余人，雇用蒙方员工约4万余人。中国对蒙投资的主要行业有地质矿产资源勘探与开采、贸易餐饮服务、建筑工程及建材生产、畜产品加工等。

2017年1—7月，蒙古新增对华投资项目5个，新增对华实际投资

① 引自《力拓将在蒙古开采全球最大的奥尤陶勒盖铜矿　大部运往中国》一文，观察者网，www.guancha.cn和英国每日电讯网，2015年5月26日，www.telegraph.co.uk。

126 万美元。截至 2017 年 7 月，蒙对华投资项目 179 个，实际投资累计 3235 万美元，主要是餐饮商贸和金融业。

据中国商务部统计，2016 年，中国企业在蒙古签合同额 35. 94 亿美元，完成营业额 7. 46 亿美元。当年派出各类劳务人员 4448 人。

2017 年 1—7 月，中国在蒙古签工程承包合同额 3. 7 亿美元，同比下降 62. 9%，完成营业额 3. 5 亿美元，同比增长 5. 3%，承建了奥尤陶勒盖铜金矿、蒙古西部公路、泰西尔水电站等大型项目。截至 2017 年 7 月，中国在蒙古签订工程承包合同额累计 156. 2 亿美元，完成营业额 81. 1 亿美元。2017 年 1—7 月，中国共向蒙古新派遣各类劳务人员 1251 人，期末在蒙劳务人员 3308 人①。近年，蒙实施限制外籍劳务政策，收取高额岗位费，中国公民赴蒙非法劳务和劳务纠纷有所增多。

四、结语

冷战结束后，蒙古根据国际国内形势的变化，改变了长达 70 年向苏联“一边倒”的政策，确立了走市场经济与民主化道路的基本方针。在外交上，实行“多支点”中立的等距离外交战略，首先与俄罗斯、中国两大邻国友好交往，并加强与美、日、韩、印度和欧盟等“第三邻国”的关系，同时，在经济上积极参与多边经贸合作。

进入 21 世纪以来，蒙古依托其丰富的自然资源，实行“矿业兴国”战略，于是采矿业成为蒙古经济的引擎，并带动了其他行业的迅速发展，是世界经济增长最快的国家之一。当时，无论是从社会福利到

① 中国商务部亚洲司：《中国蒙古国经贸合作简况》，2017 年 9 月 27 日。

民众生活方式还是蒙古的国际地位都发生了可喜的变化。但这样的奇迹转瞬即逝，其原因是什么呢？蒙古经济的最大问题是过分依赖矿产业，导致国际大宗商品价格变化直接影响其经济增长水平。鉴于此，2018年5月，蒙古政府提出了发展经济的“三个支柱发展政策”，如能顺利实施可有效改变经济单一的状况，其中的“多支点经济发展政策”专门提出了加强农牧业，发展矿产业和重工业，加大建设基础设施力度和发展旅游业等目标。

从未来发展看，蒙古经济还是有发展潜力的。蒙古拥有大量的铜、金、煤炭和其他矿产资源，这些矿产资源中的许多处于待开发或已投产状态，拥有农牧产业（乳业、肉类和羊绒业）以及旅游业，特别是政府及时调整了适合本国国情的经济政策，加上其特殊的地理位置，蒙古可以从更紧密的区域一体化中受益，尤其是中国“一带一路”与蒙古国“发展之路”倡议对接合作的框架内，将会推动其基础设施建设——公路、铁路、能源等，连接中蒙俄铁路、公路、石油、电力、天然气的五大通道（蒙古原“草原之路”计划），对于蒙古的繁荣发展具有重要意义。

推荐阅读：

1. 郝时远、杜世伟编著：《列国志：蒙古》，北京：社会科学出版社2007年版。

2. 黄健英主编：《蒙古国经济》，北京：中国经济出版社2016年版。

3. 李晶主编：《“一带一路”国家国情：蒙古国》，北京：经济管理出版社2018年版。

第七章

东北亚地区经济关系概览

富景筠*

东北亚地区是世界经济的中心，地区经济关系联系紧密，特别是中日韩经济形成开放型、分工型与互补型的产业链，但是出于政治原因，这种紧密经济关系主要是中国实施改革开放后，尤其是冷战结束以后形成的。冷战结束使得东北亚地区经济关系出现重大调整。

东北亚各国差别很大，国家规模、经济结构和发展水平差异决定了东北亚各国采取不同的经济发展模式与对外联系方式。总体来看，东北亚地区经济关系的演变主要沿循着两个维度进行。一是中央或地方政府推动的次区域功能性合作，其中包括图们江开发项目、中蒙俄经济走廊等。二是区域层面的经济合作机制建设，主要表现为中日韩三国之间的合作机制，包括中日韩自贸区和中韩自贸区。然而，作为世界经济中最

* 富景筠，中国社会科学院亚太与全球战略研究院副研究员。

具活力、全球战略上越来越重要的地区之一，东北亚经济合作却缺乏地区层次的制度化机制。显然，地区层次的合作机制缺失一直是制约东北亚经济合作深化的软肋。

一、冷战后东北亚地区经济关系的现状总结分析

二战后，作为东西方冷战的重要场所，东北亚被压缩到美苏两大超级大国对抗的世界体系之中。东北亚区域经济合作的发展经历了三个阶段。一是20世纪50年代中期至70年代初期，日本通过“贸易立国”战略实现了高速增长并成为东北亚地区经济发展的引擎。二是70年代后，随着日本向东亚国家的产业转移以及韩国和中国的相继工业化，中日韩三国形成了依托东亚区域生产网络的分工合作模式。三是苏联解体、冷战结束后，东北亚地区经济关系出现重大变化，随着中俄、中韩关系的正常化，东北亚迎来了地区经济合作的历史新机遇。

从性质上看，推动东北亚区域内贸易演进的主要动力是以追求商业利益为诱导的市场自发力量，而区域合作的机制化则是由政府自上而下实施的强制性制度变迁。这种制度变迁的实现是多种因素共同作用的结果。市场层面的经济融合提升了一国对经济一体化的需求。中日韩三国以市场为基础的经济联系不断深化，具有了构建更紧密联系的内生动力。受到中国—东盟、日本—东盟和韩国—东盟自贸区建设的激励，2008年全球金融危机后，中日韩在独立于东盟框架下启动三方自贸区谈判。2010年，中国国民生产总值超过日本、成为世界第二大经济体。随着中国相继成为日本、韩国最大出口市场、韩国最大投资市场和日本

主要投资市场，东北亚国家间相互依赖关系的结构发生变化。凭借庞大金融能力和巨大市场规模，中国开始成为东北亚地区经济合作的倡导者和推动者。

（一）东北亚地区的功能性合作

20 世纪 90 年代是东北亚国家探索国内经济发展以及对外合作模式的重要阶段。1992 年，联合国开发计划署倡导图们江次区域开发，提出用 20 年时间，筹资 300 亿美元，在中朝俄三国毗邻的三角洲地区兴建一个多国经济技术合作开发区。为落实联合国开发计划署的开发计划，东北亚有关各国随即做出积极回应。1995 年 12 月，中俄朝韩蒙五国在联合国总部正式签署《关于建立图们江经济开发区及东北亚开发协调委员会的协定》《图们江地区经济开发区及东北亚环境谅解备忘录》，中俄朝三国签署了《关于建立图们江地区开发协调委员会的协定》。上述两个协定和一个备忘录的正式签署标志着图们江地区国际合作开发进入一个新的阶段。

从性质上讲，由联合国开发计划署推动的图们江地区开发项目属于次区域发展的功能性合作。这一项目具有区域合作的特征，但有别于从区域整体构建的区域合作机制。这一阶段，处于经济震荡期的俄罗斯对于东北亚地区合作的参与度较低。中国的关注点主要是融入较为成熟的东亚区域生产网络体系以及与东盟探索双边自贸区。东北亚国家总体上对于区域公共产品的需求很低，这导致由联合国开发计划署倡导的图们江次区域合作计划被搁置。

就中俄两国的次区域合作而言，东北三省和远东地区是中俄国内相对落后的地区，同时也是两国参与东北亚地区合作的前沿地带。中俄两国着眼于依托东北亚合作来带动东北三省和远东地区的发展，并在近年来做出了一系列积极的尝试。2007 年 8 月，俄罗斯政府批准通过了《俄罗斯远东与外贝加尔地区经济和社会发展 2013 年联邦专项规划》(简称“《专项规划》”)。该规划旨在通过利用现有的基础设施，并大力发展新的基础设施，更好地实现与包括中国在内的东北亚国家的经贸合作，促进远东人口的稳定增长和地区经济的快速发展。随着《专项规划》正式付诸实施，远东开发进入实质性阶段。俄罗斯政府与中国政府于 2009 年制定了《中国东北地区与俄罗斯联邦远东及东西伯利亚地区合作规划纲要（2009—2018）》。该纲要着眼于依托双边合作来促进中俄国内相对落后、同时也是参与东北亚合作前沿地区的开发。

中国经济实力增长使其逐步成为东北亚地区合作的倡导者。2009 年，中国国务院相继批准通过了《关于进一步实施东北地区等老工业基地振兴战略的若干意见》以及《中国图们江区域合作开发规划纲要——以长吉图为开发开放先导区》。这两个文件为东北地区的发展奠定了最根本的政策基础，将长吉图开发开放先导区规划及图们江区域合作开发上升为国家战略。具体而言，以长吉图开发开放为先导，立足图们江，面向东北亚；通过次区域合作提高东北亚地区的融合度，进而推动朝鲜参与东北亚地区经济合作。然而，实际上，图们江区域合作的国际参与度很低，特别是朝鲜在 2009 年因核试验退出图们江机制。由于缺乏地区层面的机制化合作，大图们倡议尚未升级为实体性区域经济合作组织。

（二）中日韩自贸区建设

区内贸易大国中日韩对区域内贸易的依赖性较弱，三国贸易增长的实现主要依靠东亚区域生产网络和外部市场。其结果是，三国对合作机制的探索并不限于东北亚区域内，而是呈现开放式外向型特征。1997年亚洲金融危机的爆发催生了包括这三国在内的东亚多边协商机制。通过召开一系列领导人会议，中日韩在各个层次和领域均建立起三方对话机制。处于“10+3”框架下的中日韩合作明显体现出“东盟主导、中日韩参与”的特点。三国有关合作机制的诸多议题（如签署双边货币互换协议、筹划东亚外汇储备库）是在包括东盟在内的东亚地区层面上开展的。换言之，中日韩更多的是作为东亚合作、而不是东北亚合作组成部分向制度化方向发展。目前，中日韩三国通过投资—贸易机制实现了经济上的高度融合和相互依赖。但是，三国国内市场开放不均衡、政策法规也有诸多不一致之处。为了促进贸易和投资的自由化，中日韩需要尽早建立自贸区以实现三方共赢。如果中日韩达成自贸协定，中日韩自贸区将成为继北美自贸协定和欧盟之后的世界第三大经济贸易区。

从具体实践上看，中日韩合作机制的发展历程分为两个阶段。

第一阶段是1999—2008年“10+3”框架下的中日韩合作。1997年亚洲经济危机爆发后，东亚多国货币急剧贬值。国际货币基金组织作为最后贷款人作用有限，在危机发生后无法提供及时和充足的国际流动性支持。这促使东亚各国意识到，区域内政策协调和货币安排对于稳定地区货币的汇率、降低危机“传染效应”至关重要。尤其是，中日韩三国开始对构筑区域合作机制表现出积极态度。以“10+3”地区合作机制为依托，中日韩首次被纳入统一合作框架内。这一时期，通过召开一系列领导人会议，中日韩在各个层次和领域建立起三方对话机制。特别是2003年10月，在东亚系列首脑会议上，中日韩三国领导人签署了《中日韩推进三方合作联合宣言》，这是三国领导人首次就三国合作发表共同文件。该文件初步明确了三国合作的原则和领域，并预示着中日韩自贸区的构想进入一个新的启动阶段。

第二阶段是从2008年开始的“10+3”框架外的中日韩合作。由美国次贷危机引发的全球性经济危机波及东亚国家的实体经济层面，这使得中日韩意识到推动地区合作机制深化的迫切性。2008年的全球经济危机成为促使中日韩合作走向独立、深化的重要催化剂。2008年12月，中日韩三国首脑峰会在日本福冈举行，这是中日韩领导人首次在“10+3”框架外进行单独性正式接触。2009年10月，第二次中日韩领导人会议在北京举行，会议发表了《中日韩可持续发展联合声明》和《中日韩合作十周年联合声明》。2010年5月，在韩国济州岛举行的第三次中日韩领导人会议上，三国领导人通过了《2020中日韩合作展望》。根据这一文件，中日韩三国合作秘书处将于2011年在韩国建立。三国还承诺将努力在2012年前完成中日韩自贸区联合研究，并努力完成三国投资协议谈判。这份文件的通过对于中日韩探索独立的合作机制无疑将起到巨大的促进作用。显然，在欧美外部市场逐步萎缩的形势下，中日韩意识到，仅仅依托东亚合作的平台已不足以应对全球经济再平衡的压力。建立自贸区、促进国内改革和转型成为中日韩当前亟待解决的重要问题。

2012年11月，在柬埔寨金边召开的东亚领导人系列会议期间，中日韩三国宣布启动中日韩自贸区谈判。截至2016年，中日韩自贸区谈判已经进行了十轮。根据2016年6月最新一轮中日韩自贸区谈判取得的进展，三方就协定范围领域达成一致，将金融服务、电信等五个议题升级为分工作组，并决定自下一轮谈判起，就重要服务部门的市场准入壁垒情况进行交流。中日韩自贸区建设不仅可以加强三国的经贸联系、促进各国经济增长，而且可以从理论和实践两个层面加速东北亚贸易一体化进程。

综上可见，中日韩启动合作机制的初始动机是应对亚洲金融危机的迫切需要。处于“10+3”框架下的中日韩合作明显体现出“东盟主导、中日韩参与”的特点。三国合作的许多议题是在包括东盟在内的东亚地区层面上开展的。随着三国首脑峰会的逐步机制化，中日韩开始探索“10+3”框架外的独立合作形式。特别是，2008年的全球经济危机成为促使中日韩合作走向独立、深化的重要催化剂。在外部市场逐步萎缩的形势下，中日韩现有的发展模式越来越难以维系。这使得三国意识到仅仅在金融层面开展合作已不足以应对全球经济再平衡的压力。深化区域内合作机制、进而扩大区域内市场规模成为中日韩当前亟待解决的重要问题。

在很大程度上，中日韩自贸区的前景取决于中国市场对日韩两国的吸引力。也就是说，日韩与中国缔结自贸区的潜在经济收益是否足以弥补各方的政治分歧。日本和韩国国内市场狭小，两国长期增长的实现必然需要因循出口导向型发展战略。如果中国的经济规模持续增大、成功实现结构转型，那么，日韩在与中国进行自贸区谈判时的积极性便会增强。倘使中国市场不能成为不断扩大的最终消费市场，中日韩自贸区的谈判必将停滞不前。由此，严重依赖出口的日韩自然会转向其他合作模式。就目前而言，能否弥补此次全球经济危机后美国消费需求的缺口是中国作为区域大国面临的重要考验。而利用国内的消费能力支撑本国乃至整个地区的经济增长将是中国推动自贸区建设的动力源泉。鉴于此，中国需要在密切关注其他竞争性贸易协定的同时，更多地着眼于实现自身经济的可持续增长。

（三）中韩自贸区建设

中韩自贸区谈判于 2012 年 5 月启动，是中国对外商谈的覆盖领域最广、涉及国别贸易额最大的自贸区。协定范围涵盖货物贸易、服务贸易、投资和规则共 17 个领域，包含了电子商务、竞争政策、政府采购、环境等“21 世纪经贸议题”。在关税减让方面，中韩自贸协定达成后，经过最长 20 年的过渡期，中方实现零关税的产品将达到税目的 91%、进口额的 85%，韩方实现零关税的产品将达到税目的 92%、进口额的 91%。在市场开放方面，中韩两国将对进入本国资本市场的对方金融企业提供互惠待遇，这意味着相关审批流程将得到简化，双方金融市场准入门槛有望降低。此外，中韩两国还承诺，在协定签署后将以负面清单模式继续开展服务贸易谈判，并基于准入前国民待遇和负面清单模式开展投资谈判。

2014 年 11 月，中韩两国签署了一系列双边合作文件，包括中韩两国政府关于结束中国—韩国自贸协定谈判的会议纪要，中韩两国政府关于互免持外交、公务护照人员签证的协定等。上述文件的签订标志着中韩自贸协定谈判正式结束，中韩自贸区将进入实质性推进阶段。2015 年 6 月《中韩自由贸易协定》的正式签署将对推动东北亚地区经济一体化的进展产生实质性影响。《中韩自由贸易协定》是目前世界上主要经济体之间签订的最重要且质量和层次最高的自贸协定之一。它不仅将促进两国相互投资和服务贸易的深化发展，而且对于地区成员间建立更加紧密的经济或战略合作具有示范作用，进而带动整个东北亚的自贸区谈判。

(四) 中蒙俄经济走廊建设

中国于2013年相继提出“丝绸之路经济带”与“21世纪海上丝绸之路”的战略构想。目前，中国正在与“一带一路”沿线国家一道，积极规划中蒙俄、新亚欧大陆桥、中国—中亚—西亚、中国—中南半岛、中巴、孟中印缅六大经济走廊建设。经济走廊建设的最终目的是推动亚欧地区的互联互通、加强亚欧国家的产业合作。具体而言，中国将通过交通基础设施建设的逐步完善，将经济活动和投资项目集聚在交通运输走廊的沿线或节点枢纽，推动交通运输走廊转化为辐射、带动沿线地区发展的经济走廊。这实际上是为经济走廊沿线国家提供区域性公共产品，为该地区扩展经济增长空间以及促进区域经济一体化的发展与深化创造有利条件。

2014年8月，在习近平主席访问蒙古国期间，双方同意将双边关系提升至全面战略伙伴关系。同年9月，在上海合作组织杜尚别峰会期间，中方提议建立中蒙俄经济走廊，将“丝绸之路经济带”同俄罗斯“跨欧亚大铁路”、蒙古国倡议的“草原之路”进行对接，通过交通、货物运输和跨国电网的链接打造三国经济合作的走廊建设。2015年3月，根据正式公布的《推动共建丝绸之路经济带和21世纪海上丝绸之路的愿景与行动》，中蒙俄经济走廊被列为中国与“一带一路”沿线国家积极规划的六大经济走廊之一。7 月，根据《中俄蒙发展三方合作中期路线图》，三国签署了《关于编制建设中蒙俄经济走廊规划纲要的谅解备忘录》，明确三方联合编制《建设中蒙俄经济走廊规划纲要》的总体框架和主要内容。中蒙俄经济走廊的合作重点是产业合作，特别是中国与资源出口导向型国家之间的能源合作。2016 年 6 月，三国通过了建立中蒙俄经济走廊的计划并计划于同年 12 月签署建设运输走廊协议。显然，打造中蒙俄经济走廊，构建跨欧亚大陆的经济区，首要的是统筹三国交通物流网络建设，以构筑贯通国际运输大通道为重点，把加强交通基础设施建设与培育产业经济带结合起来。

目前的中蒙俄经济走廊建设对于加快中国同周边国家和区域基础设施互联互通建设具有重要的示范效应，同时，中蒙俄三国发展战略对接对于提升中国与俄蒙能源合作和运输通道建设以及促进亚欧经济融合也将产生重要推动作用。就对亚欧互联互通的重要性来看，中蒙俄经济走廊不仅将作为世界生产中心的中国与作为最终消费市场的欧洲连接起来，而且将资源出口国蒙古国和俄罗斯与中日韩这三个世界主要能源进口国联系起来。对于蒙古国这个没有出海口的内陆国家而言，其经济发展的最大瓶颈是如何实现本国与中俄两个邻国之间的国际运输通道建设。中蒙俄经济走廊建设不仅将带动蒙古国的经济发展，而且将通过打通陆路、铁路与海港的跨国通道，极大地方便该国对欧洲和亚洲市场的产品出口。

（五）丝绸之路经济带与欧亚经济联盟的战略对接

中俄两国在经济合作的制度化合作方面一直不顺畅。上海合作组织的多边框架下经济合作机制一直难以推动。俄罗斯推进区域合作战略的重心是通过整合后苏联空间形成一种联盟，进而提升自己在对外区域合作谈判中的地位和实力。2013 年 9 月，中国提出丝绸之路经济带后俄罗斯非常警觉。这一倡议是在哈萨克斯坦提出的，而哈萨克斯坦是俄罗斯建立欧亚经济联盟的重要成员国。当时，无论是俄罗斯官方还是学界都存在很大的质疑。俄罗斯对丝绸之路经济带的担忧主要表现在两个方面。一是担心丝绸之路经济带建设会不同程度地冲击欧亚经济联盟和欧亚一体化进程，尤其是担心中国对中亚地区进行经济渗透，削弱俄罗斯的传统影响力。二是担心中国丝绸之路经济带建设会对俄罗斯某些基础设施的使用和运行前景造成竞争，主要是西伯利亚大铁路、贝加尔—阿穆尔铁路干线（贝阿干线）和北方海上运输线。

乌克兰危机后，俄罗斯自身因西方经济制裁面临长期衰退，这使得俄罗斯不得不转变对待丝绸之路经济带的排斥态度，进而开始与之积极对接。俄方首次公开回应丝绸之路经济带是在 2014 年初。2014 年 2 月 6 日，习近平主席出席索契冬奥会开幕式，两国领导人在索契冬奥会期间会晤时，普京总统公开表示，“俄方积极响应中方建设丝绸之路经济带和海上丝绸之路的倡议，愿将俄方跨欧亚铁路与‘一带一路’对接，创造出更大效益”。2014 年 5 月 20 日至 21 日，普京总统对中国进行国事访问并出席亚信上海峰会，其间两国元首签署了《中华人民共和国与俄罗斯联邦关于全面战略协作伙伴关系新阶段的联合声明》。该声明明确指出了两国在欧亚经济联盟和丝绸之路经济带建设中进行战略合作的必要性。“双方相信，拟于 2015 年 1 月 1 日建立的欧亚经济联盟将促进地区稳定，进一步深化双边互利合作。双方强调，亚洲、欧亚空间和欧洲的一体化进程相互补充十分重要”。

俄罗斯方面的积极努力对接出现在2015年。2015年5月8日，习近平主席访问俄罗斯期间，中俄在莫斯科共同签署并发表《中华人民共和国与俄罗斯联邦关于丝绸之路经济带建设和欧亚经济联盟建设对接合作的联合声明》，确认将深化两国全面战略协作伙伴关系，促进欧亚地区及全世界平衡和谐发展。主要内容是俄方支持丝绸之路经济带建设，愿与中方密切合作，推动落实该倡议；中方支持俄方积极推进欧亚经济联盟框架内一体化进程，并将启动与欧亚经济联盟经贸合作方面的协议谈判。双方将共同协商，努力将丝绸之路经济带建设和欧亚经济联盟建设相对接，确保地区经济持续稳定增长，加强区域经济一体化，维护地区和平与发展。丝路经济带与欧亚经济联盟分别是中国和俄罗斯在欧亚地区推进的重要区域合作战略。实现二者的战略对接、构建中俄合作机制新模式，对于促进东北亚地区的经济一体化具有关键意义。

二、东北亚区域内经济联系的基本特征

无论从GDP的增长率还是总量来看，东北亚都是全球经济中最具活力和发展潜力的地区之一。对外贸易的增长是推动东北亚地区经济实力不断增强的重要因素。在普遍推行的出口导向型发展战略下，东北亚对外贸易总额在2000—2015年间增长了2.72倍。其中，区域内贸易增长了2.98倍，外部贸易增长了2.69倍，见图1。尽管区域内贸易的扩张速度超过了外部贸易，但是，二者在东北亚外贸总量中的比重却高度失衡。2000年，区域内贸易仅占东北亚对外贸易的20.56%。2003—2005年是东北亚区域内贸易增长最快的时期，但区域内贸易的比重也

仅仅是达到了24.82%的历史最高值。2006年以后，区域内贸易比重持续下降，2015年降至21.98%。区域内贸易量的显著扩张说明区内国家间相互依赖性不断增强，但是，这种数量的增长并没有实质性地改变区域内贸易在外贸总量中的比重，东北亚外贸增长的实现仍主要依赖于区内国家的外部贸易。

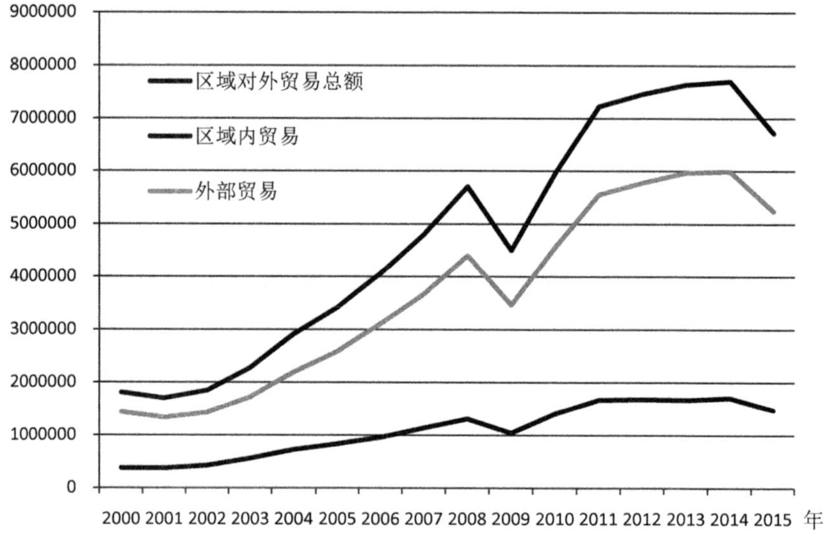

图1　东北亚区域贸易趋势（单位：百万美元）

资料来源：根据联合国商品贸易统计数据库（UN COMTRADE Database）相关数据计算得出。

从区域内贸易的具体流向来看，东北亚区域内贸易高度集中在中日韩三国、特别是中日两国。2000—2004年间，中日韩之间的双边贸易总额占东北亚区域内贸易的比重高达90%左右。其中，仅中日的双边贸易就占到区域内贸易的近一半。2005年后，中日双边贸易比重不断下滑，至2015年，这一比重仅为37.81%。日韩、中韩双边贸易的比重出现了此消彼长。2000年，日韩双边贸易占区域内贸易的比重为

27.58%，此后一路下滑，2015 年仅为 9.6%。与此相反，中韩双边贸易占区域内贸易的比重迅速上升，从 2000 年的 18.6%增至 2015 年的 37.41%。中俄双边贸易在区域内贸易的比重也不断增加，从 2000 年的 4.32%增至 2015 年的 9.22%，其中，2012—2014 年达到 10%左右。但俄罗斯与日韩的双边贸易占区域内贸易的比重始终在 2%—4%之间波动。蒙古国对于区域内贸易的贡献度微乎其微。2000—2015 年间，蒙古国与中日韩俄四国的双边贸易总额在区域内贸易的比重从 0.35%增至 0.96%，见图 2。

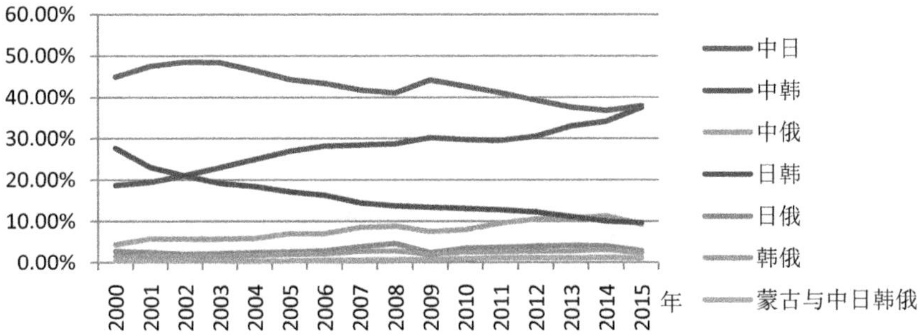

图 2　东北亚各国双边贸易占区域内贸易的比重

资料来源：根据联合国商品贸易统计数据库（UN COMTRADE Database）相关数据计算得出。

就各国对区域内贸易的依赖性而言，总体上看，东北亚国家对区域内贸易的依赖性不断增强。但同时，区内大国与小国之间存在着明显的非对称性，即对区域内贸易贡献度高的国家对区域内贸易的依赖性反而很低甚至逐渐减弱。2000—2003 年间，中国区域内贸易占其对外贸易的比重平均为 25%。2004 年以后，这一比重急剧下降，到了 2015 年仅为 15.85%。在区内大国中，日本区域内贸易占其对外贸易的比重上升得最快，从 2000 年的 16.24%增加到 2015 年的 29.67%。韩国则是区内大国中对区域内贸易依赖性最强的国家。自 2003 年，韩国区域内贸易比重一直保持在 30% 以上。韩国这一比重从 2000 年的 26.61% 增至 2015 年的 37.69%。俄罗斯对区域内贸易的依赖性不断增强，该国区域内贸易占其对外贸易的比重从 2000 年的 11.84% 升至 2015 年的 20.13%。东北亚对区域内贸易依赖最深的国家是对区域内贸易贡献度最低的蒙古国。2000 年，该国区域内贸易占其对外贸易的比重就已高达 60%。2015 年则攀升至 84%，见图 3。

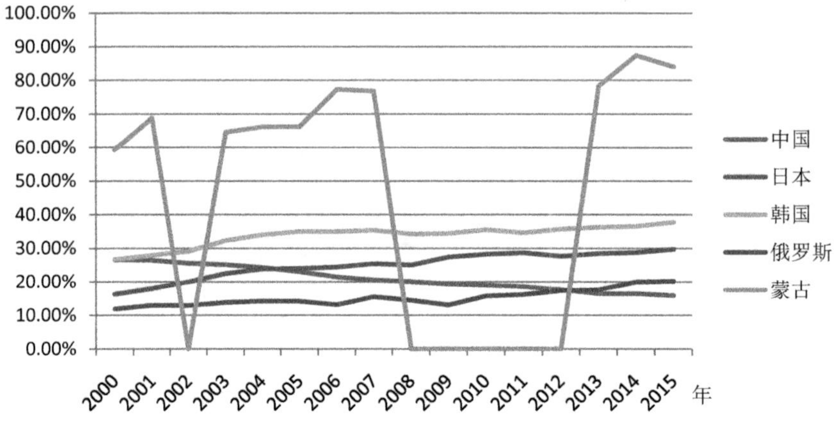

图 3　东北亚各国区域内贸易占其对外贸易的比重

注：2002 年和 2008—2012 年蒙古国统计数据缺失。

资料来源：根据联合国商品贸易统计数据库（UN COMTRADE Database）相关数据计算得出。

在能源贸易方面，东西伯利亚—太平洋输油管道的开通极大地扩展了俄罗斯与东北亚国家的石油贸易规模，并提升了俄罗斯在东北亚能源市场上的地位。2009—2015 年间，俄罗斯对东北亚地区的石油出口占其石油总出口的比重从 10.45%升至 26.79%，其中，俄罗斯对中国、日本和韩国的石油出口占其石油总出口的比重分别从 5.37%、2.37% 和

2.72%增至15.78%、5.96%和5.05%。，见表1。就对俄罗斯石油的进口依赖而言，俄罗斯于2014年分别成为中国、日本和韩国的第三大、第四大和第七大石油进口来源国，俄罗斯石油占该年三国石油总进口的比重分别为11%、8%和4%。

表1　俄罗斯石油和天然气生产比重及对东北亚国家的出口比例（2009—2015）

单位：%

年份	石油					天然气				
	俄罗斯	中日韩	中国	日本	韩国	俄罗斯	中日韩	中国	日本	韩国
2009	12.87	10.45	5.37	2.37	2.72	17.69	2.89	0.14	2.02	0.74
2010	12.86	13.67	5.48	3.89	4.30	18.35	6.32	0.26	4.12	1.95
2011	12.93	17.46	9.73	3.23	4.50	18.39	6.31	0.15	4.41	1.75
2012	12.77	16.24	9.34	3.17	3.73	17.61	7.37	0.26	5.63	1.49
2013	12.86	18.57	9.73	4.83	4.00	17.73	6.28	0.00	5.17	1.11
2014	12.63	23.56	13.42	5.30	4.83	16.80	7.08	0.09	5.69	1.31
2015	12.40	26.79	15.78	5.96	5.05	16.20	6.85	0.12	5.04	1.69

数据来源及计算说明：俄罗斯一栏表示俄罗斯石油和天然气生产量占世界石油和天然气生产总量的比重，数据来自《英国石油公司2016年6月世界能源统计评论》（BP Statistical Review of World Energy June 2016）。其余各栏表示俄罗斯对该地区/国家石油/天然气出口量占俄罗斯石油/天然气总出口量的比重。其中，石油数据来自香港环亚经济数据有限公司（CEIC）数据库，天然气数据来自《英国石油公司2010—2016年世界能源统计评论》（BP Statistical Review of World Energy 2010-2016）。

随着2009年萨哈林2号项目下南萨哈林岛普里戈罗德诺耶端口开始出口液化天然气，俄罗斯实现了对东北亚地区的液化天然气出口。至今，液化天然气仍是俄罗斯向东北亚国家供给天然气的唯一形式。

2009—2015年间，俄罗斯对东北亚的天然气出口占其天然气总出口的比重从2.89%增至6.85%，其中，对日本和韩国的天然气出口比重分别从2.02%和0.74%增至5.04%和1.69%，而对中国的天然气出口比重则从0.14%降至0.12%，见表1。就对俄罗斯天然气的进口依赖而言，2016年，俄罗斯分别成为日本和韩国的第四大和第五大液化天然气进口来源国，俄罗斯液化气占该年两国液化气总进口的比重分别为8.86%和8.03%。该年，俄罗斯液化气占中国液化气总进口的比重仅为0.95%。

尽管东北亚地区总体经济实力迅速增强、对外贸易额急剧攀升，但该地区内经济关联的密切程度并未出现同步增长。无论与欧盟和北美自贸区的贸易一体化、还是东亚非制度性的内部贸易扩张相比，东北亚区域内贸易的质与量均处于最浅的层次。区域内贸易比重低、贸易量高度集中、区内大国对区域内贸易依赖性弱、出口结构中最终产品比重下降，所有这些都是松散区域经济关联的典型表现。在东北亚外贸总量大幅增长的同时，为什么该地区区域内贸易的发展水平却严重滞后呢?

从根本上讲，东北亚区域内贸易的增长机制同时面临着生产与消费的两头依赖。其结果是，区域内贸易的增长在很大程度上并非该地区产业内分工走向深化的结果，而是源于区内国家与其传统外部市场的贸易扩张。因此，东北亚缓慢增长的区域内贸易比重与该地区迅速扩张的外贸总量之间存在着某种“脱钩关系”。

具体来说，东北亚区域内贸易的主体构成是中日韩贸易，而三国贸易的实现依托于包括东盟国家在内的东亚区域生产网络。这是一种集合多国生产优势的分散化生产方式，即将制造业（特别是汽车和电子等行业）最终产品的整个生产链条分为若干环节，并分散在最具效率和成本最低的地方分别进行生产。日本作为东亚重要的技术和资本提供者，它的分工集中在技术密集型的零部件生产环节；“亚洲四小龙”是居于日本和东盟、中国之间的资本、技术和中间产品的传递者，它们在资本密集型及少量技术密集型的零部件和中间产品生产环节进行专业化分工；东盟国家和中国是生产过程的最终完成者，其具体分工是生产劳动力密集型的零部件和中间产品并完成最后的组装。在这种“生产分享型”垂直分工体系下，最终产品的完成是生产网络内部东亚各国共同协作的结果。而作为链状产业结构的特定环节，中日韩之间的贸易扩张乃至三国的经济增长，都离不开东亚区域生产网络的发展与深化。

在区域生产网络缺失的同时，东北亚区域内贸易增长的外部约束还表现在最终消费市场方面。回顾历史，无论是日本经济的高速增长、还是韩国和中国的相继起飞，美国始终是这些国家不可或缺的外部市场。实际上，正是美国吸纳了东亚国家输出的大量商品，从需求上带动了这一地区出口工业的发展。目前，处于东亚区域生产网络最终环节的中国已成为日韩两国的重要出口市场。但是，在中日韩的双边贸易中，中间产品占绝大部分。这些中间产品在中国经过组装加工，最终销往美国。因此，从相当意义上讲，美国巨大的消费市场保证了中日韩之间产业内贸易的顺利进行。而中日韩出口导向型发展模式与东北亚最终消费市场的有限规模决定了区域内贸易增长对外部市场的长期高度依赖。

综上可见，东北亚区域内贸易的深化，严重缺乏来自区域内部的动力机制。因此，在整个对外贸易蓬勃发展的同时，该地区区域内贸易的水平却未得到实质性提高。从理论上讲，解决东北亚生产—消费双重困境的可能途径有两个。一是通过延伸东亚区域生产网络的生产链条，使俄罗斯和蒙古国融入这一垂直分工体系。另一个是扩大东北亚地区最终消费市场的规模，从而吸纳中日韩三国不断膨胀的生产能力。然而，产业结构的调整与转型终非一朝一夕之事。考虑到俄蒙制造业长期落后的状况，它们对东亚区域生产网络的参与必将经历曲折而漫长的过程。在最终消费方面，日韩的国内市场狭小，俄蒙不但市场狭小而且购买力有限。中国内需规模的扩大与国内经济改革的深化息息相关，其中涉及收入分配、社会福利与经济增长方式转变等诸多深层次问题。因此，从中长期看，东北亚既无法形成类似东亚的区域生产网络，也无从构建一个消化其巨大生产能力的最终消费市场。

目前，最有可能提升东北亚区域内贸易层次的领域是俄罗斯与中日韩三国的能源贸易。一方面，俄罗斯具有能源多元化的发展倾向，亚洲已成为其能源外交的拓展地区。另一方面，由于经济的迅速发展，中日韩的能源缺口呈现不断扩大的趋势。而与之毗邻的俄罗斯远东地区的丰富资源无疑为满足三国巨大的能源需求提供了可能。特别是，为了增加资源类产品的附加值，俄罗斯着力发展原材料的深加工贸易，而中国充足的劳动力资源和雄厚的投资能力对于促进俄罗斯经济结构的转型具有积极意义。可以预见，俄罗斯与中日韩能源贸易的大幅增长不仅将有助于东北亚区域内贸易的整体扩张，而且将促使区内大国更加紧密地融入东北亚区域合作。然而，由于俄与中日韩的能源贸易与中日韩三国贸易在总量上存在巨大差距，东北亚区域内贸易的基本格局很难在短期内有所改变。因此，推动该地区贸易增长的主要动力仍将是依托东亚区域生产网络和外部市场的中日韩贸易。

三、东北亚地区经济合作的前景与挑战

区域合作的实现是政治目的和经济利益共同作用的结果。其中，经济利益因素作为驱动区域一体化的动机不可忽视。地缘政治观念影响政府决策的环境是由经济利益决定的。正是由于东北亚地区的经济利益很弱或者不明确，地缘政治因素便占据了主导。由此形成的路径依赖，使得该地区的形势向不利于经济合作的方向发展。无论就质与量而言，东北亚区域内贸易均处于最初级的水平，尚不具备支撑地区性合作机制的要素特征。也就是说，即使撇开地缘政治因素不谈，东北亚目前区域经济关联下各国的分散化利益诉求，也很难在统一的制度性框架内实现。而区域内贸易增长机制的生产—消费双重困境，又使区外力量必然成为干扰东北亚合作机制构建的因素。

中日韩三国在东亚乃至世界经济中占有重要地位。因此，三国的合作不仅惠及地区各国，而且在很大程度上决定着东亚合作的未来走向，进而对世界经济发展产生影响。从理论上讲，中日韩的区域内经济合作具有巨大的合作空间和潜在收益。资源禀赋的差异有利于三国通过相互贸易和产业分工获得比较利益。然而，时至今日，作为当今世界经济与贸易最活跃的地区之一，中日韩的经济合作仍处于较为松散的状态，三国间尚未形成行之有效的合作机制。这种制度性安排的缺失显然与三国在全球和区域经济中的地位极不相称，也不利于它们未来经济合作的发展与深化。

制约中日韩建立合作机制的因素包括以下几个方面。首先，缺乏地

区认同感导致中日韩政治互信度很低，而这成为三国建立合作机制面临的最大障碍。其次，在国内层面，某些利益集团对产业开放的游说抵制大大延缓了三国政府间合作机制的协商进程。再次，中日韩日渐趋同的发展模式客观上加深了三国对外部市场的依赖程度，而区域内市场的规模不足严重限制了中日韩合作机制走向深化。尽管中日韩区域内贸易比重近年来不断提升，但是，这些加工贸易产品的最终市场仍然是美国和欧洲。这意味着中日韩三国对外部市场的波动具有高度敏感性。欧美市场需求的疲软很容易导致东亚区域内的经济波动并形成连锁反应。最后，中日潜在的主导权之争、韩国的大国平衡战略是导致三国合作机制滞后的重要原因。在“三国鼎立”的竞争格局下，尚未出世的中日韩合作机制就已面临着区域内多种机制可能的挑战，其中包括“10+6”合作机制及以区域大国为轴心的自贸区网络。

尽管资源禀赋的巨大差异给予了区域内国家参与区域内分工的广阔可能，但现实中东北亚区域合作进程举步维艰。俄罗斯的经济重心在欧洲。由于自身资源禀赋特点，它与东北亚国家之间的双边经济合作主要是在能源领域。蒙古国虽然与中国、俄罗斯等东北亚国家的经济往来非常密切，但是它本身国家体量非常小。这种紧密的经济联系对于整个区域内经济关联的贡献率非常有限。此外，对于经济结构单一、过度依赖能源出口的俄罗斯和蒙古国而言，自贸区建设是超出其参与能力的高水平合作方式。签署自贸区意味着相互开放，这必然伴随着来自外部的竞争，其结果是本国弱势产业的利益将受到损害。因此，当一国与其他国家间的产业内贸易比重很低时，该国面对降低关税、开放市场的国内阻力便会增大。就目前而言，俄罗斯、蒙古国与中日韩的贸易方式是以能源—制成品为主的产业间贸易。相对于俄罗斯巨大的能源出口能力和中日韩不断增长的能源需求，它们在能源上的相互依赖程度非常有限。因此，俄罗斯对于东北亚区域合作的主要需求并不是参与中日韩自贸区建设，而是通过签署双边合作协议或特惠贸易安排，大量引进外资、加快能源产业部门的发展，从而带动远东和外贝加尔地区的经济增长。

由于大国与小国集团间经济实力和对区域内贸易依赖性的高度不对称，在东北亚地区难以形成“小马拉大车”的合作模式。推动贸易一体化的重要因素是，该地区区域内贸易分散在诸多小国之间、并非集中在少数大国之间。而在东北亚，小国对区域内贸易的依赖性强，对区域内贸易的贡献度则微乎其微。与此相对，区域内贸易由大国贸易主导，但大国对区域内贸易的依赖性却很弱。大国与小国间依赖性的高度不对称意味着小国集团几乎不可能先行组成一个类似东盟的区域合作组织，并牵引整个地区合作向制度化的方向发展。因此，对于小国而言，它的最优策略是在大国间开展平衡外交，即通过谋求广泛的双边自贸区协定来获取最大利益。显然，蒙古国分别与中日韩积极开展的自贸区可行性研究和谈判便是基于以上考虑。

最终消费市场对东北亚的长期外部约束，意味着外部因素在区域合作机制的构建中不容忽视。当东北亚多数国家长期奉行出口导向型发展战略、然而不存在与其生产能力相匹配的区域性最终消费市场时，该地区的经济增长以及制度构建就将程度不同地受制于外部因素。尽管东北亚国家从地理上包括中国、日本、韩国、俄罗斯、朝鲜和蒙古国六国，但该地区域外国家美国二战后一直通过美日、美韩军事同盟关系积极介入东北亚事务，并成为东北亚地区关系走向的主导力量。美国对东北亚的地区主义发展持谨慎态度，唯恐在东北亚各国之间形成排他性框架。美国希望中日两国之间维持适度竞争，这将使得美日双方在牵制中国方面具有共同利益，在东北亚形成对中国的战略竞争态势。在东北亚本身机制化合作进程尚且脆弱之际，区外力量的竞争性介入无疑将增加该地区未来合作发展的变数。美国不愿出现一个与其抗衡的地区力量。它担心，东北亚国家的经济合作可能会“外溢”到政治、安全领域，使东北亚地区建立一个类似于欧盟的封闭性经济集团。显然，东北亚合作的碎片化对于霸权国是非常有利的，而2009年美国“重返亚太”战略其实就是出于延缓亚洲一体化进程的考虑。

由上可见，东北亚国家间的制度化合作的确面临着多重困境。该地区的多数国家在发展区域内贸易之前就与区域外国家建立了广泛的贸易联系。从某种意义上讲，对外贸易的全球导向对于形成区域性自贸区构成了障碍。区内大国强调全球层面的经济一体化并从国际劳动分工中获益，因此，它们更可能把对于区域贸易一体化的追求当作全球一体化的某种补充。另外，由于东北亚国家的贸易方式、发展水平各异，它们对于区域合作的不同考量和分散化需求很难在统一的制度性框架下实现。而合作机制的缺失又导致东北亚各国在资源禀赋方面的强互补性无法被充分转化成区域内贸易的增长动力。显然，东北亚目前的区域内贸易水平尚不足以支撑地区性合作机制的构建。而在东北亚自身机制化合作尚未形成时，外部力量的介入也将增加该地区未来合作的不确定性。

地区市场一体化的特性决定了东北亚地区制度化合作的特征。上述分析在从新视角透视东北亚区域合作症结的同时，也为切实推进和深化地区合作提供了具体思路。鉴于区内国家间密切的经济关联是实现制度化合作的必要前提，东北亚各国急需通过加强产业领域的务实合作提升区域内贸易水平。东北亚国家间的不同贸易模式决定了它们对制度化合作的不同需求，而这些不同层面的需求难以在统一的机制性合作框架下实现。融入东亚区域生产网络的中日韩率先启动自贸区谈判，而以能源贸易为主的东北亚国家之间则展开次区域功能性合作。其中，以能源开发和深加工为导向的多国经济合作颇具深远意义。它不再是东亚区域生产网络在东北亚的延伸，而将成为具有独立意义、集合区内各国禀赋优势的区域能源网络。同时，中日韩三国对能源的巨大需求必将直接促进区域消费市场的扩张，并有助于降低区域内贸易增长机制的外部依赖。而从长远意义上讲，加强区域合作、进而扩大区内国家间的共同经济利益，又可能成为破解东北亚“安全困境”的重要途径。

中国的既定战略是推动地区合作的进一步深化、通过地区制度化合作构建战略依托地带。随着中国“一带一路”倡议提出后丝路经济带与欧亚经济联盟启动战略对接、中蒙俄经济走廊建设等相继推进，东北亚国家有必要利用这些新契机促进地区合作走向深化，采取一种更加积极主动方式去破解东北亚地区合作的制度化困境。通过经济上的相互依赖促进东北亚地区形成一种归属感，进而有助于建立东北亚共同体的地区合作机制。

推荐阅读：

1. 李光辉：《东北亚区域经济一体化战略研究》，北京：中国商务出版社 2011 年版。

2. 韩彩珍：《东北亚地区合作的制度分析》，北京：中国经济出版社 2008 年版。

3. 曲伟主编：《东北亚三国经济研究》，哈尔滨：黑龙江教育出版社 2006 年版。

第八章

东北亚次区域合作概览

李冬新[*]

由于东北亚地区地缘政治比较复杂，冷战遗留下来的问题尚未得到很好的解决，广泛的地缘利益迫使东北亚地区成为国际安全问题的焦点，区域内国家间的历史争议及领土争端不断。但是，基于东北亚地区的地缘链接和经济发展本身的需求，经济间的联系与合作还是得到很大的发展，其中，次区域合作以多种形式得到快速发展。

一、东北亚的区域链接

东北亚首先是一个地理概念，即亚洲东北部地区，包括韩国、朝

* 李冬新，山东大学东北亚学院副教授，国际问题研究院东北亚研究中心副主任，中日韩思想库网络研究基地（威海）执行主任。

鲜、日本、蒙古国、中国的东北地区，以及俄罗斯的远东地区。①

东北亚区域经济合作这一概念最早是在20世纪60年代末，由时任日本首相大平正芳的智囊福岛正光提出的“环日本海经济圈”（即苏联的西伯利亚、远东地区，中国的东北地区，朝鲜北南双方和日本）开始的。但是受冷战期间各种因素的影响，东北亚地区的国家难以形成真正的合作，故该思想在彼时未得到进一步发展。20世纪80年代末90年代初，东北亚地区的国家间关系发生了深刻的变化，1990年，韩国与苏联建交，同年，韩国与蒙古建交，1992年，中国与韩国建交，除此之外日、俄、朝、韩等国家间的关系也有了不同程度的改善。与此同时，经济全球化和区域经济一体化的浪潮席卷全球，诸如亚太经合组织、自由贸易区等如雨后春笋般出现，日本众多学者纷纷再次提出建设环日本海经济圈，勾画出以日本为中心的东北亚区域合作蓝图；在韩国和中国，一些专家也提出了类似的计划和构想，如“黄海经济圈”“环黄渤海经济圈”设想，以及连接三海——日本海、黄海、渤海的“三海经济圈”构想和“东北亚经济圈”概念②。

（一）次区域合作相关概述

次区域合作诞生于20世纪80年代末、90年代初，指的是由相邻的国家或地区为了发展经济、维护边境稳定所开展的各种合作以及因此而

① 一般在统计上和综合分析上，把中国整体作为东北亚国家对待。而对俄罗斯，则一般只指其远东地区。

② 王瑜贺：《东北亚地区经济合作初探》，《国际研究参考》2014年第7期，第8—12页，第18页。

形成的跨国经济网络，又称为“成长三角”。该种合作方式允许合作国在本国制度政策的前提下适当参与，不要求全体参与国在政治制度方面完全一致，因此包容性比较强。又因为各参与国在政治制度等方面的多样性，参与国可以充分利用这种多样性，发展适宜的合作贸易关系。在形成初期，众多学者将“次区域合作”与“次区域经济合作”混淆，此后随着经济合作领域的不断深入、非传统安全问题的突出和次区域合作内容的扩展，人们才逐渐意识到这两个词的区别。

根据次区域合作内容的不同，可以将次区域合作分为两类：次区域经济合作和次区域非经济合作。

次区域经济合作指的是由若干个国家或地区，借助地缘优势在各地展开经济合作，使各种生产要素在区域内自由流动，提高区域内各种生产要素的有效配置以及生产效率，从而提高整个区域内经济发展水平。相反，若干国家和地区在区域内展开的非经济合作成为次区域非经济合作，次区域非经济合作的范围非常广泛，主要是指维护区域内边境地区的安全而展开的军事合作、政治联盟等。①

合作范围的广泛性。从次区域合作的范围来看，次区域合作不仅涉及经济合作，还涉及一大部分的非经济合作。其中，经济合作主要包括投资、贸易、运输、旅游、能源等多个方面；非经济合作主要包括各类环境资源的保护、教育、文化等。

合作的开放性和复杂性。一般来说，区域经济的合作会保护区域内国家的利益，在区域内形成贸易保护主义，排斥全球化和投资自由化。但是，次区域经济合作不同于贸易集团和机制性的经济合作组织，它在

① 胡志丁、骆华松、熊理然、张伟：《次区域合作研究方向的变迁及其重新审视》，《人文地理》2011 年第 26 卷，第 1 期，第 61—65 页。

实践上奉行开放性的原则。

次区域合作是东北亚区域合作中的理性选择，它可以作为国际合作的先行试点为今后更大范围和程度上的合作积累经验。

（二）次区域合作架构

自东北亚次区域合作实施以来，已经取得了阶段性的成果，“大图们江经济开发区”“环黄渤海经济区”都有了较大的进步，其中以“大图们江经济开发区”的发展成果最为明显。

1. 大图们江合作区域

图们江地区位于中国、俄罗斯、朝鲜的边境地区，是中、俄、朝三国领土的交接点，也是东北亚区域的核心地带，具有独特的区位优势。从地理范围上来看，广义的图们江地区涵盖了中国的延边朝鲜族自治州，朝鲜的咸镜北道以及俄罗斯的大海参崴滨海边疆地区，而狭义的范围则包括中国的珲春、延吉、图们和龙井地区，朝鲜的罗津—先锋经济贸易区以及俄罗斯滨海边疆区的哈桑地区。

1990 年 7 月，在吉林省长春市召开的第一届东北亚经济技术合作国际会议上首次提出和公开讨论了有关图们江地区的发展规划。1991 年 10 月 15 日至 21 日，联合国计划开发署在平壤举行政府援助协调员会议，中国、蒙古国、韩国、朝鲜、俄罗斯（观察员地位）和日本（观察员地位）出席了会议，讨论了图们江地区经济发展计划的国际合作问题。在会议上，六国同意举行工作级会谈。1991 年 10 月 24 日，联合国计划开发署正式提出了“图们江地区开发计划（TRADP）”，总投资超过 300 亿美元。根据联合国计划开发署的发展规划，图们江地区开发计划包含三个发展方案。首先，图们江地区开发计划设定了发展1000平方公里的三角洲地区（图们江经济区）的目标，与中国的珲春、俄罗斯的波谢特和朝鲜的罗津相连，然后将发展地区扩展到1万平方公里的三角洲地区（图们江经济开发区），连接中国的延吉、俄罗斯的符拉迪沃斯托克和朝鲜的清津。最后，第三级是东北亚区域开发区（NEARDA），包括朝鲜半岛、蒙古、中国东北三省、俄罗斯远东地区和相关腹地。旨在吸引各种投资，在20年的时间内将图们江地区打造成东北亚的运输和贸易中心，使该地区成为自由经济区，从而促进地区的经济贸易发展。

1992年，参与国中、俄、朝、韩、蒙五国共同启动了该项目，随后几年在利益相关国家的各个城市举行了一系列的会议，并定期报告在基础设施方面取得的进展，其中以旅游业最为突出；同时加大在各个国家的宣传的力度，寻求各国政府的支持并说服各个公司在此地区投资①。1995年，五个成员国（中国、朝鲜、蒙古国、韩国和俄罗斯）签署了关于设立图们江地区开发计划协商委员会的协定，正式启动政府间机制。1998年，图们秘书处在北京联合国开发计划署成立。

2005年正式更名为“大图们倡议（GTI）”，将中国的东北三省、内蒙古、朝鲜罗津经济贸易区、蒙古国的东部省份、韩国的东部沿海城市和俄罗斯滨海边疆区的部分地区纳入合作范围；形成了中俄朝三国协调委员会机制、中俄朝蒙韩五国协商委员会机制、中俄朝蒙四国协调机制等多种机制，以协调各方之间的合作；与此同时，各国之间的合作领域也得到了进一步深化，除基础设施的建设之外还涉及建立多功能的物

① Peverelli, Peter J. “The Tumen River Project-sensemaking in multiple contexts,” *International Journal of Chinese Culture and Management*, Vol. 4, No. 2, April 2010, pp. 323-325.

流园、组建跨国公司以联合区域内各个国家的资源、加强投资环境等软环境的建设①、在各国自贸区的基础上相互开放口岸等，推动大图们江区域发展迈上新的台阶。2008 年，图们江区域合作机制不断完善，在对外通道建设、吸引外商投资、对外贸易等方面取得显著成果。2009 年，中国国务院批复了《中国图们江区域合作开发规划纲要——以长吉图为开发开放先导区》，同年，将其上升到国家战略层次，直接推动了大图们江区域合作的发展。2010 年 3 月，中朝达成向中国吉林省延边朝鲜族自治州出租罗津港 10 年协议，提出对朝鲜的黄金坪岛、威化岛和罗先经贸区实施中朝两国“共同开发、共同管理”②。2012 年 5 月 29 日，中国建立了图们江区域（珲春）国际合作示范区，将依托珲春的贸易区，运用俄罗斯、朝鲜的资源优势，大力发展中高端加工贸易以及现代服务业，如新材料研制与汽车零部件制造、高档仿制品、矿产品深加工、物流服务、文化创意、金融保险、商业服务等。除此之外，还要不断加强口岸经济及跨境旅游的发展，复兴珲春贸易纽带的作用，从而带动东北亚地区经济发展。2015 年，中俄蒙三国批准及签署了《中俄蒙发展三方合作中期路线图》《关于编制建设中俄蒙经济走廊规划纲要的谅解备忘录》等多项重要文件，中方与俄、韩、蒙三国达成众多共识，涉及多项领域，尤其是经济贸易、投资等方面成果显著，如中韩自由贸易协定的正式生效，为中韩两国经济的发展提供了更多更便利的条件。另外，在全面实施“一带一路”的大形势下，中、俄、韩、蒙四国共同努力，四国将“一带一路”与蒙古国的“草原之路”、俄罗斯

① “大图们江区域合作开发战略研究课题组”郭绍墨：《大图们江区域合作开发战略的思考》，《社会科学战线》2006 年第 3 期，第 76—83 页。

② 杨东亮、王科惠：《“新常态”下大图们江次区域合作新机制研究》，《东北师范大学学报（哲学社会科学版）》2016 年第 4 期，第 104—110 页。

跨欧亚运输大通道以及韩国的“亚欧大陆倡议”进行对接，大图们江次区域合作将步入崭新的历史发展时期①。具体见表1。

大图们江次区域合作主要利用各国的地缘优势规划和发展基础设施网络，在此基础上展开贸易，并建立合作开放区等。中国与俄罗斯的双边贸易合作主要围绕能源、矿产品资源以及港口使用进行，中国与朝鲜的双边合作则侧重于基础设施的建设，韩国与俄罗斯的双边合作主要集中在能源、矿产品资源以及基础设施建设上，韩国与蒙古国的双边合作主要集中于矿产品资源，俄罗斯与朝鲜主要围绕港口和基础设施建设展开双边合作，蒙古国和朝鲜则围绕矿产资源和港口使用展开。

表1　大图们江次区域合作建设年代事件概览

时间	重大事件	签订文件
1992年	在联合国倡导下，参与国正式启动合作	
1993年	由联合国开发计划署主导，拟从周边三国租赁土地建设国际共同管理的经济特区，因遭到反对未实施	
1995年12月	在纽约联合国总部举行了图们江地区开发项目管理委员会第六次会议	《关于建立图们江地区开发协调委员会的协定》《关于建立图们江经济开发区及东北亚开发协商委员会的协定》《关于建立图们江经济开发区及东北亚环境准则谅解备忘录》

① 《图们江区域合作蓝皮书：把握一带一路机遇推进区域合作》，中国网，2016年7月4日，http://news.china.com.cn/txt/2016-07/04/content_38804457.htm。

续表

时间	重大事件	签订文件
1999 年	中国将合作开发的区域扩大到吉林省延边自治州全境	
2001 年 2 月	经中国国务院批准，设立珲春中俄互市贸易区，相继开辟了中俄珲春公路口岸、中俄珲春铁路口岸、中朝圈河口岸和中朝沙坨子口岸等四个国际口岸	
2005 年 9 月	（1）扩大原合作范围，新的图们江地区由朝鲜罗先经济贸易区、韩国东部港口城市区、中国东北地区、蒙古国东部地区以及俄罗斯滨海地区组成，将“图们江区域发展”改为“大图们江区域合作”；（2）在 2021 年 10 月之前，建立一个横跨中国、俄罗斯、朝鲜三国的经济技术开发区；（3）将 1995 年签署的“三个法律文件”有效期再延长 10 年；（4）签署新的文件	“大图们江行动计划”（《长春协议》）
2009 年	（1）中国国务院批复了《中国图们江区域合作开发规划纲要——以长吉图为开发开放先导区》，将图们江核心区域限定为：吉林省长春市、吉林市部分区域和延边自治州（简称长吉图）；（2）进一步明确把《规划纲要》上升到国家战略；（3）朝鲜因核试验退出图们江机制	
2010 年 3 月	中朝达成关于出租罗津港的 10 年协议，由中朝两国共同管理和开发黄金坪岛、威化岛和罗先经贸区（“一区两岛”）	
2012 年	建立“中国图们江区域（珲春）国际合作示范区”	

续表

时间	重大事件	签订文件
2013 年	在第 14 次大图们倡议部长级会议上，中、韩、俄、蒙四国一致决定，经过两年的法律过渡，将“大图们倡议”升级为独立的具有法人资格的国际经济合作组织	
2014 年	第十五届“大图们倡议”政府间协商会议在中国吉林省延吉市召开，会议通过了“大图们倡议”相关法律过度概念文件，并制定了具体的路线，确定了全新的组织框架、级别、人员管理等原则	
2015 年	“一带一路”倡议与蒙古国“草原之路”倡议、俄罗斯跨欧亚运输大通道倡议以及韩国的“亚欧大陆倡议”进行对接	《中俄蒙发展三方合作中期路线图》《关于编制建设中俄蒙经济走廊规划纲要的谅解备忘录》

资料来源：作者根据相关文献资料整理得出①②③

作为东北亚次区域合作的核心，大图们江次区域合作是开始时间最早、制度相对较完备的次区域合作，也是中国目前正在参与的三大国际次区域合作④之一，图们江次区域合作有具体的内容和可行的规划，且取得了一定的进展,，长吉图先导区是大图们江地区区域建设的核心部分。它通过在中、朝、俄三国交界处开边通海、建设新的欧亚大通道，

① 金京花：《图们江次区域经济合作研究》，延边大学博士论文，2016 年。

② 李国强：《“一带一路”倡议与图们江区域合作的新机遇》，《东疆学刊》2016 年第 33 卷，第 4 期，第 93—99 页。

③ 郑洪莲、郑玉成：《图们江区域国际合作开发的历史进程及发展前景》，《延边党校学报》2008 年第 23 卷，第 4 期，第 50—53 页。

④ 另外两个为：大湄公河国际次区域合作、中亚国际次区域合作。《我国国际次区域合作再开新篇》，中国经济导报，2013 年 11 月 30 日。http://www.ceh.com.cn/llpd/2013/11/273673.shtml。

通过各项优惠政策，吸引投资和发展贸易，建设图们江自由贸易区和全球物流中心，显现了一定效果，不仅可以改变中、俄、朝边远地区落后的状态，更能推动东北亚地区经济纵深合作，是实现东北亚区域经济一体化的突破点，而且得到了国家的大力支持，未来发展潜力巨大。

2. 环黄渤海区域合作

环黄渤海区域合作的相关概念最早是由韩国提出来的，当时的设想是黄海经济圈，1986年韩国发布的《国土综合开发方案》等提出，要将经济建设的重点进行转移，与中国沿海地带相联系，将进入“黄海时代”。1987年，韩国相关领导人加强了与中国政府的联系，商讨关于沿海开发的问题，1988年和1989年，日本教授小川先生在发表的文章中正式提出了“环黄海经济圈”的问题，引发了众多学者的关注，同年，日本九州地区与美国宾夕法尼亚大学合作设立了专门的研究中心——“国际东亚研究中心”对环黄海经济圈进行研究[①]。由日本国际亚洲研究中心主办了环黄海经济圈经济合作的会议，日本北九州、下关，中国的青岛、大连以及韩国的釜山、仁川参加了此次会议，共同探讨了区域内经贸合作的问题。1996年3月，中国正式将环渤海地区确定为一级经济特区，包括北京、天津等六个城市以及内蒙古自治区的中部，此举进一步促进了环黄渤海经济圈的发展，至此环黄渤海经济圈初具雏形[②]。

对于环黄渤海经济圈所涉及的范围目前学术界还未有严格明确的规定，目前大众普遍接受的范围包括：以渤海和黄海为中心的地区和周边

① 倪月菊：《环黄渤海经济圈的地缘合作》，《亚非纵横》2004年第4期，第29—31页。

② 周志春、孙玮琳：《环黄渤海成长三角的理论探讨》，《改革与战略》2004年第9期，第7—9页。

国家，分为环黄海圈和环渤海圈，环渤海圈属于环黄海圈的次区域，主要国家有中国、韩国、朝鲜、日本，共涉及中国的北京市、天津市、河北省，日本的九州、福冈县，韩国的仁川市、釜山市，朝鲜的南浦市等十多个省市。

由于区域内各个国家的资源禀赋存在差异，在自然资源等方面存在较强的互补性，从而为各国经济的发展提供了良好的条件。资金方面，从整个环黄渤海地区来看，中国相对于日本和韩国，自然资源丰富，同时对资金需求量大，属于资金相对短缺的国家。日本和韩国在资金方面占有较大的优势，作为新型工业化国家的韩国和资金供给大国的日本，两国物质基础雄厚，对外投资在国家经济发展中占相当大的比重，因此，日本和韩国可以向中国提供资金，以解决资金供应不足的问题，而韩国和日本，尤其是韩国，可以借中国丰富的自然资源来弥补本国自然资源不足的情况。劳动力方面，日本由于经济的迅速发展，劳动力需求数量不断增加，但同时出生率不断下降，劳动力供给不足成为制约日本经济发展的重要因素，与日本类似，韩国也面临着相同的困扰，而中国作为人口大国，在环黄渤海地区劳动力资源充足，区域内劳动力素质较高，在此方面可以与日本和韩国实现互补。科学技术方面，国家经济的发展离不开科学技术的推动，科技的进步不仅可以提高技术密集程度，而且还可以促进技术在国家间的转移和扩散。在环黄渤海地区，各个国家在技术需求方面差异较大，国家间有良好的技术互补性，日本通过引进吸收外来技术，在加强自身研发的基础上，与先进国家的技术差异不断缩短，在基础技术、生产技术以及高新技术方面实力雄厚，是环黄渤海地区主要的技术输出国；韩国的科学技术总体水平虽然与日本相比仍有一定的差距，但在应用技术方面，韩国在一定程度上领先于日本，美中不足的是，由于韩国本身经济规模的限制，其基础技术环节较为薄弱；中国的科技水平在整个环黄渤海地区处于劣势，尤其是中间生产技术方面，需要引进国外先进的技术。

此外，环黄渤海地区的区域合作多以双边合作为主，多边合作尚未打开，合作领域比较局限，主要集中在贸易、投资、运输、旅游方面，区域内的合作进展缓慢，缺乏统一的协调和控制。中国已将环渤海地区纳入 21 世纪开发的重点，韩国也将西海岸地区确定为国家经济战略重点地区，该地区在对华投资以及消费市场上有巨大的优势，日本也将国内产业结构调整等一系列工作与环黄渤海地区的发展相联系。作为中日韩三国制造业较为集中的地区之一，环黄渤海地区正逐渐成长为世界性的制造业基地，有专家称，到 2020 年，该区域 GDP 将达到世界总 GDP 的 30%，同时流量将增加值 40%，21 世纪将是环黄渤海经济圈主导世纪经济的时代①。

除了以上两个大的次区域合作之外，在东北亚地区比较受人关注的还有环日本海次区域合作。此概念最早源自在 1968 年由福岛正光提出的“环日本海经济圈”，但在以后很长的一段时间内并没有实质性的发展，直到 20 世纪 90 年代以来，才逐渐加深对环日本海次区域合作的研究。在范围上主要包括中国的东北地区、俄罗斯的远东地区以及日本、韩国和朝鲜，与大图们江次区域合作的范围有很大程度的重叠，而且与环黄渤海次区域合作相比，环日本海次区域合作的诸多限制性因素越发明显，环黄渤海地区港口众多，交通便利，而中国在日本海却一直没有出海口，对港口设施建设和海路运输力不从心，再加上环日本海大部分

① 王立国、田香兰：《环黄渤海地区经济发展与合作的战略构想》，《天津大学学报》（社会科学版）2012 年第 14 卷，第 1 期，第 19—24 页。

地区气候不适宜，常住人口较少，即使是在日本国内，大大小小的企业都认为此地区商机难寻，投资意愿较差。因此，相比较“大图们江次区域合作”和“环黄渤海次区域合作”来说，“环日本海次区域合作”优势较弱，发展相对缓慢，东北亚地区主要还是以“大图们江次区域合作”和“环黄渤海次区域合作”为主。

3. 城市间的合作

城市合作的根本目的是通过区域内各城市间的信息交流、合作促进区域经济和制度的一体化。城市合作是一个动态化的过程，合作初期，主要集中在交通运输和基础设施方面，后逐渐向人才、资源、教育、产业扩展，在合作后期，各个城市之间合作趋于成熟时要加强在政策、制度方面的合作。不同时期和环境下，城市在合作中扮演的角色也各不相同。

城市之间合作模式的选择是一个非常复杂的过程，受到合作伙伴、范围、环境、协调、动力机制等多种因素的影响。[①] 不同类别的城市合作模式有所区别。

东北亚地区城市较为密集，且各个城市经济发展水平差异较大，目前对东北亚城市体系的研究比较少，吉林大学东北亚研究院陈志恒依托现代城市分类标准认为，将东北亚地区各个国家的主要城市分为国际经济中心、沿海经济中心、内陆经济中心以及边境商贸中心城市，具体划分见表2。

① 张建伟、杜德斌：《基于演化理论的城市合作模式研究》，《城市发展研究》2011年第18卷，第2期，第82—88页。

表 2　东北亚地区各国主要城市分类

国际经济中心	东京等
沿海经济中心	天津、大连、青岛、烟台、仁川、光州、清津、元山、釜山、蔚山、济州岛、札幌、新潟、金泽、福冈、符拉迪沃斯托克、扎鲁比诺等
内陆经济中心	哈尔滨、长春、沈阳、东方省、肯特省、苏赫巴托省、赤塔州、阿穆尔州、哈巴罗夫斯克边疆区、滨海边疆区，朝鲜、韩国、日本的北部地区等
边境商贸中心	延吉市、珲春市、黑河市、满洲里、丹东、清津、新义州、布拉格维申斯克等

资料来源：陈志恒：《东北亚地区城市特色及发展潜力分析》，《东北亚论坛》2003 年第 5 期，第 22—26 页。

各个城市经济实力不同，在东北亚地区所担任的角色也各不相同，国际经济中心城市规模大，经济实力是最强的且国际化程度高，通常担任区域内的金融、信息中心；沿海城市规模及经济实力次之，属于区域内的交通、运输担当；内陆城市多属于商业和制造中心，边境商贸城市更多的是国际贸易集散中心以及出口加工基地。

东北亚地区的城市合作经历了从边境城市（如珲春）为中心，到港口城市（如青岛、大连等）和腹地城市（如长春等）的过程。初期以边境城市为重点，促进了边境城市的基础设施建设以及与邻国之间的贸易，并且有利于维护边境地区的稳定。在发展的过程中，边境城市的不足逐渐显露出来：城市规模小，难以吸引外来经济资源以及高技术的人才，缺少内陆腹地的支撑，与邻国城市之间贸易难以带动整个东北亚地区经济的发展。由于上述因素的限制，港口城市的重要性逐渐凸显，东北亚地区在与各国进行对外贸易时，有大约 85% 的货物需要依靠水运运输，港口城市对区域经济发展的重要性更加突出。

由于城市的性质和城市间的发展状况不同，城市间合作模式存在差异。对于边境城市，城市之间的合作受到地缘政治、国界、运输设施建设等因素的影响。目前，边境城市的合作模式主要有三种：贸易口岸模式、要素产业互补模式和一体化综合发展模式。采取贸易口岸模式合作的城市，主要以口岸的形式存在，对于城市本身来说，可能在产品的生产加工方面有所欠缺，但是可以通过当地政府的协调，与双方边境城市以外的城市达成合作，在对外贸易中起到窗口的作用；要素产业互补模式的城市合作，通常城市间生产要素具有很强的互补性，通过生产要素在不同城市之间的流动来实现合作，此类城市主要是以生产为目的，并且在对外贸易流通中起到重要的作用；当边境两侧国家的政治经济水平差异较小时，一般采用一体化综合发展模式的城市合作，这种合作模式实现了城市间资源等的共享，是效率、效益最高的。①

对于港口城市和内陆腹地城市，更多的是通过运输及生产加工进行合作。一般来说，经济比较发达的城市之间的合作大多数由于市场情况自发形成的，对于发展的方向比较清晰，若后期政府介入，更会起到锦上添花的作用，加快合作城市经济的发展，而发展水平较低的城市更多的是在政府的倡议下开始的，缺少市场的自发性，对于城市未来的发展方向不够清晰明了，需要政府发挥领导作用，目的是通过城市合作，提高落后城市的经济发展水平。

在某种程度上，区域内开展的各种合作都可以看作是各个城市之间的合作，因此，不管是在区域内的合作还是国家间的合作，城市都起到

① 宋飏、王士君：《地缘城市跨国整合发展研究》，《地域研究与开发》2006 年第 1 期，第 62—66 页。

了非常重要的作用，为了促进东北亚地区区域经济更加高效地发展，需要充分地分析各个城市的优势，加强不同优势城市之间的合作以带动整个区域内经济的发展。

二、次区域合作的基本特征

（一）大图们江合作区域

大图们江次区域合作在推动中国东北地区经济发展的过程中扮演了非常重要的角色，同时也是促进东北亚区域国家发展的重要平台，自1991 年联合国计划开发署发起到现在已经发展了近 30 年的时间，就目前的成果来看，与最初的期望仍存在较大的偏差，除去区域内复杂多变的地缘政治因素外，其他原因如下。

1. 政府参与度低，缺少有效的区域协调机制

在合作的初始阶段，区域内的协调工作主要由联合国计划开发署主导，后成立了大图们合作开发项目管理委员会，委员会主要由参与国中、韩、朝、俄、蒙五国的副部级政府代表组成，主要职能为：讨论、修改由联合国计划开发署做出的各种实施方案，但是项目管理委员会在成立以后并没有实权，各项工作的实际控制部门仍为联合国计划开发署以及图们秘书处。并且在大图们区域合作项目实施过程中，图们秘书处一直在合作的各个领域中担当着项目领导者及推动者的角色。直到2002 年年底，在结构改革会议中决定，将领导权由图们秘书处移交到各个成员国手中。2005年以后，“大图们倡议”合作机制形成（见图1），主席实行各国代表轮流担任制，各国政府在合作中的作用逐渐加强，但地方政府参与度不足的情况仍然存在，在将东北三省划入大图们区域合作范围之后，各地政府未及时形成相应的协调机制，甚至有关大图们区域合作的事项很少在辽宁及黑龙江两省提及，各地政府之间协调配合较差。再加上2009年由于朝鲜因核试验退出图们江机制等种种原因，导致机制内的协调委员会无法在原有框架下继续运作，协商委员会中各个国家的代表在所属国家担任的工作有所不同，在协商中所关注的内容也有所不同，致使各参与国无法在协商中达成一致意见。

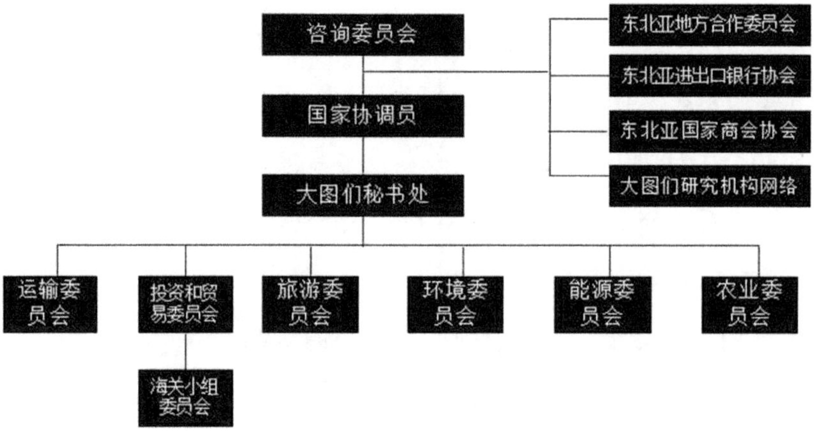

图1　大图们倡议组织结构示意图

资料来源：GTI，Institutional Structure，http://www.tumenprogramme.org/?list-1529.html。

2. 项目发展资金供给不足，国家间通道建设缓慢和不平衡的问题突出

资金的供给问题一直贯彻在项目实施的整个过程中，针对这个问题最早提出的建议是要建立东北亚开发银行，或者作为替代方案，筹集图们江开发区域内基础设施建设的资金，但由于各种困难，以上设想均未得到有效实施。2012 年，参与国共同成立了东北亚进出口银行联盟，目前仍属于发展初期，不能很好解决资金供给不足的问题。

大图们地区处于欧洲、东北亚和北美洲贸易及运输路线的枢纽位置，提供了前所未有的进入各种市场的机会，提高区域运输连通性是合作的重中之重，通过开发和建设关键的区域性运输通道，连接主要港口、铁路和道路，可以降低货物和人员流动的运输成本。自 1992 年以来，中国以图们江地区珲春市为中心，相继开辟了中俄、中朝公路通道、中俄铁路通道、中韩空中通道和多条“借港出海”海陆联运通道，形成了以珲春为中心、辐射图们江地区的陆海空立体交叉的通道网络（见表 3），随着中俄珲马铁路、中朝圈河至罗津港公路、珲春圈河至元汀口岸跨境桥等项目的推进，将更加有利于大图们江区域合作。运输路线网络逐渐完善，但是，公路、铁路、运输航线等线路运行不畅的现象依旧没有得到很好的解决，一方面，现有的航线大部分是连接区域内各国的，可延伸性较差，没有涉及与欧美等国的航线，比较单一，使得运输成本等居高不下；另一方面，对长吉等中部地区进行的开发不够及时，在一定程度上也限制了运输路线的进一步设计和利用。

另外，各个国家基础交通设施建设发展不平衡的现象非常突出，2008 年，诸如丹东、珲春、绥芬河等多个城市已建立了较为完备的对外口岸基础设施，呼和浩特、延吉等城市的航空口岸已经对外开放。朝、俄、蒙等国家因各种影响因素，虽国家积极推动基础交通设施的建设，但是收效甚微，尤其是朝鲜口岸，基础交通设施建设发展缓慢，与其他国家相比差距较大①。这种现象严重影响了国家间的深入合作和发展。

表 3　主要国家间通道网络

公路、铁路建设	珲春—圈河高等级公路、长春—延吉、延吉—图们高速公路、图们—珲春、珲春—长岭子铁路、中俄珲春—马哈林诺国际铁路、中俄珲春—卡梅绍娃亚国际铁路已与中国国内铁路联网；俄罗斯克拉斯基诺—中俄边界线公路、符拉迪沃斯托克—克拉斯基诺—中俄边界线高等级公路
口岸	中俄珲春（长岭子）—克拉斯基诺口岸、中朝圈河—元汀里口岸
运输航线	珲春—扎鲁比诺—束草陆海客货联运航线、中日韩俄跨国陆海联运"黄金航线"（珲春—俄罗斯扎鲁比诺港—韩国束草港—日本新潟）；珲春经扎鲁比诺至日本伊予三岛港、韩国釜山港的货物运输航线；珲春经罗津港到韩国釜山港、日本新潟港集装箱运输航线；珲春经波谢特港至日本秋田港的集装箱运输航线
旅游路线	珲春—斯拉夫扬卡—符拉迪沃斯托克双向旅游路线；延吉—珲春—塞别尔—先锋—罗津—清津—平壤单向旅游路线

资料来源：作者根据相关文献资料整理得出②。

近年来，中韩、中俄、中蒙国家间关系的不断改善，大图们江地区将进入历史最佳发展时期。

其一，中俄两国元首积极推动两国关系的发展，2014 年将两国提升至全面战略协作伙伴关系，2018 年 6 月，俄罗斯总统普京对中国进行国事访问，意味着中俄两国关系将进入新的阶段，不断拓宽各个领域

① 陈玉梅、赵光远：《新时期大图们江地区开发与东北亚经济技术合作研究》，《社会科学战线》2010 年第 5 期，第 1—9 页。

② 郑洪莲、郑玉成：《图们江区域国际合作开发的历史进程及发展前景》，《延边党校学报》2008 年第 23 卷，第 4 期，第 50—53 页。

的合作，以成熟高水平的态势保持稳定发展；中韩两国领导人互访交流频繁，两国于2015年6月1日正式签署《中韩自由贸易协定》，并于2018年就服务、投资等方面内容展开深入谈判；中蒙两国元首也进行了多次会晤，2014年将中蒙关系提升为全面战略伙伴关系。

其二，国家间合作日益密切。2013年，中国提出“新丝绸之路经济带”和“21世纪海上丝绸之路”（一带一路）的战略构想，2014年，俄罗斯提出构建欧亚经济联盟，2014年，蒙古国提出实施“草原之路”计划，在新的形势下，中国的“一带一路”与俄罗斯的欧亚经济联盟、蒙古国的“草原之路”实现战略对接，中俄蒙三国共同建立中俄蒙经济走廊，以及中国提出的振兴东北老工业基地和俄罗斯大力推进远东开发，韩国提出的“欧亚倡议”，《中韩自由贸易协定》正式签署生效，这些都为大图们江区域发展提供了良好的机会。

其三，区域内合作的机制问题逐渐得到解决。2013年，第十四次大图们倡议部长级会议在蒙古国举行，会议上，经中、韩、俄、蒙四国一致同意决定两年的法律过渡期后，正式将“大图们倡议”升级成为独立的具有法人资格的国际经济合作组织，使大图们江区域的合作更加具有法律约束力，发展前景更加广阔。2016年4月，第十六次大图们倡议部长级会议在韩国首尔举行，进一步明确了关于法律过渡的问题。①

在各国互联互通的大背景下，各参与国可以通过以下措施促进大图们区域合作的发展。

其一，进一步完善区域内的合作机制。各参与国应当共同努力建立

① 《图们江区域合作面临历史机遇“大图们倡议”具法律约束力》，人民网，2017年7月6日，http://world.people.com.cn/n1/2016/0706/c1002-28530173.html。

灵活有效的沟通及协调机制，通过各国领导定期会晤，加强参与国之间的交流和合作，及时就相关异议问题进行协商谈判，逐步推动区域内的合作。除此之外，区域内决策协调水平较低，地方政府参与度不足，对于一些重大问题很难协商一致，区域内各参与国应加强协作，促进大图们倡议转型升级为独立的政府间国际合作组织，并积极完善相关的法律法规，进一步提升组织决策的权威性，充分发挥组织的领导协调作用，在协调涉及多国不同利益的问题时可以做出更加具有约束力、相对公正的决定。

其二，进一步加强国家间通道建设，逐步解决资金问题。关于大图们江地区，联合国开发计划署最初的目标便是打造贯通中、俄、朝、蒙的国际大通道，区域内各国应抓住当前有利机会，加快弱势项目的建设。一方面，加强中朝、中俄等国家之间基础交通运输通道的建设，完善铁路公路及运输航线网络，积极推动中国阿尔山——蒙古国乔巴山（“两山”）铁路的建设，与西伯利亚大铁路连接，打造直通欧洲的陆路国际运输大通道，形成珲春直通阿姆斯特丹港的欧亚大陆桥，构建图们江国际合作大通道，从而形成以珲春为中心的全方位的通道体系。另一方面，在充分利用东北亚进出口银行联盟现有资金的基础上，大力引进“外资”，以弥补工程实施过程中的资金缺口。除此之外，还要着重解决物流支撑、贸易便利化的问题，进一步提高口岸通关能力，优化通关环境，提高通关效率，最大限度地畅通陆海联运通道。

其三，推动大图们江区域与“一带一路”对接。“一带一路”倡议是中国今后很长一段时间里对外开放以及经济合作的总抓手，为国内各区域的开放发展提供了良好的机遇。大图们江区域内各参与国在战略上契合度较高，特别是中国的振兴东北战略和俄国的远东开发战略，蒙古国对图们江出海的战略需求，韩国致力于通过经济合作维护半岛稳定，使得大图们江区域合作备受关注。因此，积极推动大图们江区域融入“一带一路”，直接关系到区域内各参与国的战略对接，也关系到中国向北开放、建设中俄陆海联运通道等战略意图的实现。各方积极推进，可实现合作共赢。

其四，东北四省区形成合力，共同推进图们江区域开发。东北四省区是中国参与图们江区域合作的主体，应以共同落实新一轮振兴东北战略为契机，建立完善的协调发展机制，共同研究建立区域市场发展机制；彼此呼应，全力推进建设中国向北开放的重要窗口。还应创新思路，将辽宁省丹东港和东北东部“东边道”铁路纳入“两山”铁路项目规划，形成东北四省区合力，畅通对外交通运输通道。同时应相互开放市场，共同开发，在通道建设、物流支撑和旅游合作，扶持战略性新兴产业方面加强合作，增强对俄罗斯和朝鲜的贸易集散功能，推动陆海、江海联运通道建设，共同推进图们江区域合作开发。

其五，积极推进跨境旅游合作。在东北亚地区，大图们江区域因其独特的原生态的自然环境、多元的政治制度和差异化的额社会经济发展阶段，造就了该区域强大的国际吸引力，在目前的格局下，边境旅游合作是综合风险最小、最能被各个国家认可的方式。

大图们江地区旅游资源丰富，有众多未经开发的原始自然风景，特别是中俄蒙朝四国边境地区，众多游客被其多远而神秘的文化景观所吸引。从总体上来看，各国希望通过旅游项目来推动区域内其他各项经济贸易合作的意愿越来越强烈，众多国家已就跨境旅游达成共识，致力于推动区域内旅游一体化的发展。在推动旅游一体化的过程中，要着重解决诸如合作推进机制、基础服务设施建设、通关不畅等问题，各个国家应出台相应的政策，完善区域内有关旅游合作的推进机制，加强旅游服务基础设施的建设，提高服务水平，并注意培育边境旅游市场；同时还要尽可能的简化跨境旅游的通关手续，提高通关效率，推动多语言旅游信息平台的开发，打造大图们江区域跨境旅游的合作圈，使该地区真正实现无障碍旅游。

此外，通过跨境旅游还可以促进区域内国家间文化的交流，增强国家间的互信和互谅，便于其他工作的协调磋商。开发大图们江区域跨境旅游项目，构建旅游共同体，将会实质性带动区域经贸合作的顺利开展，进而开辟其他领域的合作。

在未来，中国在图们江区域合作开发项目中的地位将进一步提升，以中国为主导的双边联合开发模式将会继续发挥重要作用，最终向多边联合开发与多国共同参与的国际次区域合作开发模式转变，真正实现图们江区域的跨国自由贸易区构想。①

（二）环黄渤海合作区域

环黄渤海地区是东北亚地区西南部的“金三角”，此区域内投资环境好，经济合作有广阔的前景。区域内各个国家产业结构层次不同，具有很强的互补性，生产要素之间的差异性较强，这种互补性和差异性促进了生产要素在各个国家之间的流动和组合，可以最大限度地发挥生产要素的聚集效应，从而实现经济效益的最大化。

首先，环黄渤海经济圈中，中国、日本、韩国三个国家经济处于不

① 杨东亮、王科惠：《“新常态”下大图们江次区域合作新机制研究》，《东北师范大学学报（哲学社会科学版）》，2016 年第 4 期，第 104—110 页。

同的发展阶段，不同阶段的互补性较强，有较大的合作空间。相对于中国来说，日本是资金和技术大国，但是人口老龄化现象严重，本国劳动力供给不足；韩国方面，虽然在某些技术方面优于中国，但由于国家的固有局限性，存在资源缺乏、劳动力价格过高的问题。相反，中国属于人口大国，在劳动力和资源方面有着较大的优势，但在资金和技术方面优势较弱，需要依靠其他国家的投资。从目前的情况来看，中、日、韩三国在资金、技术、资源和劳动力方面的合作不断加深，三国之间的依存度不断提高，通过国家间的贸易投资互动，使整个区域内的经济发展呈现出一种联动效应，通过生产要素的流动，实现国家间的优势互补，从而促进各个国家产业结构的优化升级。

其次，国际竞争形势日趋激烈，区域内以及区域间的竞争也是必然的趋势，环黄渤海经济圈最终也将参与到国际竞争的大潮流中，因此需要调整整体产业结构，使整体的竞争力最优化。中日韩三国在区域内的产业分工是基于比较优势展开的，各个国家的优势产业各不相同（见表4），相对于日本和韩国来说，中国在劳动密集型和资源密集型领域优势更加明显，而日本和韩国的优势更多地集中在技术和资本密集型的商品上，因此，中、日、韩三国根据各国不同的优势进行产业内分工，表现出了垂直分工的特点。目前日韩等国均加速了国内产业结构的优化升级，日韩企业对中国的直接投资不仅有利于中国产业结构的调整，而且对本国产业结构优化升级也有一定的刺激作用，日韩传统企业面临的竞争越来越激烈，将本国传统企业转移到环黄渤海地区不失为一个好的选择。环黄渤海地区的各个国家可以通过联合发展优势产业，带动其他产业的发展，日韩等国可以充分利用环黄渤海的地缘优势，与周边各国展开合作，实现生产要素在区域内外以及国家之间的有效流动，同时，完善区域内相关政策，促进区域内劳动力和资本、商品的自由流动，使区域优势最大化。

表 4　区域内国家主要地区优势产业

国家	地区	优势产业
韩国	仁川	石油化工、机械、钢铁、电子电机、汽车
	京畿道	电子配件、计算机、视频、音像及通信设备制造业
	新万金地区	汽车零部件产业、农业机械、建筑机械、造船业
	釜山	海洋机械零部件、旅游休闲、影像、IT
	蔚山	汽车、精密化学、造船海洋、环境
日本	北九州地区	汽车、电子、电机、生态环保产业
	福冈	汽车、信息、健康、医疗、福利、纳米技术、能源、数码技术
中国	北京	电子信息
	天津	电子信息、汽车、设备制造、石油海洋化工、现代冶金、生态食品、新材料新能源
	河北	制造业、生态农业
	山东	家电、电子生产基地
	辽宁	重工业生产

资料来源：作者根据相关文献整理得出①。

从世界人口及 GDP 规模来看，2017 年，中国人口总数约为 13.9 亿，日本人口约为 1.3 亿，韩国人口约为 0.5 亿，中日韩三国人口总数共计约 15.7 亿，占世界人口总数的 21%，中日韩三国 GDP 占世界 GDP 的 24%，② 在亚洲以及世界经济体中占有举足轻重的地位。

进入 21 世纪以来，中日韩三国在经济贸易方面合作越来越密切，

① 王立国、田香兰：《环黄渤海地区经济发展与合作的战略构想》，《天津大学学报》（社会科学版）2012 年第 14 卷，第 1 期，第 19—24 页。

② 根据世界银行人口与 GDP 公开数据测算得来，https://data.worldbank.org.cn/。

2017 年，三国间贸易额近 6700 亿美元，人员往来超过 2800 万人次。其中，中日贸易额为 3029.9 亿美元，与上年相比增长了 10.1%，中韩贸易额为 2802.8 亿美元，与上年相比增长了 10.9%。[①] 目前，中国仍保持为日本和韩国的第一大贸易伙伴，日本为中国第二大贸易对象国，韩国为中国的第三大贸易对象国，据国际货币基金组织统计，2017 年中日韩三国的进出口总额约占世界总贸易额的 20%。

投资方面，2017 年日韩对华直接投资分别为 32.6 亿美元和 36.7 亿美元，累计对华投资分别达 1087.6 亿美元和 723.7 亿美元，分别位列中国第一和第四大外资来源地。[②] 2017 年韩国对中国投资项目共计 1627 个，截至 2017 年底，韩国对中国累计投资项目共计 63385 个，实际投资金额累计达 723.7 亿美元，中国是韩国的第二大投资对象国。[③]

旅游方面，近年来，中日关系逐渐改善，中国赴日本旅游的人数持续攀升，2017 年共计 735.6 万人次，成为日本最大的旅游客源国，且游客购买力较强，2017 年中国游客在日本旅游消费达 1.7 万亿日元，约合人民币 992.8 亿元；中国赴韩旅游人数虽有小幅度下滑，但总数依然可观，2017 年共计达 416.9 万人次。[④] 与此同时，日本和韩国也是来华旅游客源的中坚力量。

此外，中日韩三国目前有正在进行的自贸区谈判，2018 年 3 月，就货物贸易、服务贸易以及投资问题中日韩三国展开了第十三次谈判，

① 《中日韩经贸合作贵在宽覆盖深融合》，新华社，2018 年 5 月 11 日，https://finance.jrj.com.cn/2018/05/11131324526864.shtml。

② 数据来源：2018 年中国商务年鉴，中国 2017 年吸收外商直接投资分国家（地区）统计。

③ 数据来源：中国产业信息研究网，2018 年 4 月 12 日，http://www.china1baogao.com/data/20180412/8956361.html。

④ 《中日韩贸易：三赢的“石头剪子布”结构》，新华网，2018 年 5 月 21 日，http://www.xinhuanet.com/globe/2018-05/21/c_137177968.htm。

此次谈判在首尔举行，在会议期间，各国谈判代表对三国之间的贸易及投资规划交换了意见，同时举行了电信、金融服务等工作小组会议，预计在本次三国领导人会议后，中日韩自贸谈判将加速推进。

中日韩三国是亚洲经济的核心，若三国在经济议题上达成一致，将对整个亚洲经济的发展产生非常大的影响。中日韩三国之间的贸易合作是“石头剪刀布”的结构，日本对韩国是贸易顺差，韩国对中国是贸易顺差，中国对日本是贸易顺差，三国之间的合作不是某一国特别受益，而是国家之间共同合作，合理分工。从三国的贸易关系来看，相互之间都是双赢关系①。

环黄渤海地区中日韩三国之间的经贸合作有着良好的传统和基础，在今后的发展过程中可着重关注以下几个方面。

一是要加强物流方面的合作及建设，实现供应链网络的互联互通。随着环黄渤海区域内贸易量逐年增加，区内物流问题亟待解决，中日韩三国应加强供应链互联互通，努力建造高效、先进的物流运输体系，创造优良的物流环境。

目前区域内物流及供应链存在许多问题：（1）非关税壁垒的制约，如产品出口检验检疫程序及标准不一致、不公平的竞争环境等；（2）通关程序不透明，便利性低，如海关编码（HS）编码标准不一致，进口许可证申请程序复杂等；（3）供应链合作标准不统一，如物流集装箱的最大负荷重量、检验检疫标准等；（4）有关信息共享体系不完善，如货物信息跟踪、电子海关等。

对此，中日韩三国应积极推进中日韩自由贸易区的谈判，重点解决

---

①《中日韩贸易：三赢的“石头剪子布”结构》，新华网，2018 年 5 月 21 日，http://www.xinhuanet.com/globe/2018-05/21/c_137177968.htm。

有关海关进出关程序、贸易自由化以及透明度等问题，尽快促成三国签订协议，为提升区域内供应链水平提供良好的制度性保障；加强国家间的沟通和协作，建立有效的信息交流平台，将复杂程序化繁为简，减少贸易过程中不必要的时间损耗，使国家间的供应链结构更加顺畅高效，从而提高贸易效率，更好地挖掘三国的贸易投资潜力；从物流运输、技术贸易壁垒（TBT）等领域入手，在各国现有标准的基础上进行协商，逐步统一贸易过程中存在差异的标准，建立三方认可的统一的标准体系并签署相关协议，在未来制定新标准时加强三方之间的技术合作与沟通，尽可能地减少因标准不统一而给企业造成的影响；扩大供应链的合作范围，将供应链的范围拓展至东盟，会带动整个环黄渤海区域内国家的经贸发展，提升区域的整体竞争水平，除此之外，应加强范围内的联合研究，及时发现和解决供应链中存在的问题，推动建立更加高效、可靠的区域供应链，使区域内更多企业可以从中受惠。

二是加强能源方面的合作。中日韩作为亚洲重要的石油、天然气等能源进口与消费大国，目前三国之间关于能源方面的合作较少，在能源方面开展合作符合各方的利益。其一，国家油气市场上的“亚洲溢价”问题对环黄渤海地区乃至整个东北亚地区的经济利益产生了重大影响，从商业可行性和影响力来说，在中国沿海地区建立原油期货市场①，以满足环黄渤海区域以及整个东北亚地区的需求，可以有效提高中日韩三国在石油定价方面的话语权；其二，建立有效的石油储备制度，并加强三国之间的协调。目前，日本与韩国的石油储备能力较强，中国相对来说比较弱，应当加强本国的石油储备能力；其三，完善石油储备的基础

① 刘先云：《中日韩能源合作应从何处着手》，《人民论坛》2016 年第 19 期，第 96—98 页。

设施，良好的基础设施可以有效地降低油气的运输和交易成本，中日韩三国应当加强硬件方面的建设，如跨境油气管网等。除此之外，中日韩三国还需在共同开发第三国资源以及贸易领域展开更多实质性的对话和合作，共同应对全球能源市场的变化，确保能源安全，并推广清洁、可再生能源的利用，加强国家间的政治互信。

三是要在“一带一路”的框架下展开多种多样的合作，尤其是在基础设施建设、工程机械、汽车、高技术产业等领域，积极同区域外国家或企业展开合作，开拓区域外市场，整合环黄渤海地区的自然、历史、海滨等旅游资源，打造区域性的旅游路线。

除此之外，据世界银行估算，目前中日韩三国的经济总量在全球经济中所占的比重超过了22%，三国在维护贸易自由、应对贸易保护主义方面面临共同的挑战。三国要共同举办更多符合民意的合作项目，扩大三国合作的影响力，巩固好三国的民意基础。

新常态背景下，中国经济已由高速增长向中高速增长转变，更加注重发展的质量，2018 年 11 月，中国上海举办首届中国国际进口博览会，为日韩两国的企业提供更多的合作机会。

（三）城市间合作的特点

从目前来看，东北亚地区各国之间的城市合作仍有较大的发展空间。加强各个国家城市之间的国家合作可以建立更加高效的合作网络，促进地区间经济的平衡发展。

首先，要充分利用各个城市的优势。边境城市（比如珲春等）是距离其他国家最近的城市，在开展边境贸易以及国际人文交流方面有着得天独厚的条件，可以小范围地带动延边其他中小城市的发展；港口城市（如青岛、大连等）地理位置优越，与其他城市相比交通运输方面优势明显，且更容易吸引外来资金与高素质的人才，经济发展水平较边境城市高，是区域内物流运输中非常重要的一环；内陆腹地城市（如长春）工业基础雄厚，在产品的生产方面有一定的优势。通过充分利用各个城市的优势，从产品生产加工到运输销售形成完整的供应网络，从而带动整个东北亚地区经济的发展。在城市合作的过程中还需要加强各地政府的协调，使贸易可以有序进行。

其次，推动港口城市物流的建设。随着东北亚区域内贸易的不断发展，港口间的货运量不断增长，发展多种形式的港口合作形式，可以产生更多的经济效益。对此，各参与国可以一起规划东北亚地区的物流运输体系的建设，加强港口合作的宏观调控，明确各个港口的发展规划的职能，通过内部协调提高港口的承载能力，使各港口共同发展；建立港口联盟，实现联盟内的资源共享，通过对各大港口货物量进行分析，科学的规划及建设各个港口的物流系统，构建不同层次和时序关系的集成化系统；推动诸如货物进出境管理、航运服务等港口服务流程的标准化，在区域内使用统一的手续和检查标准，加快货物通关效率，航运实行统一调度、统一使用。真正地将海运、信息、综合服务管理融为一体，使各项工作高度协调，为建设东北亚地区先进高效的港口城市群打下坚实的基础。

集成化的物流体系在区域贸易发展过程业起到了非常重要的作用，尤其是物流运输成本的控制，在很大程度上依赖于良好的区域物流中心的建设。东北亚地区各港口城市要基于内陆生产制造业建立实施区域内物流整合，实现协同物流，在物流运输方面降低区域内贸易的成本，提高物流服务和标准，实现物流运输的良性发展。

最后，提高当地政府的参与度，尤其是经济发展相对落后的城市，对市场认识不足，缺少城市合作的自发性，需要当地政府起到带头作用。一是要合理分析所在城市的发展情况和优势，初步规划城市合作的大体方向和方法，抓住机会引导所在城市与其他城市展开合作；二是要收集各种信息并及时传递下去，协调城市间的合作，并保障城市间的信息交流。值得注意的是，人无法保证预计的合作方向和方法完全正确，因此，在和其他城市展开合作时，要更加注意市场的引导作用，在此过程中，政府很大程度上只能起到协调和沟通的作用。对于经济发展较好的城市，可以充分发挥政府的协调作用，简化合作程序，提高合作效率，并适当适时地引入其他城市或拓展其他市场。

在合作趋于成熟时，各个城市之间将签订相关双方认可的协议，改变城市合作过程中相关政策过于碎片化的格局，使城市之间的合作更加的规划化，因此，从整体上看，还要提高城市合作过程中各个城市的契约意识，以防止个别城市的政府因为个体利益而做出影响整体合作利益的行为，同时，签订协议还可以最大程度降低各城市就相关责任互相推诿的风险。当城市合作涉及多个不同的城市时，可以看作是小范围的区域合作，因此要注意区域内的协调工作，并对区域内城市合作效果做好评估反馈及改进工作。

三、结语

21 世纪的东北亚地区面临着内外双重的负重，一方面是欧盟以及北美自贸区迅猛发展，为区域经济发展带来的挑战，另一方面是东北亚地区内部经济发展的需求，都要求东北亚地区加速地区内经济的发展。

从前文的分析可以看出，以大图们江次区域合作、环黄渤海区域合作为首的东北亚次区域合作发展空间巨大，展现出良好的发展势头。大图们江地区的开发除了受到联合国的关注和支持外，还与中国的“一带一路”倡议实现对接，是中国与其他参与国开展合作的有效途径，获得了各参与国的广泛支持。在后续的发展过程中，应完善区域内协调及合作机制，加速推动大图们江次区域合作向独立的国际经济合作组织的转变，加强区域内运输通道的建设，逐步建立连接欧美的外部运输通道，利用各个国家地区的优势，积极吸引外资，保持区域内经济合作所需资金的稳定供给，同时加强区域内各国跨境旅游事业的发展，增强各个国家地区的文化交流，改善区域内国家的政治互信问题，区域内良好的政治互信将更加有利于双边或多边贸易的展开。

环黄渤海地区是中日韩三国展开经贸合作的重要舞台，中日、中韩关系的不断改善，中韩两国签订自由贸易协定，2018 年就服务贸易和投资的相关条款进行谈判，自贸协定所涉及的内容越来越全面；中日韩自贸协定谈判不断推进，三国之间的合作机会也会越来越多。中日韩三国应完善区域内的供应链网络，建立完善的物流信息系统，加速中日韩自贸区的谈判并开展多种不同的合作。

另外，各个次区域合作不是独立进行的，要加强区域与区域之间的合作，从双边合作逐渐过渡到多边合作。除此之外，在此区域合作中要逐渐意识到城市的重要作用，加强城市之间的合作，提高各地政府的参与度以及不同地区政府间的协调和合作，更好地为企业的发展创造低成本高效率的环境。

相对于世界上其他的经济组织来说，东北亚地区的经济合作还不够完善，因此在促进经济发展方面可以借鉴诸如欧盟等较为成功的组织。在借鉴的同时也要注意东北亚地区自身的特点，充分考虑本地区各种复杂的因素，如地缘政治、经济发展水平等；在解决区域内的矛盾时可以借鉴欧洲的一体化，将可用的经验运用到本地区区域的发展，努力以东北亚次区域合作为契机促进区域的全面合作。

推荐阅读：

1. 王瑜贺：《东北亚地区经济合作初探》，《国际研究参考》2014 年第 7 期，第 8—12 页，第 18 页。

2. 胡志丁、骆华松、熊理然、张伟：《次区域合作研究方向的变迁及其重新审视》，《人文地理》2011 年第 1 期，第 61—65 页。

3. Peverelli and Peter J., "The Tumen River Project-sensemaking in multiple contexts," *International Journal of Chinese Culture and Management*, Vol. 4, No. 2, April 2010, pp. 323-325.

4. 大图们江区域合作开发战略研究课题组，郭绍墨：《大图们江区域合作开发战略的思考》，《社会科学战线》2006 年第 3 期，第 76—83 页。

5. 杨东亮、王科惠：《“新常态”下大图们江次区域合作新机制研究》，《东北师范大学学报（哲学社会科学版）》2016 年第 4 期，第 104—110 页。